Jens-Peter Misch

Java 4 U

Programmentwicklung mit Java

3. Auflage

Bestellnummer 01144

Bildungsverlag EINS

Die in diesem Werk aufgeführten Internetadressen sind auf dem Stand der Drucklegung. Die ständige Aktualisierung der Adressen kann von Seiten des Verlags nicht gewährleistet werden. Darüber hinaus übernimmt der Verlag keine Verantwortung für die Inhalte dieser Internetseiten.

Die Informationen in diesem Buch werden ohne Rücksicht auf einen eventuellen Patentschutz veröffentlich. Sie dienen Amateur- und Lehrzwecken.

Es wird ausdrücklich darauf hingewiesen, dass die in diesem Buch verwendeten Bezeichnungen und Markennamen im allgemeinen warenzeichen-, marken- oder patentrechtlichem Schutz unterliegen und hier ohne Gewährleistung der freien Verwendbarkeit benutzt werden.

Haben Sie Anregungen oder Kritikpunkte zu diesem Produkt?
Dann senden Sie eine E-Mail an BV01144@bv-1.de
Autoren und Verlag freuen sich auf Ihre Rückmeldung.

www.bildungsverlag1.de

Bildungsverlag EINS GmbH
Sieglarer Straße 2, 53842 Troisdorf

ISBN 978-3-427-**01144**-6

Inhaltsverzeichnis

Vorwort

Dieses Buch setzt ein Mindestmaß an Grundkenntnissen im Umgang mit dem PC voraus. Es ermöglicht dem Leser im Selbststudium das Erlernen der Programmiersprache Java. Java ist eine relativ junge, durch die Firma SUN entwickelte Sprache, die seit 1995 auf dem Markt zur Verfügung steht und dadurch noch vielen Wandlungen unterworfen ist.

Auf der CD zum Buch erhalten Sie Hinweise und Software zum Einrichten der PC-Arbeitsumgebung. Darüber hinaus finden Sie alle Übungen als Quellcode sowie Struktogramme im PDF-Format.

Im Internet sind alle Übungen frei verfügbar, auch werden aktuelle Links unter *www.bildungsverlag1.de* unter der Kategorie Buch*plus* angeboten. Darüber hinaus finden Sie weitere Informationen und Anregungen unter www.java-4-u.de

Die einzelnen Kapitel bauen aufeinander auf. Übungen bzw. Aufgabenstellungen führen oft über mehrere Kapitel hinweg, betrachten Sachverhalte aus verschiedenen Blickwinkeln.

In dem Kapitel Datenbank werden minimale Kenntnisse der grundlegenden SQL-Befehle vorausgesetzt. Auch zum Kapitel Servlet sollten zum besseren Verständnis Basiskenntnisse zum Aufbau eines HTML-Dokumentes vorhanden sein.

1 Java

Java ist eine vollständig objektorientierte Programmiersprache, die die Möglichkeit bietet, mehrere unterschiedliche Arten von Anwendungen zu erstellen. Einerseits sind dies herkömmliche **Applikationen**, die über einen Interpreter auf der Systemplattform ausgeführt werden. Die andere Art der Programmentwicklung ist das Codieren von Java-**Applets**. Diese Anwendungen können nur mit Hilfe eines javafähigen Webbrowsers oder eines speziellen Appletviewers gestartet werden. Doch es gibt noch wesentlich mehr Speziallösungen, wie Servlets, Java Server Pages (JSP) oder Java Beans, die alle ihren Einsatz in der EDV-Welt haben.

Zur Einführung der Sprache Java und zur Vermittlung der Grundlagen eignen sich Applikationen besser als Applets, sodass die ersten Kapitel ausschließlich von Applikationen handeln.

In dem ersten Kapitel geht es um den grundlegenden Aufbau von Javaprogrammen.

1.1 Aufbau einer Applikation in Java

Problemstellung Es soll eine Applikation mit der Programmiersprache Java erstellt werden, die auf dem Bildschirm den Text „Hallo Welt" ausgibt.

Um den Algorithmus computerverständlich zu machen, muss der Entwurf codiert, d. h. in einer Computersprache geschrieben werden. Hierzu wird folgendes Programm in die Zeilen (siehe Zeile 1 bis 7) in einen beliebigen Editor eingetippt und unter **HalloWelt.java** abgespeichert.

Der folgende Quellcode zeigt die Lösung und wird in den folgenden Kapiteln Schritt für Schritt erklärt.

Quellcode HalloWelt.java:

```
[1]  public class HalloWelt
[2]  {
[3]    public static void main(String argv[])
[4]    {
[5]        System.out.println("Hallo Welt");
[6]    }
[7]  }
```

Anmerkung: Die Zeilennummern dienen nur zur Orientierung und sollen nicht eingetragen werden. Des Weiteren ist zu beachten, dass Java eine Sprache ist, die zwischen groß- und kleingeschriebenen Worten unterscheidet (auch beim Dateinamen).

1.2 Erste Applikation

Am Beispiel des HalloWelt-Programms erhalten Sie einen ersten Einblick in das Arbeiten mit Java. Um in Java Programmieren zu können, muss man zuerst das von der Firma SUN kostenlose **SDK** (**s**oftware **d**evelopment **k**it) installieren. Es ist im Internet unter „java.sun.com" zu finden (Installationshinweise auf der dem Buch beiliegenden CD beachten).

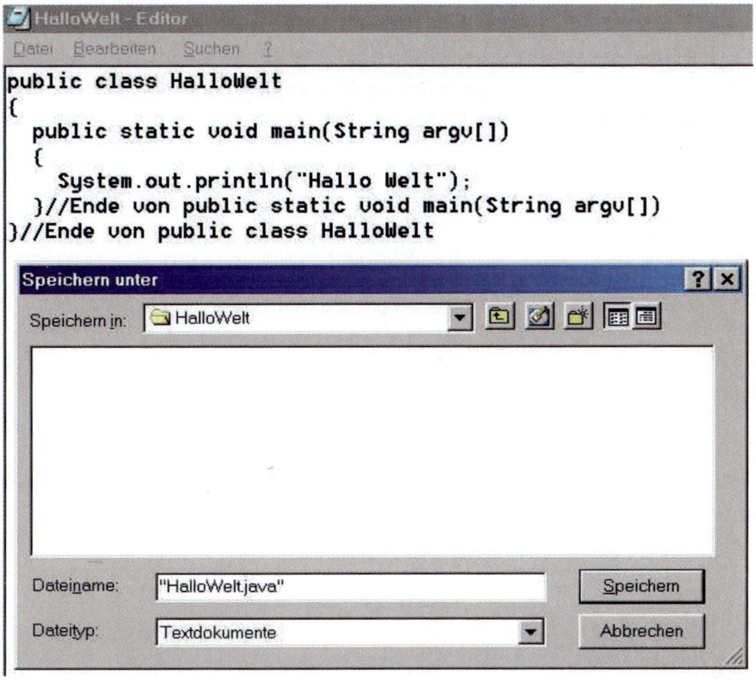

Abb. 1.1 Editor – HalloWelt.java

Nach dem Abspeichern von `HalloWelt.java` können Sie das Programm kompilieren. Damit erzeugt man, wenn kein Fehler vorhanden ist, den so genannten **Bytecode** mit der Dateierweiterung „`class`". Sind Fehler vorhanden, so müssen Sie diese zuerst beseitigen. Laden Sie dazu erneut das Programm HalloWelt.java in einen Editor und kontrollieren Sie den Quelltext.

Zum **Kompilieren** müssen Sie eingeben:

- allgemein: `javac Dateiname.java`
- hier: `javac HalloWelt.java`

Danach sollten Sie im Verzeichnis zwei Dateien vorfinden:

- `HalloWelt.java` (Quellcode)
- `HalloWelt.class` (Bytecode)

Jetzt können Sie die Anwendung auf der virtuellen Maschine mit folgendem Befehl ausführen (Aufruf der Klasse mit der main-Methode):

- allgemein: `java Klassenname`
- hier: `java HalloWelt`

Applikation

Ausführung Applikation	**Zur Ausführung der Applikation müssen Sie sich in dem selben Verzeichnis befinden, in dem auch die Datei HalloWelt.class ist. Der Klassenname muss gleich dem Dateinamen sein!**

Arbeitsauftrag

1. Legen Sie auf Ihrem Computer einen Ordner/ein Verzeichnis java an.
2. Machen Sie den Ordner java zum aktuellen Ordner.
3. Starten Sie dort einen beliebigen Editor und geben Sie das Programm HalloWelt.java ein (siehe Abb. 1.1 Editor – HalloWelt.java).
4. Speichern Sie es ab und kompilieren Sie es.
5. Sehen Sie nach, wie groß die Datei HalloWelt.class ist.
6. Starten Sie den Interpreter und führen Sie das Programm aus.
7. Bauen Sie bewusst einen Fehler in das Programm ein, und betrachten Sie die Fehlermeldung des Compilers. In welcher Zeile tritt der Fehler auf?

Eine Java-Applikation setzt sich mindestens aus **zwei Teilen** zusammen:

Klasse In Java muss alles in eine Klasse gepackt werden. Ein Java- Programm beginnt mit den Schlüsselwörtern `public class` (Zeile 1), gefolgt von dem Klassennamen. Danach steht eine „geschweifte Klammer auf“ (Zeile 2), die den Beginn der Klasse symbolisiert, bis die zugehörige „geschweifte Klammer zu“ kommt, die das Ende der Klasse kennzeichnet (Zeile 7).

main Dieser Programmteil wird zuerst ausgeführt und dient als Hauptprogramm (deswegen der Name `main`). Er beginnt immer mit den Schlüsselwörtern `public static void main(String argv [])` (Zeile 3). Danach folgen, wie bei der Klasse, die geschweifte Klammer auf (Zeile 4), diverse Anweisungen (Zeile 5) und die geschweifte Klammer zu (Zeile 6). Die Bedeutung der einzelnen Begriffe wird in den kommenden Kapiteln detailliert besprochen.

Zusätzlich können vor der Klasse noch Anweisungen (mit `import` eingeleitet) stehen. Diese binden Pakete ein, die zusätzliche Funktionalität zu Verfügung stellen.

Zeile 1, 2: `public class HalloWelt {` Leitet die Definition einer **Klasse** ein. Ein Java-Programm besteht aus einer Reihe von Klassen. Die Klasse, die `main` enthält, muss öffentlich sein `(public)`. Die Java-Datei muss den gleichen Namen haben wie die öffentliche Klasse, die in ihr deklariert ist. Vorläufig sind die Details über Klassen für uns nicht relevant (siehe Kapitel 3).

Zeile 3, 4: `public static void main (String argv[]) {` Definition einer Methode mit Namen `main`. Diese Methode wird vom Java-Interpreter automatisch aufgerufen. Sie muss auch öffentlich `(public)` und statisch `(static)` sein. Die Methode `main` des Beispiels gibt kein Ergebnis zurück `(void)` und benutzt seine Parameter `(String argv[])` nicht. Methoden werden später detailliert erklärt. Vorläufig begnügen wir uns mit `main` (siehe Kapitel 3.2).

Zeile 5 `System.out.println("Hallo Welt!");` *Aufruf* der Methode `println` vom Objekt `System.out`. Diese Methode kann die als Parameter übergebene Zeichenkette (Fachausdruck *String*) „Hello World" auf der Kommandozeile ausgeben. Die Zeile ist ein Beispiel für eine ***Anweisung***. Jede Anweisung wird mit einem Semikolon abgeschlossen.

1.3 Kommentare

Um den Überblick über ein größeres Programm zu behalten, ist es wichtig, Programmteile optisch voneinander zu trennen und bestimmte Anmerkungen anzubringen. Dies geschieht durch **Kommentare**, die vom restlichen Text auf zwei Arten abgetrennt werden können.

Durch **//** wird ein Kommentar eingeleitet, der bis zum Ende der Zeile geht. Mehrzeilige Kommentare können aber auch in **/*...*/** eingeschlossen werden. Der Text in Kommentarklammern unterliegt keinen Einschränkungen und ist absolut beliebig. Alle Kommentare werden vom Compiler ignoriert.

Zu einem gutem Programmierstil gehört auch der Kommentar nach dem Schließen eines Blockes (d. h. nach dem „}"-Zeichen), wie es in Zeile 6 und 7 des Quellcodes gezeigt wird.

Quellcode HalloWelt.java:

```
[1] public class HalloWelt
[2] {
[3]   public static void main(String argv[])
[4]   {
[5]       System.out.println("Hallo Welt");
[6]   }//public static void main(String argv[])
[7] }//public class HalloWelt
```

1.4 Datentypen

Informationen werden in **Variablen** gespeichert, deren Typ definiert bzw. deklariert wird (byte, short, int, long, char..; siehe folgende Tabelle). Da meist bekannt ist, wie groß der zulässige Zahlenbereich werden darf, gibt es für die entsprechenden Familien (z. B. Familie der ganzen Zahlen – byte, short, int, long) unterschiedliche Möglichkeiten, die sich in dem belegten Speicherplatz unterscheiden.

Java kennt 8 verschiedene **einfache Datentypen**, die jeweils einen bestimmten Platzbedarf und verschiedene Wertebereiche haben.

Typname	Bereich	Platzbedarf in Bytes
boolean	true, false	1 Bit
char	Unicode-Zeichen von \u0000 .. \uffff	16 Bit
byte	–128 ... 127	8 Bit, mit Vorzeichen
short	–32768 ... 32767	16 Bit, mit Vorzeichen
int	–2147483648 ... 2147483647	32 Bit, mit Vorzeichen
long	-9223372036854775808 ... 9223372036854775807	64 Bit, mit Vorzeichen
float	±3,40282347E+38 ... ±1,40239846E-45	32 Bit
double	±1,7976931348623157E+308 ... ±4,94065645841246544E-324	64 Bit

Datentypen

Schreibweise Datentypen	**Beachten Sie, dass einfache Datentypen mit einem Kleinbuchstaben beginnen, denn es gibt auch Klassen mit gleichen Namen, aber die beginnen mit einem Großbuchstaben.**

1.5 Variablen und Konstanten

Variablen können an „beliebiger" Stelle in einer Klasse definiert werden. Die Schreibweise entspricht der von C bzw. C++:

Erst den Typ, dann den Bezeichner (Name der Variablen).

Variablen werden über ihren Namen angesprochen. Namen müssen mit einem Buchstaben beginnen und dürfen ansonsten Buchstaben, Ziffern und den Unterstrich „_" enthalten; Groß- und Kleinschreibung wird beachtet, `name`, `NaMe` und `NAME` meinen also drei verschiedene Variablen. Leerzeichen dürfen in Variablennamen nicht vorkommen.

Variablen können nur Daten eines bestimmten Typs speichern. Dieser Typ wird bei der Deklaration festgelegt; er kann im Laufe des Programms nicht verändert werden.

Die Firma SUN hat eine Namenskonvention eingeführt, die für Variablen Folgendes definiert:

- Variablenbezeichner beginnen immer mit einem Kleinbuchstaben.
- Variablenbezeichner sollten möglichst aussagekräftig sein.
- Besteht ein Variablenbezeichner aus mehreren zusammengesetzten Wörtern, beginnt jedes Wort mit einem Großbuchstaben.

Schauen Sie sich das Beispiel an, in dem einige Variablen vereinbart (auch deklariert/definiert genannt) werden.

Quellcode Variablendeklaration.java:

```
public class Variablendeklaration
{
  public static void main(String argv[])
  {
    // Deklaration von Variablen
    double dblZahl1,dblZahl2;
    // sehr genaue reelle Zahl mit großem Zahlenbereich
    char chrBuchstabe;          // Zeichen
    long lngZahl1;              // lange Ganzzahl
    float fltZahl1;             // reelle Zahl
    //Variablenname = Ausdruck;
    dblZahl1 = 1.2345; // Variable erhält den Wert 1.2345
    dblZahl2 = dblZahl1*5+7;
    // dblZahl2 erhält den Wert, der sich aus
    // der Formel berechnet
    chrBuchstabe = 'z';
    // Variable chrBuchstabe speichert das Zeichen 'z '
  }//public static void main(String argv[])
}// public class Variablendeklaration
```

UNI-CODE-Zeichen werden dabei in einfachen Apostrophen „'“ eingeschlossen (Zeile 16). Bei reellen Zahlen (`float` oder `double`) wird ein Dezimal-Punkt, kein Dezimal-Komma verwendet (englische Schreibweise).

```
char chrZeichen = 'c';
String strZeichenKette = "Hallo Welt!";
double dblReelleZahl = 1.2345;
```

Konstanten können wie Variablen angesprochen werden, verändern aber während des Programmlaufs ihren Wert nicht. Wird dies trotzdem versucht, reagiert der Compiler mit einer Fehlermeldung. Konstantenbezeichner werden üblicherweise in BLOCKSCHRIFT deklariert.

Beispiele:

```
final double PI = 3.1415;// PI als double-Konstante
final double E  = 2.7172; // Eulersche Zahl
final byte GELB = 1;
final byte BLAU = 2;
final byte ROT  = 3;
final byte ZWEIUNDVIERZIG = 42;//sinnvoll?
```

1.6 Anweisungen, Wertezuweisung, Rechenoperationen

Wie im Ausgangsbeispiel (HalloWelt.java) gezeigt, wird über **Anweisungen** der Ablauf des Programms gesteuert. An dieser Stelle werden die wichtigsten Anweisungen nochmals zusammengefasst:

```
System.out.println("Text");//Zeichenkette ausgeben
System.out.println(dblZahl1);
//Inhalt der Variablen dblZahl1 ausgeben
```

Anweisungen werden immer mit einem Strichpunkt (Semikolon) „;“ abgeschlossen. Mehrere Anweisungen werden mit den reservierten Zeichen { und } zu einem **Anweisungsblock** zusammengefasst, die bei verschiedenen Programmstrukturen (Auswahl, Schleifen) notwendig sind.

```
AnweisungA;
{ Anweisung1; Anweisung2; Anweisung3;}
AnweisungC;
```

Die Anweisungsblöcke werden bei den weiteren Strukturen benötigt; aber auch das Hauptprogramm (`main`) besteht aus einer Anweisungsgruppe.

Java stellt bereits viele Anweisungen zur Verfügung. Eine besondere Art der Anweisung ist die **Wertzuweisung**, die meist mit der Ausführung von Rechenoperationen verbunden ist.

Wie in der Klasse Variablendeklaration gesehen, erfolgt die Wertzuweisung an eine Variable über den Operator „=“.

Beispiele:

```
lngZahl1 = 5;
dblZahl2 = dblZahl1 * 6.23 - 12;
```

Das erste Beispiel weist der Variablen `lngZahl1` den Wert 5 zu. Im zweiten Beispiel wird eine Formel berechnet, das Ergebnis der Berechnung wird der Variablen mit Namen `dblZahl2` zugewiesen. Bei einer Zuweisung wird immer erst der Teil rechts vom Gleichheitszeichen abgearbeitet und dann dem links stehenden Bezeichner zugewiesen.

Java bietet die Grundrechenarten Addition, Subtraktion, Multiplikation und Division an.

Addition, Subtraktion, Multiplikation und Division werden durch die Operatoren +, –, * und / ausgeführt. Vorsicht ist bei Ganzzahldivision geboten, da dort zwei spezielle Operatoren zum Einsatz kommen. Für die **Ganzzahldivision** gibt es den Operator / und % (siehe Rechenarten.java).

Quellcode Rechenarten.java:

```
public class Rechenarten
{
  public static void main(String argv[])
  {
    int a,b,c;
    a=5;
    b=3;
    c = a / b; //Ergebnis 1, da 5 / 3 genau einmal
               //ganz teilbar ist (Rest 2)
    System.out.println(c);
    c = a % b; //Ergebnis 2, da 5 / 3 einen ganzzahligen
               //Rest von 2 liefert
    System.out.println(c);
  }//public static void main(String argv[])
}//class Rechenarten
```

Java beachtet die Punkt-Vor-Strich-Regel, sodass **Multiplikation** und **Division** vor **Addition** und **Subtraktion** ausgeführt werden. Auch runde Klammern (...) können wie gewohnt eingesetzt werden.

In Java gibt es außerdem die speziellen Operatoren **Inkrement**/**Dekrement**, die die Aufgabe haben, eine Variable um eins zu erhöhen/erniedrigen.

Bei diesen Operatoren ist entscheidend, ob sie vor oder nach dem Bezeichner stehen. Entsprechend wird vor oder nach der Ausgabe (`println`) die Operation (Erhöhen oder Verringern um 1) ausgeführt.

Quellcode DekrementInkrement.java:

```
public class DekrementInkrement
{
  public static void main(String argv[])
  {
    int intZahl;
    intZahl = 5;
    intZahl++;//Postinkrement
    System.out.println(intZahl);// -> 6
    System.out.println(intZahl++);//Postinkrement -> 6
    System.out.println(intZahl);// -> 7
    System.out.println(++intZahl); //Präinkrement -> 8
    System.out.println(intZahl);// ->8
    System.out.println(intZahl--);//Postdekrement -> 8
    System.out.println(intZahl);// -> 7
    System.out.println(--intZahl);//Prädekrement -> 6
    System.out.println(intZahl);// -> 6
  }// public static void main(String argv[])
}//class DekrementInkrement
```

Aus der Programmiersprache C++ wurden noch weitere Kurzschreibweisen übernommen, die in den folgenden Beispielen aber aus Gründen der Lesbarkeit eines Quellcodes nicht eingesetzt werden. Hier ein Beispiel, die Methode funktioniert aber auch mit anderen Operatoren:

```
intZahl +=5;//entspricht intZahl = intZahl +5
```

1.7 Einlesen über Tastatur

1.7.1 Klassischer Weg

Bemerkung: Diese Variante geht in allen Java-Versionen und wird oft in Büchern verwendet.

Wie schon bei der Standardausgabe (auf Bildschirm) über **System.out** gibt es für die Standardeingabe (über Tastatur) **System.in** einfachste Methoden.

Problemstellung (EinfachsteEingabe.java) Es soll eine Applikation erstellt werden, die den Benutzer auffordert, seinen Namen einzugeben und danach den Benutzer mit seinem Namen begrüßt.

Java ist eine sehr sichere Sprache und verlangt vom Programmierer bei Eingaben über die Tastatur, dass er sich um auftretende Fehler kümmert. Der Programmierer kennzeichnet die Methode, in der ein Fehler auftreten kann, durch das Schlüsselwort `throws <Fehlergruppe>` nach dem Methodenkopf (Zeile 4). Ein Fehler wird jetzt an die virtuelle Maschine zurückgegeben, später werden Mechanismen gezeigt, wie im Programm Fehler abgefangen werden können.

Grundsätzlich werden Fehler zu Gruppen zusammengefasst. Die bei der Eingabe möglichen Fehler sind in der Gruppe **IOException** (IO = input/output; exception = Ausnahme/Fehler) enthalten. Da diese Gruppe nicht mehr zum allgemeinen Sprachumfang gehört, muss sie zusätzlich über die Anweisung (Zeile 1): `import java.io.*;` eingebunden werden.

```
[1]  import java.io.*;
[2]  public class EinfachsteEingabe
[3]  {
[4]   public static void main(String argv[])throws IOException
[5]   {
[6]      int zeichen;
[7]      zeichen=System.in.read();
[8]      System.out.print("ASCII-Wert: ");
[9]      System.out.println(zeichen);
[10]     System.out.print("ASCII-Zeichen");
[11]     System.out.print((char)zeichen);
[12]     System.out.println("Programmende EinfachsteEingabe.");
[13]   }//public static void main(String argv[])
[14] }//class EinfachsteEingabe
```

Die Methode **read ()** liest genau ein Zeichen über Tastatur ein und liefert als Ergebnis den ASCII-Wert (Zeile 7). Will man das ASCII-Zeichen auf dem Bildschirm ausgeben, so muss man den ASCII-Wert in ein ASCII-Zeichen umwandeln. Dieser Vorgang wird **typecast** genannt.

Allgemein: `(Typ)Bezeichner`

Hier: `(char)zeichen`

Will man komfortable Eingaben über die Tastatur erledigen, so gibt es in Java die Klasse **BufferedReader**. In dieser Klasse ist die Methode **readLine ()** definiert, die zeilenweise Zeichenketten einlesen kann. Damit entfällt auch das umständliche Umwandeln von Uni-Code-Wert/Zeichen.

Zeilenweises Einlesen mit der Tastatur erfolgt in Java über einen Puffer, der uns nach Eingabe des Returns (bzw. Enter) die eingegebenen Zeichen als String (Zeichenkette) zur Verfügung stellt. Diese gepufferte Eingabe wird auch beim Einlesen aus Textdateien oder beim Lesen von Textdateien, die auf einem anderen Rechner (z. B. HTML-Dokumente) liegen, benutzt.

Der Aufbau der Anweisung ist sehr komplex und wird in den kommenden Kapiteln nach und nach erklärt. Sie müssen die Anweisung zu diesem Zeitpunkt noch nicht bis ins Letzte verstanden haben.

Quellcode Eingabe.java:

```
import java.io.*;
public class Eingabe
{
  public static void main(String argv[]) throws IOException
```

```
[5]    {
[6]       String str;
[7]       BufferedReader input = new BufferedReader(
[8]                                   new InputStreamReader(
[9]                                                 System.in));
[10]      System.out.print("Name eingeben: ");
[11]      str = input.readLine();
[12]      System.out.print("Guten Tag Benutzer ");
[13]      System.out.println(str);
[14]      System.out.println("Programmende Eingabe.");
[15]   }//public static void main(String argv[]) throws ...
[16] }//class Eingabe
```

Wie im Quellcode zu sehen, ist eine Eingabe über Tastatur in einer Anwendung nicht ganz so problemlos, wie die Vereinbarung einer einfachen Variablen. Die Zeilen 7 bis 9 wurden aus Platzgründen auf 3 Zeilen verteilt, was aber nicht zwingend notwendig ist.

Um die Eingabe über Tastatur zu ermöglichen, müssen immer drei Bestandteile im Quellcode ergänzt werden:

1. Importieren aller Klassen aus dem Paket `java.io` durch `import java.io.*;` (Zeile 1)
2. Ergänzen des Methodenkopfes, in der die Eingabe über Tastatur gemacht werden soll, um die Schlüsselwörter `throws IOException` (Zeile 4)
3. Erzeugen eines Objekts (Objekt ist eine „spezielle Variable“), das zur Eingabe über Tastatur genutzt werden kann (Zeile 7 – 9)

Diese drei Schritte sind immer notwendig, um Eingaben über die Tastatur zu tätigen. Jetzt ist es möglich, mit der Anweisung `input.readLine()` die gesamte eingegebene Zeile einzulesen (Zeile 11). Damit die Information nicht verloren geht, wird sie einer Variablen vom Typ `String` zugewiesen (hier `str`, Zeile 11).

1.7.2 Einlesen über Tastatur mit der Scanner-Klasse

Ab der Java-Version 1.6 steht in dem Paktet java.util die Klasse Scanner zur Verfügung. Mithilfe der Klasse Scanner ist das Einlesen über Tastatur (inkl. Umwandlung in den gewünschten Datentyp - int usw.) erleichtert worden.

Benutzen wir die Aufgabenstellung des vorangegangenen Kapitels, bei der es um das Einlesen eines Benutzernamens geht. Schauen Sie sich folgenden Quellcode an:

Quellcode EingabeNEU.java:

```
import java.util.*;
public class EingabeNEU
{
```

```
[4]     public static void main(String argv[])
[5]     {
[6]       String str;
[7]       Scanner input = new Scanner(System.in);
[8]       System.out.print("Name eingeben: ");
[9]       str = input.nextLine();
[10]      System.out.print("Guten Tag Benutzer ");
[11]      System.out.println(str);
[12]      System.out.println("Programmende Eingabe.");
[13]    }//public static void main(String argv[])
[14] }//class EingabeNEU
```

In Zeile 1 steht eine Import-Anweisung für das Paket java.util, da dort die Klasse Scanner definiert ist. In Zeile 7 wird ein Objekt der Klasse Scanner angelegt, das als Eingabestrom die Standardeingabe (System.in) nutzt. Ab dieser Zeile sind nun einfachste Leseoperationen möglich. In Zeile 9 wird die ganze Zeile (bis zum „ENTER") von der Konsole gelesen und als Zeichenkette (String) der Variablen str übergeben.

In den nun folgenden Seiten wird diese Variante zum Lesen von der Konsole verwendet.

1.8 Lineare Programme

Sollen für die Lösung einer Aufgabe mehrere Anweisungen hintereinander ausgeführt werden, können sie im Algorithmus in der gleichen Reihenfolge beschrieben werden.

Anweisung 1
Anweisung 2
Anweisung 3

Abb. 1.2 Struktogramm lineare Programme

Problemstellung

`(Summe.java)` Es soll eine Applikation erstellt werden, die die Summe zweier einzugebender ganzer Zahlen bildet und das Ergebnis auf dem Bildschirm ausweist.

Auf das Wesentliche verkürzt, hat das **Struktogramm** folgendes Aussehen:

Eingabe zahl1, zahl2
summe = zahl1 + zahl2
Ausgabe summe

Abb. 1.3 Struktogramm Summe.java

Die Verkürzungen, die hier möglich waren, beziehen sich auf das Thema „benutzerfreundliche Programmierung“. Wenn im Struktogramm steht „Eingabe zahl1, zahl2“ ist damit die benutzerfreundliche Eingabe von beiden Werten gemeint, die die entsprechenden Ausgaben von Eingabeaufforderungen beinhalten. Durch diese Verkürzungen lenken im Struktogramm die benutzerfreundlichen Teile nicht von den wesentlichen Teilen der Programmierung ab.

Quellcode Summe.java:

```
[1]  import java.io.*;
[2]  public class Summe
[3]  {
[4]    public static void main(String argv[])throws IOException
[5]    {
[6]      String str;
[7]      int zahl1,zahl2,ergebnis;
[8]      BufferedReader input = new BufferedReader(
[9]                                 new InputStreamReader(
[10]                                    System.in));
[11]     System.out.print("Geben Sie die erste Zahl ein: ");
[12]     str   = input.readLine();
[13]     zahl1 = Integer.parseInt(str);
[14]     //Umwandeln von String in eine Zahl vom Typ int
[15]     System.out.print("Geben Sie die zweite Zahl ein: ");
[16]     str   = input.readLine();
[17]     zahl2 = Integer.parseInt(str);
[18]     //Umwandeln von String in eine Zahl vom Typ int
[19]     ergebnis = zahl1 + zahl2;
[20]     System.out.println("Die Summe von "+zahl1+" und "+
[21]                            zahl2 + "ist: "+ergebnis);
[22]     System.out.println("Programmende Summe.");
[23]   }//public static void main(String argv[]) throws ..
[24] }//class Summe
```

`Interger.` **`parseInt`** `(str) (Zeile 13,17):`

Alle über `input.readLine()` eingelesenen Informationen werden als String (Zeichenkette) abgespeichert. Da man aber die Informationen nicht als Zeichenkette benötigt, sondern damit rechnen will, muss die Zeichenkette in eine Zahl umgewandelt werden. Diese Umwandlung von `String` nach `int` geht über die Anweisung `Integer.parseInt(str)`. Es ist aber auch möglich, diese Umwandlung direkt über die Scanner-Klasse durchzuführen (siehe folgenden Quellcode, der beide Varianten enthält). Es gibt für alle einfachen Datentypen eine entsprechende Methode (nextFloat, nextDouble, nextByte ...).

Die Möglichkeit der Umwandlung von `String` in einen einfachen Datentyp gibt es für: `byte`, `short`, `int`, `long`, `float` und `double`. Beachten Sie die Groß- und Kleinschreibung.

Weitere Informationen finden Sie in der API-Dokumentation im Paket `java.lang`.

Quellcode Summe.java:

```
import java.util.*;
public class Summe
{
  public static void main(String argv[])
  {
    int zahl1,zahl2,ergebnis;
    Scanner input = new Scanner(System.in);
    System.out.print("Geben Sie die erste Zahl ein: ");
    //1.Variante
    zahl1  = Integer.parseInt(input.nextLine());
    System.out.print("Geben Sie die zweite Zahl ein: ");
    //2.Variante
    zahl2 = input.nextInt();
    ergebnis = zahl1 + zahl2;
    System.out.println("Die Summe von "+zahl1+" und "+
                       zahl2 + " ist: "+ergebnis);
    System.out.println("Programmende Summe.");
  }//public static void main(String argv[])
}//class Summe
```

```
System.out.println("Die Summe von "+zahl1+" und "+ zahl2 + "ist: "+ergebnis);
```

Will man Text und Inhalte von Variablen ausgeben, so kann man dies entweder in getrennten `System.out.print(..)`-Anweisungen angeben oder durch das Verkettungszeichen „+“ in einer Anweisung zusammenfassen.

Beispiel:

```
System.out.print(4);
System.out.print("+");
System.out.print(3);
System.out.print("=");
System.out.println(7);
```

Oder in einer Anweisung:

```
System.out.println(4+"+"+3+"="+7);
```

1.9 Grundlegende Übungsaufgaben

Aufgaben

1 `(Subtraktion.java)` Verändern Sie das Programm Summe, sodass es die Differenz der beiden eingegebenen ganzen Zahlen ausgibt.

```
Subtraktion zweier Zahlen
Zahl1: 23
Zahl2: 4
Das Ergebnis der Subtraktion 23-4 ist 19
Programmende Subtraktion.
```

2 (Division.java) Verändern Sie das Programm Summe, sodass es das Ergebnis der Division der beiden eingegebenen Zahlen ausgibt.

```
Division zweier Zahlen
Zahl1: 1
Zahl2: 2
Das Ergebnis der Division 1/2 ist 0.5
Programmende Division
```

3 (Benzin.java) Schreiben Sie ein Programm, das nach Eingabe der gefahrenen Kilometer und der Menge des verbrauchten Kraftstoffes den Durchschnittsverbrauch auf 100 km berechnet und ausgibt.

```
Berechnung des Durchschnittsverbrauchs
verbrauchter Kraftstoff in l: 52.5
gefahrene Strecke in km: 500
Der Durchschnittsverbrauch ist 10.5 l/100km
Programmende Benzin.
```

4 (Ganzteil.java) Das ganzzahlige Ergebnis und der Rest der Division von zwei einzugebenden ganzen Zahlen soll mit einem Programm berechnet werden.

```
Ganzzahlige Division mit Rest
Dividend: 23
Divisor: 4
Das Ergebnis der Division 23:4 ist 5 Rest 3
Programmende Ganzteil.
```

5 (ParallelR.java) Der Gesamtwiderstand zweier parallelgeschalteter Widerstände soll nach der Eingabe der beiden Widerstandswerte berechnet werden.

$$R_g = \frac{R_1 \cdot R_2}{R_1 + R_2}$$

```
Widerstands-Parallelschaltung
R1 in Ohm: 12000
R2 in Ohm: 10000
Der Gesamtwiderstand ist 5454.5454 Ohm
Programmende ParallelR.
```

6 (PunktAbstand.java) Der Abstand zweier Punkte P_1 = (x1, y1); P_2 = (x2, y2) soll nach Eingabe der x-y-Werte berechnet und ausgegeben werden. (Wurzel -> `Math.sqrt(4);`//ergibt 2...)

```
Punktabstand
1.Punkt x: 3
1.Punkt y: 3
2.Punkt x: 7
2.Punkt y: 6
Der Punktabstand: 5.0
Programmende PunktAbstand.
```

2 Kontrollstrukturen

Im zweiten Kapitel werden die grundlegenden **Kontrollstrukturen**, wie Auswahl, Schleifen und Felder, ausführlichst behandelt. Zusätzlich finden Sie nach jedem Unterkapitel Übungsaufgaben.

2.1 Auswahl (Selektion)

In Abhängigkeit von einer Bedingung können Anweisungen ausgeführt oder weggelassen werden. **Bedingungen** sind in der Regel an Operatoren wie > (größer als), >= (größer gleich), < (kleiner als), <= (kleiner gleich), == (gleich) und != (ungleich) geknüpft.

2.1.1 Einseitige Auswahl

Bei der **einseitigen Auswahl** wird eine Anweisung oder eine Gruppe von Anweisungen nur dann ausgeführt, wenn eine bestimmte Bedingung erfüllt ist.

Problemstellung

`(Warnung1.java)` Es soll eine Applikation erstellt werden, die einen Warnhinweis ausgibt, wenn ein Grenzwert überschritten wird.

Im Struktogramm wird die einseitige Auswahl wie folgt dargestellt:

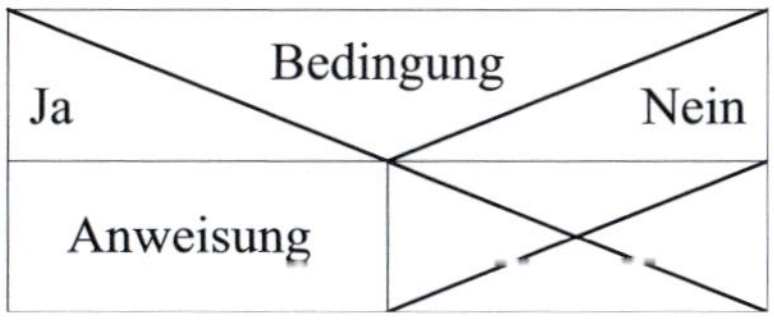

Abb. 2.1 Struktogramm einseitige Auswahl (allgemeine Darstellung)

Die Syntax lautet in Java:

```
if (Bedingung) Anweisung;
```

Die Bedingung muss immer in runden Klammen eingeschlossen sein.

Abb. 2.2 Struktogramm Warnung1.java

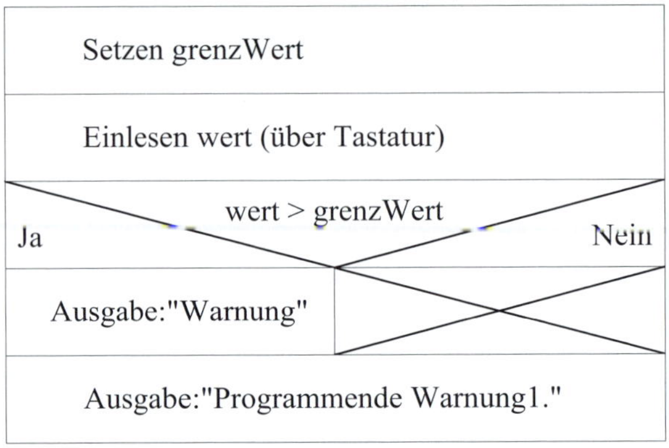

Quellcode Warnung1.java:

```
public class Warnung1
{
  public static void main(String argv[])
  {
    int grenzWert = 50;
    int wert = 320;//sollte eingelesen werden!
    if (wert > grenzWert) System.out.println("Warnung");
    System.out.println("Programmende Warnung1.");
  }//public static void main(String argv[])
}//public class Warnung1
```

Im Beispiel Warnung1 wurde aus Platzgründen auf die Eingabe über Tastatur verzichtet. Der Variablen wurde direkt ein Wert zugewiesen.

Sollen mehrere Anweisungen in Abhängigkeit der Bedingung ausgeführt werden, muss die Anweisungsgruppe mit {...} zu einem Block zusammengefasst werden (Warnung2 – Zeile 9 ... 12).

Problemstellung

Es soll eine Applikation mit der Programmiersprache Java erstellt werden, die einen Warnhinweis ausgibt, wenn ein Grenzwert überschritten wird `(Warnung2.java)`. Außerdem soll eine Variable (anzahlFehler) um eins erhöht werden.

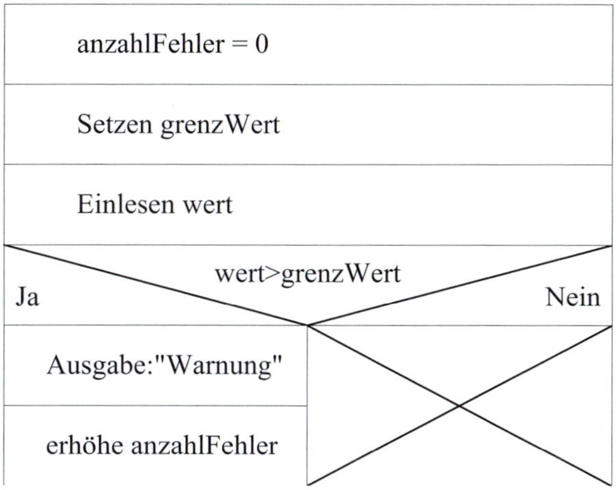

Abb. 2.3 Struktogramm Warnung2.java

Quellcode Warnung2.java:

```
public class Warnung2
{
  public static void main(String argv[])
  {
    int anzahlFehler = 0;
    int grenzWert = 50;
    int wert = 320;//sollte eingelesen werden!
    if (wert > grenzWert)
    {
      System.out.println("Warnung");
      anzahlFehler++;
    }// if (wert > grenzWert)
    System.out.println("Anzahl Fehler: "+anzahlFehler);
    System.out.println("Programmende Warnung2.");
  }// public static void main(String argv[])
}//public class Warnung2
```

Die angegebene Bedingung ist entweder wahr oder falsch, sie nimmt also die booleschen Werte `true` oder `false` an. Boolesche Werte können mit den Operatoren „**&&**" für **UND**, „**||**" für **ODER** und „**!**" für **NICHT** verknüpft werden.

A	B	(a && b)	!(a && b)	(a II b)	!(a II b)
false	false	false	true	false	true
false	true	false	true	true	false
true	false	false	true	true	false
true	true	true	false	true	false

Vergleichsoperationen werden vorrangig vor **booleschen Operationen** behandelt. `a && b` ist also nur dann wahr, wenn sowohl a als auch b wahr ist. Bei `a || b` genügt es, wenn mindestens a oder b wahr ist.

Problemstellung `(Warnung3.java)` Es soll eine Applikation erstellt werden, die einen Warnhinweis ausgibt, wenn ein Wert in einem Grenzbereich liegt.

Abb. 2.4 Struktogramm Warnung3.java

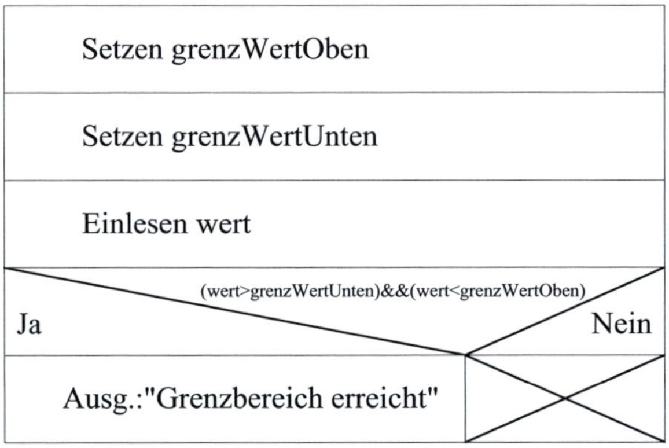

Quellcode Warnung3.java:

```
public class Warnung3
{
  public static void main(String argv[])
  {
    int grenzWertUnten = 45;
    int grenzWertOben  = 55;
    int wert = 51;//sollte eingelesen werden!
    if (wert > grenzWertUnten && wert < grenzWertOben)
          System.out.println("Grenzbereich erreicht");
   System.out.println("Programmende Warnung3.");
  }//public static void main(String argv[])
}//public class Warnung3
```

2.1.2 Grundlegende Übungsaufgaben

Aufgaben

1 `(Bestell.java)` Eine Firma liefert bei einem Bestellwert ab 200,00 EUR porto- und verpackungsfrei. Für Aufträge unter 200,00 EUR beträgt die Versandpauschale 5,50 EUR. Ein Programm soll den Rechnungsbetrag in Abhängigkeit vom Bestellwert ausgeben.

```
Berechnung des Rechnungsbetrages
Bestellwert in Euro: 150
Rechnungsbetrag: 155.5 Euro
Programmende Bestell.
Berechnung des Rechnungsbetrages
```

```
Bestellwert in Euro: 250
Rechnungsbetrag: 250 Euro
Programmende Bestell.
```

2 (Dreieck.java) Ein Dreieck lässt sich aus den Seiten a, b und c konstruieren, wenn die Dreiecksungleichungen a + b > c, a + c > b, b + c > a gelten. Schreiben Sie ein Programm, das bei einzugebenden Seiten überprüft, ob sich das Dreieck konstruieren lässt.

```
Konstruierbarkeit eines Dreiecks pruefen
Seite a: 12.5
Seite b: 12.5
Seite c: 12.5
Das Dreieck ist konstruierbar.
Programmende Dreieck.

Konstruierbarkeit eines Dreiecks pruefen
Seite a: 12.5
Seite b: 21
Seite c: 7.5
Das Dreieck ist nicht konstruierbar.
Programmende Dreieck.
```

3 (LinGl.java) Die Gleichung ax + b = 0 soll für einzulesende Werte a und b vom Computer gelöst werden. Denken Sie daran, dass sowohl a als auch b den Wert 0 annehmen kann.

```
Gleichung ax+b=0
A:3
B:6
Loesung:-2
Programmende LinGl.
```

2.1.3 Zweiseitige Auswahl

Bei der **zweiseitigen Auswahl** wird in Abhängigkeit davon, ob eine Bedingung erfüllt ist oder nicht, die eine oder andere Anweisung oder Anweisungsgruppe ausgeführt.

Problemstellung

(Warnung4.java) Es soll eine Applikation mit der Programmiersprache Java erstellt werden, die einen Warnhinweis ausgibt, wenn ein Grenzwert überschritten wird, ansonsten eine Meldung ausgibt, dass alles OK ist.

Im Struktogramm wird die zweiseitige Auswahl wie folgt dargestellt:

Abb. 2.5 Struktogramm zweiseitige Auswahl (allgemeine Darstellung)

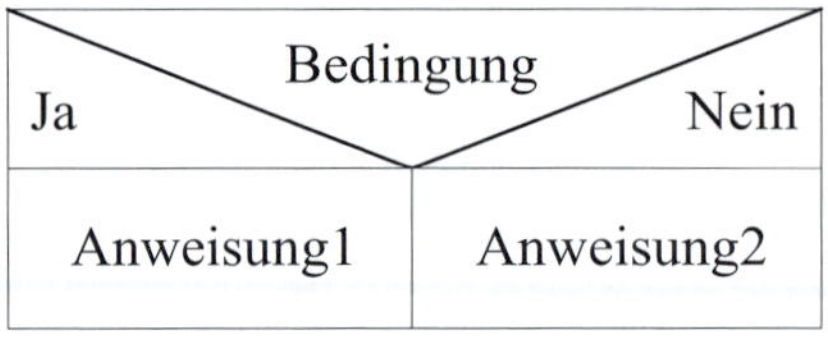

Die Syntax lautet in Java:

```
if (Bedingung) Anweisung1; else Anweisung2;
```

Zweiseitige Auswahl

Erweiterung der einseitigen Auswahl	**Man kann die zweiseitige Auswahl als eine Erweiterung der einseitigen Auswahl um eine Alternative betrachten. Beachten Sie: Die `else`-Anweisung bezieht sich immer auf das letzte, nicht durch `else` abgeschlossene `if` im gleichen Block.**

Abb. 2.6 Struktogramm Warnung4.java

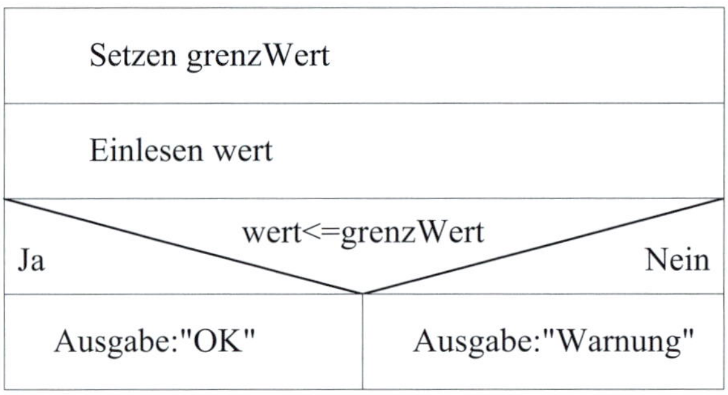

Quellcode Warnung4.java:

```
public class Warnung4
{
  public static void main(String argv[])
  {
    int grenzWert = 50;
    int wert = 320;//sollte eingelesen werden!
    if (wert < grenzWert)
      System.out.println("OK");
    else
      System.out.println("Warnung");
    System.out.println("Programmende Warnung4.");
  }//public static void main(String argv[])
}//public class Warnung4
```

Sollen mehrere Anweisungen in Abhängigkeit der Bedingung ausgeführt werden, muss diese Anweisungsgruppe wieder mit {...} geklammert werden.

Problemstellung

`(Warnung5.java)` Es soll eine Applikation erstellt werden, die einen Warnhinweis ausgibt, wenn ein Grenzwert überschritten wird. Außerdem wird eine Zählvariable um eins erhöht, sowie eine Meldung mit dem Text: „OK“ ausgegeben.

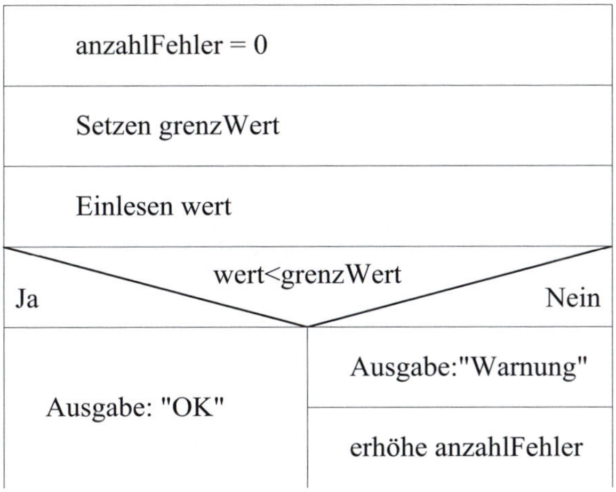

Abb. 2.7 Struktogramm Warnung5.java

Quellcode Warnung5.java:

```
[1]  public class Warnung5
[2]  {
[3]    public static void main(String argv[])
[4]    {
[5]      int anzahlFehler = 0;
[6]      int grenzWert = 50;
[7]      int wert = 320;//sollte eingelesen werden!
[8]      if (wert < grenzWert)
[9]           System.out.println("OK");
[10]     else
[11]     {
[12]       System.out.println("Warnung");
[13]       anzahlFehler++;
[14]     }//else (wert > grenzWert)
[15]     System.out.println("Anzahl Fehler: "+anzahlFehler);
[16]     System.out.println("Programmende Warnung5.");
[17]   }//public static void main(String argv[])
[19] }//public class Warnung5
```

Solange nur eine Anweisung in Abhängigkeit der Bedingung ausgeführt werden muss, erübrigt sich die Blockung (Zeile 9).

Ist mehr als eine Anweisung auszuführen, müssen diese in einem Block zusammengefasst werden (Zeile 11 bis 14).

2.1.4 Grundlegende Übungsaufgaben

Aufgaben

1 (BenzinV2.java) Schreiben Sie ein Programm, das nach Eingabe der gefahrenen Kilometer und der Menge des verbrauchten Kraftstoffes den Durchschnittsverbrauch auf 100 km berechnet und ausgibt. Die Berechnung darf aber nur erfolgen, wenn die gefahrenen Kilometer ungleich null sind, ansonsten soll eine (sinnvolle) Fehlermeldung ausgegeben werden.

```
Berechnung des Durchschnittsverbrauchs
verbrauchter Kraftstoff in l: 32.3
gefahrene Strecke in km: 0
Ungueltige Strecke eingegeben.
Programmende BenzinV2.
```

2 (Bestell2.java) Eine Elektrofirma erhebt für Bestellungen unter 100,00 EUR einen Porto- und Verpackungsanteil von 5,50 EUR, von 100,00 bis 200,00 EUR einen Betrag von 3,00 EUR, ab 200,00 EUR werden keine Porto- und Verpackungskosten berechnet. Ein Programm soll bei eingegebener Auftragssumme den Rechnungsbetrag ausgeben.

```
Berechnung des Rechnungsbetrages
Auftragssumme in Euro: 150
Rechnungsbetrag: 153.00 Euro
Programmende Bestell2.
```

3 (Widerstand.java) Wahlweise soll der Gesamtwiderstand (R_g) zweier parallel oder in Reihe geschalteter Widerstände (R_1, R_2) nach Eingabe der beiden Widerstandswerte berechnet werden.

Parallelschaltung

$$R_g = \frac{R_1 \cdot R_2}{R_1 + R_2}$$

Reihenschaltung

$$R_g = R_1 + R_2$$

```
Widerstands-Schaltung
(P)arallel- oder (R)eihenschaltung? P
R1 in Ohm: 12000
R2 in Ohm: 10000
Der Gesamtwert der Parallelschaltung ist
5454.545 Ohm
Programmende Widerstand.
```

4 (KinderG.java) Eine Familie in Javaland erhält nach folgender einkommensabhängiger Tabelle Kindergeld (Duke-Dollars D$). Ein Programm ist gesucht, das nach Eingabe der Kinderzahl und dem Einkommen das zu zahlende Kindergeld berechnet.

Einkommen	<45000,00 D$	ab 45000,00 D$
für das 1. Kind	70,00 D$	70,00 D$
für das 2. Kind	130,00 D$	70,00 D$
für das 3. Kind	220,00 D$	140,00 D$
ab dem 4. Kind	240,00 D$	140,00 D$

```
Kindergeldberechnung
Ihr Jahreseinkommen in D$: 47900
Anzahl der Kinder: 3
Ergebnis: 280 D$ Kindergeld.
Programmende Kindergeld.
```

5 (Geraden.java) Der Schnittpunkt zweier Geraden ist gesucht. Gerade 1 wird durch die Punkte A (ax,ay) und B (bx,by), Gerade 2 durch die Punkte C (cx,cy) und D (dx,dy) angegeben. Denken Sie daran, dass die Geraden auch parallel sein können; dies muss besonders beachtet werden.
Es gilt:
(bx – ax) y = (by – ay) x + (ay bx – ax by) und
(dx – cx) y = (dy – cy) x + (cy dx – cx dy)
Die Geraden sind parallel, wenn gilt:
(by – ay) (dx – cx) – (dy – cy) (bx – ax) = 0

```
Schnittpunktberechnung
ax: 3
ay: 3
bx: 4
by: 4
cx: -3
cy: 3
dx: -4
dy: 4
Schnittpunkt x=0; y=0
Programmende Geraden.
```

Umlaute sind nicht ohne weiteres in einer DOS-Box darstellbar, da Windows 2 verschiedene Zeichensätze für DOS-Box und grafische Oberflächen verwendet. (Lösung: *www.schulnetzwerk.de* im Kapitel Tricks!)

2.1.5 Mehrseitige Auswahl

Es gibt zwei Formen der **mehrseitigen Auswahl**, die sich in der Art der Programmierung unterscheiden. Die erste Art ist sehr speziell und beruht darauf, dass sich die einzelnen Fälle durch feste Einzelwerte bestimmen lassen.

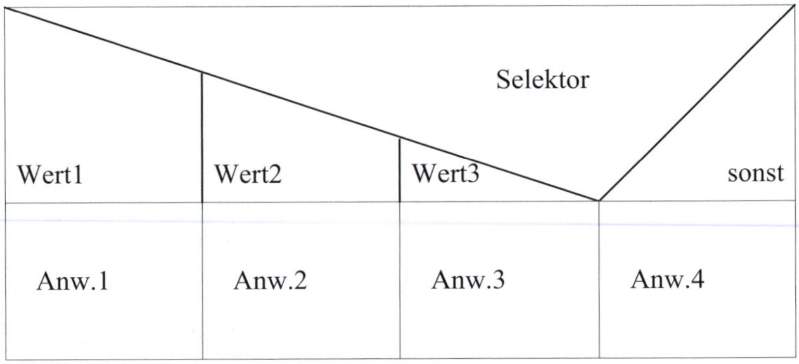

Abb. 2.8 Struktogramm Mehrseitige Auswahl (allg. Darstellung)

Die mehrseitige Auswahl stützt ihre Wahl auf einen abzählbaren **(ordinal)** Datentyp, den Selektor, der mehr als zwei Werte annehmen kann, z. B. Datentypen der ganzen Zahlen (*int*) oder Datentyp der Zeichen (*char*). In Abhängigkeit des aktuellen Wertes wird dann eine von vielen Möglichkeiten ausgewählt und ausgeführt. Trifft keine Übereinstimmung zu, wird der default-Zweig gewählt.

Die Syntax lautet in Java:

```
switch  (selektor)
{
  case wert1: Anweisung1; break;
  case wert2: Anweisung2; break;
  case wert3: Anweisung3; break;
  default: Anweisung4;
}//switch(selector)
```

Der **default**-Teil kann auch weggelassen werden, wenn keine sonstige Anweisung nötig ist.

Problemstellung

`(Notenausgabe.java)` Die Applikation Notenausgabe soll wie folgt ergänzt werden: Es soll eine Note (1 ... 6) eingegeben werden. Das Programm wandelt die Note in den entsprechenden Text um (1 = sehr gut; 2 = gut;...; 6 = ungenuegend).

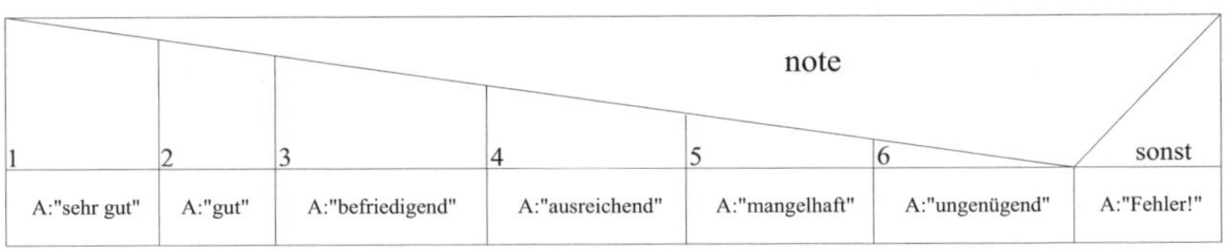

Abb. 2.9 Struktogramm Notenausgabe.java (verkürzte Darstellung)

Quellcode Notenausgabe.java:

```
public class Notenausgabe
{
  public static void main(String argv[])
  {
    int note;
    note = 3;//sollte über Tastatur eingelesen werden...
    switch(note)
    {
      case 1:  System.out.println("sehr gut");    break;
      case 2:  System.out.println("gut");         break;
      case 3:  System.out.println("befriedigend");break;
      case 4:  System.out.println("ausreichend"); break;
      case 5:  System.out.println("mangelhaft");  break;
      case 6:  System.out.println("ungenuegend"); break;
      default: System.out.println("Fehler.");
    }//switch
  System.out.println("Programmende Notenausgabe.");
  }// public static void main(String argv[])
}//class Notenausgabe
```

Falls der Selektor aus einem ganzen zusammenhängenden Bereich besteht, so muss auf die zweiseitige Auswahl zurückgegriffen werden.

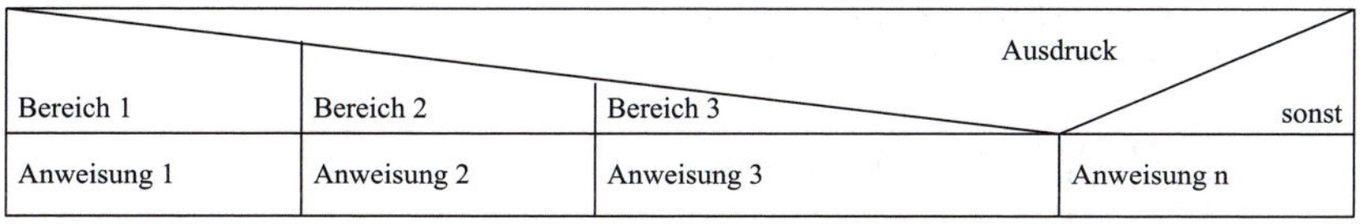

Abb. 2.10 Struktogramm Mehrfache Auswahl (Bereiche)

Problemstellung

`(Warnung6.java)` Die Applikation Warnung6 gibt Warnmeldungen aus: 0 ... 35 °C "normale Temperatur", 36 ... 45 °C „erhöhte Temperatur", 46 ... 55 °C „Warnung", 55 ... 200 °C „automatische Abschaltung".

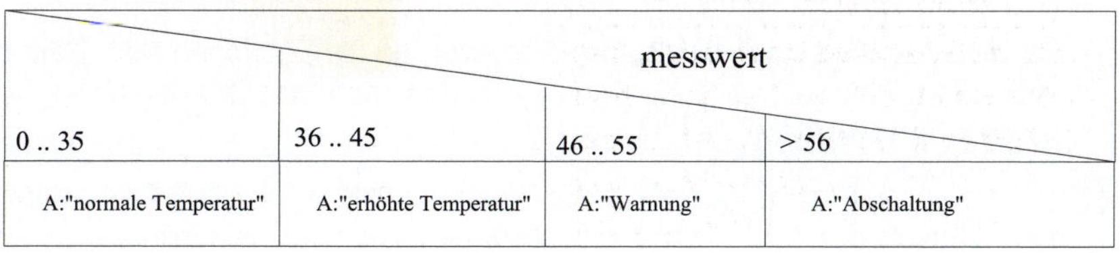

Abb. 2.11 Struktogramm Warnung6.java (Bereiche)

Quellcode Warnung6.java:

```
public class Warnung6
{
  public static void main(String argv[])
  {
```

```
        int messwert; // sollte über Tastatur
        messwert = 15;// eingelesen werden...
        if(messwert>0 && messwert<35)
          System.out.println("normale Temperatur");
        else if(messwert>36 && messwert<45)
               System.out.println("erhöhte Temperatur");
             else if(messwert>46 && messwert<55)
                    System.out.println("Warnung");
                  else if(messwert>56)
                         System.out.println("Abschaltung");
      System.out.println("Programmende Warnung6.");
    }// public static void main(String argv[])
  }//class Warnung6
```

2.1.6 Grundlegende Übungsaufgaben

Aufgaben

1 (MonName.java) Schreiben Sie ein Programm, das die Monatsnamen „Januar“ bis „Dezember“ ausgibt, wenn eine der Zahlen von 1 bis 12 eingegeben wird.

```
Ausgabe des Monatsnamens
Nummer des Monats (1..12): 4
Der 4. Monat heisst April.
Programmende MonName.
```

2 (Brief.java) Briefe werden nach ihrem Gewicht frankiert. Es gelten folgende Portobeträge (D$ = Duke-Dollar – Javaland):

bis (g)	20	50	100	250	500	1000
D$	1,00	1,70	2,40	3,20	4,00	4,80

```
Portoberechnung
Gewicht des Briefes in g: 75.6
Kosten: 2.40 Euro
Programmende Brief.
```

Sendungen, die schwerer als 1 kg sind, werden als Päckchen oder Paket verschickt. Schreiben Sie ein Programm, das nach Eingabe des Gewichtes das Porto ausgibt.

3 (QuadGl.java) Die quadratische Gleichung $ax^2 + bx + c = 0$ ist zu lösen. Denken Sie daran, dass die Lösungen imaginär sein können. Hinweis: Wurzeln werden in Java mit der Funktion `Math.sqrt(x)` berechnet (Bemerkung: x muss vom Typ `double` sein!).

```
Quadratische Gleichung a*x*x+b*x+c=0
a: 2
b: 24
c: 22
x(1)=-11 ; x(2) = -1
Programmende Quadratische Gleichung.
```

4 (Koerper.java) Es sollen die Volumina und Oberflächen von Zylinder, Würfel, Quader, Kreiskegel oder Kugel berechnet werden. Erstellen Sie ein Programm, das die Eingabe der Körperform und der notwendigen Maße erlaubt und danach die Werte berechnet. **Hinweis:** Die Kreiszahl Pi ist in Java über `Math.PI` benutzbar.

```
Berechnung von Volumen/Oberflaeche div. Koerper
Bitte waehlen Sie (Z)ylinder, (W)uerfel,
(Q)uader, (K)reiskegel oder K(u)gel:
Ihre Wahl: W
Kantenlaenge in cm: 5
Wuerfel Oberflaeche: 150 cm*cm
Wuerfel Volumen: 125 cm*cm*cm
Programmende Koerper.
```

2.2 Schleifen (Iteration)

Es kommt immer wieder vor, dass Anweisungen mehrmals wiederholt werden müssen. Es ist unnötig, jede Anweisung so oft zu schreiben, wie sie wiederholt werden soll. Meist ist auch nicht vorhersehbar, wie oft Anweisungen ausgeführt werden sollen.

In Java gibt es hierfür drei verschiedene Kontrollstrukturen (Kopfgesteuerte, Fußgesteuerte und Zählschleife), die es ermöglichen, alle Anweisungen, die sich wiederholen, nur einmal zu schreiben.

Abb. 2.12
Schleifen

Die Schleifensteuerung kann am Anfang (Abb. 2.12) oder am Ende (nach Anweisung 3) stehen. Abhängig von einer Bedingung werden die zu wiederholenden Anweisungen ausgeführt/nicht ausgeführt. Die zu wiederholenden Anweisungen werden Schleifenkörper oder auch Schleifenrumpf genannt.

2.2.1 Schleife mit Anfangsabfrage (Kopfgesteuerte Schleife)

Bei der Schleife mit Anfangsabfrage, auch **kopfgesteuerte Schleife** genannt, kann es vorkommen, dass der **Schleifenkörper** nie durchlaufen wird, weil die Schleifenbedingung schon zu Anfang nicht zutrifft. Deswegen wird diese Form der Schleife auch noch abweisende Schleife genannt. Solange die Bedingung *wahr* ist, wird der Schleifenkörper durchlaufen.

Problemstellung (`EinsOderZwei.java`) Es soll eine Applikation erstellt werden, die einen Warnhinweis ausgibt, wenn keine 1 oder 2 eingegeben wurde.

Im Struktogramm wird die kopfgesteuerte Schleife wie folgt dargestellt:

Abb. 2.13 Struktogramm kopfgesteuerte Schleife (allg.)

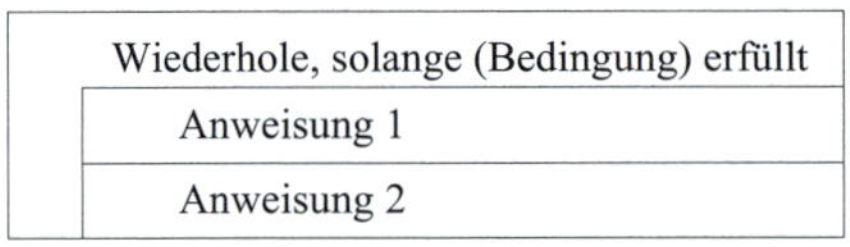

Im Struktogramm (Abb. 2.13) ist gut zu erkennen, dass die Bedingungsprüfung vor dem Schleifenkörper (hier Anweisung 1 und 2) liegt.

Die Syntax lautet in Java:

```
while(<Bed.>)
{
  //div. Anweisungen
}//while
```

Abb. 2.14 Struktogramm EinsOderZwei

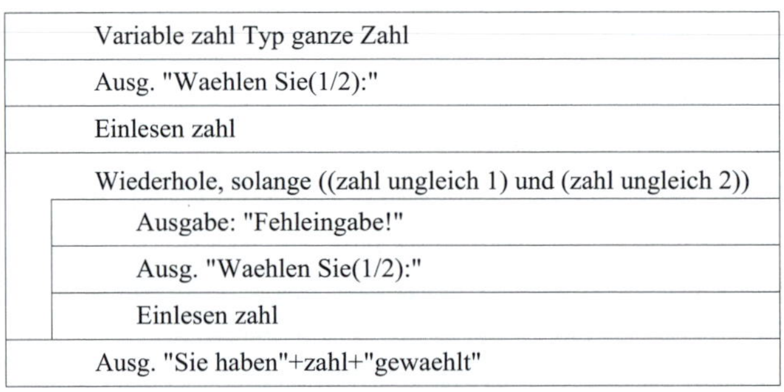

Der Rumpf der Schleife besteht hier aus 3 linearen Anweisungen. Meistens ist aber der Rumpf wesentlich komplexer und setzt sich aus allen Programmstrukturen (auch Auswahl und weiteren Schleifen) zusammen.

Quellcode EinsOderZwei.java:

```
import java.util.*;
public class EinsOderZwei
```

```
{
  public static void main(String argv[])
  {
    Scanner in = new Scanner(System.in);
    byte zahl;
    System.out.println("Waehlen Sie(1/2): ");
    zahl = in.nextByte();
    while((zahl != 1) && (zahl != 2))
    {
      System.out.println("Fehleingabe!");
      System.out.println("Waehlen Sie(1/2): ");
      zahl = in.nextByte();
    }//while((zahl != 1) && (zahl != 2))
    System.out.println("Sie haben "+zahl+" gewaehlt.");
    System.out.println("Programmende EinsOderZwei.");
  }//public static void main(String argv[])
}//public class EinsOderZwei
```

2.2.2 Grundlegende Übungsaufgaben

Aufgaben

1 `(Primzahl.java)` Lassen Sie prüfen, ob eine long-Zahl eine Primzahl ist. Dividieren Sie die zu prüfende Zahl durch i = 2, 3, usw. bis $i^2 > x$ ist und prüfen Sie, ob die Division $\frac{x}{i}$ einen Rest lässt.

```
Primzahlpruefung
Ganze Zahl eingeben: 66
66 ist keine Primzahl.
Programmende Primzahl.
```

2 Lassen Sie den Rechner die Summe der folgenden Zahlen bis zu einem Grenzwert g berechnen und geben Sie die Anzahl der benötigten Glieder aus.

a) `(SumA.java)` $1 + 2 + 3 + 4 + ... + n + ...$

b) `(SumB.java)` $1 - 2 + 3 - 4 + 5 ... + (2n + 1) - 2n ...$

c) `(SumC.java)` $1 + \frac{1}{2} + \frac{1}{3} + ... + \frac{1}{n} + ...$

d) `(SumD.java)` $1 + 4 + 9 + 16 + 25 + ... + n^2 + ...$

```
SumA
Berechnung der Summe 1+2+3+4+... bis zum Grenzwert
Grenzwert: 16
Nach 6 Gliedern ist 16 erreicht. Die Summe ist 21.
Programmende SumA.
```

3 `(ProdAdd.java)` Das Produkt zweier ganzer Zahlen ist mithilfe der Addition zu berechnen. Beachten Sie, dass die Zahlen auch 0 oder negativ sein können.

```
Berechnung des Produktes ueber Addition
Multiplikator: 3
Multiplikand : 5
```

```
Das Produkt ist 15.
Programmende ProdAdd.
```

4 (QuotSub.java) Der ganzzahlige Quotient $\frac{a}{b}$ zweier ganzer Zahlen a und b und der entstehende Rest sollen über die Subtraktion berechnet werden. Überlegen Sie, welche Fehlerquellen es geben kann und berücksichtigen Sie diese im Programm. Beispiel: $\frac{25}{8}$= 3 Rest 1

```
Berechnung des Quotienten und Rest ueber Subtraktion
Divident: 25
Divisor: 3
Ganzahliger Quotient: 8
Ganzzahliger Rest: 1
Programmende QuotSub.
```

2.2.3 Schleife mit Endabfrage (Fußgesteuerte Schleife)

Bei der Schleife mit Endabfrage, auch **fußgesteuerte Schleife** genannt, wird der Schleifenkörper mindestens einmal durchlaufen, weil die Schleifenbedingung erst nach dem Schleifenkörper geprüft wird. Deswegen wird diese Form der Schleife auch nicht abweisende Schleife genannt. Solange die Bedingung *wahr* ist, wird der Schleifenkörper erneut durchlaufen.

Problemstellung (EinsOderZweiV2.java) Es soll eine Applikation erstellt werden, die einen Warnhinweis ausgibt, wenn keine 1 oder 2 eingegeben wurde.

Im Struktogramm wird die fußgesteuerte Schleife wie folgt dargestellt:

Abb. 2.15 Struktogramm fußgesteuerte Schleife (allg.)

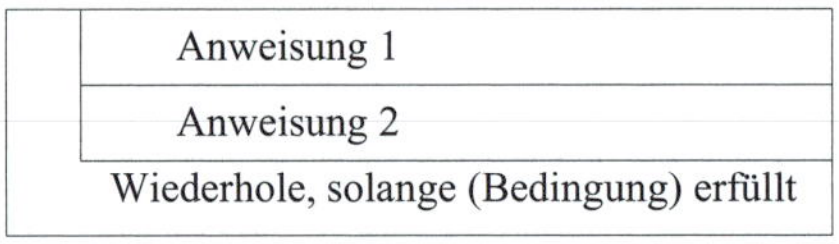

Im Struktogramm (Abb. 2.15) ist gut zu erkennen, dass die Bedingungsprüfung nach dem Schleifenkörper (hier Anweisung 1 und 2) liegt.

Die Syntax lautet in Java:

```
do
{
  //div. Anweisungen
}
while(<Bed.>);
```

Semikolon

Einsatz Semikolon	**Nach dem Schlüsselwort do darf kein Semikolon stehen. Nach der Bedingung muss ein Semikolon stehen.**

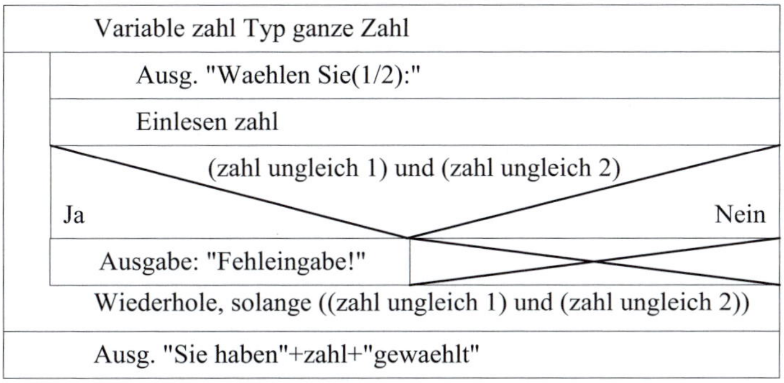

Abb. 2.16 Struktogramm EinsOderZweiV2

Der Rumpf der Schleife besteht hier aus 2 linearen Anweisungen, gefolgt von einer einfachen Auswahl.

Quellcode EinsOderZweiV2.java:

```
import java.util.*;
public class EinsOderZweiV2
{
  public static void main(String argv[])
  {
    Scanner in = new Scanner(System.in);
    byte zahl;
    do
    {
      System.out.println("Waehlen Sie(1/2): ");
      zahl = in.nextByte();
      if((zahl != 1) && (zahl != 2))
        System.out.println("Fehleingabe!");
    } while((zahl != 1) && (zahl != 2));
    System.out.println("Sie haben "+zahl+" gewaehlt.");
    System.out.println("Programmende EinsOderZweiV2.");
  }//public static void main(String argv[])
}//public class EinsOderZweiV2
```

2.2.4 Grundlegende Übungsaufgaben

Aufgaben

1 `(Teiler.java)` Lassen Sie alle Teiler einer einzulesenden ganzen Zahl ausgeben. Benutzen Sie auch hier eine Division mit ganzzahligem Ergebnis. Beispiel: 8 hat die Teiler 1, 2, 4, 8.

```
Teiler
Geben Sie eine ganze Zahl ein: 63
63 ist durch:
1 3 7 9 21 63 teilbar.
Programmende Teiler.
```

2 `(SummeUndDurchschnitt.java)` Lassen Sie eine beliebige Anzahl von Zahlen addieren, bis die Zahl 0 eingegeben wird. Danach wird die Gesamtsumme und der Durchschnitt ausgegeben.

```
SummeUndDurchschnitt
Zahl (Ende mit 0): 1.5
Zahl (Ende mit 0): 3
Zahl (Ende mit 0): 1.5
Zahl (Ende mit 0): 0
Summe: 6; Durchschnitt 2
Programmende SummeUndDurchschnitt.
```

2.2.5 Zählschleife

Die **Zählschleife** ist eine Struktur, bei der von Anfang an feststeht, wie viele Wiederholungen des Schleifenkörpers ausgeführt werden. Dabei wird ein Zähler (genannt **Laufvariable**) mitgeführt. Im Beispiel ändert sich die Laufvariable von *Anfangswert* bis *Endwert*.

Problemstellung Es soll eine Applikation mit der Programmiersprache Java erstellt werden, die 20 Sterne auf dem Bildschirm ausgibt.

Im Struktogramm wird die Zählschleife wie folgt dargestellt:

Abb. 2.17 Struktogramm Zählschleife (allg.)

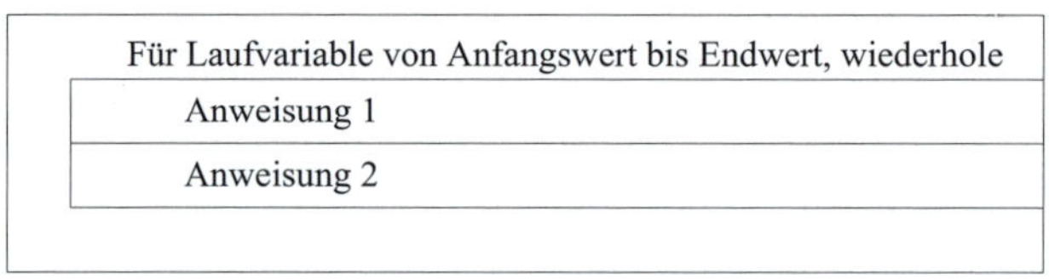

Auch ist es erlaubt, die grafische Darstellung der kopfgesteuerten Schleife zu benutzen (Abb. 2.18).

Abb. 2.18 Struktogramm Zählschleife (allg.)

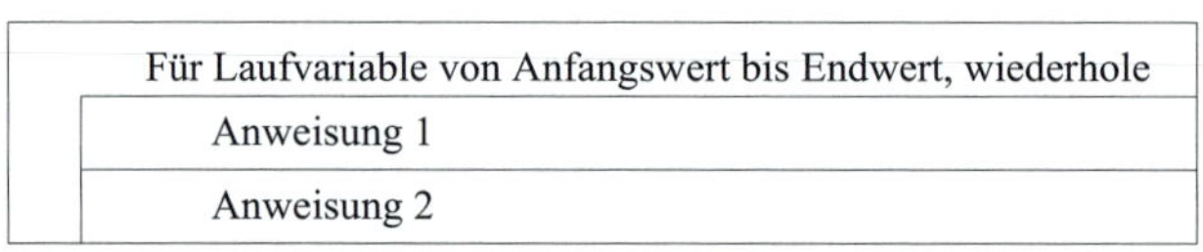

Nur durch den Text im Symbol ist dann noch zu erkennen, dass es sich um eine Zählschleife handelt. Deswegen ist die Darstellung in Abbildung 2.17 zu bevorzugen.

Die Syntax lautet in Java:

```
for (laufvariable=anfangswert; laufvariable<=endwert; laufvariable++) Anweisung;
```

Die Syntax der Zählschleife ist wesentlich komplexer und beginnt mit dem Schlüsselwort `for` gefolgt von der Parameterliste, die in runde Klammern zusammengefasst ist. Die Parameterliste besteht aus drei Bereichen, die durch 2 Semikolons voneinander getrennt sind.

- Initialisierung: `laufvariable=anfangswert`
  Wird nur bei der ersten Ausführung der Kontrollstruktur ausgeführt
- Bedingung: `laufvariable<=endwert`
  Ist die Bedingung erfüllt, so wird der Schleifenkörper (hier die Anweisung) ausgeführt. Ist die Bedingung nicht erfüllt, wird die Schleife verlassen.
- Anweisung: `laufvariable++`
  Diese Anweisung wird nach dem Ende des Schleifenkörpers ausgeführt und sollte nur dazu genutzt werden, die Laufvariable zu verändern. Danach wird immer mit der Bedingungsprüfung (vorheriger Listenpunkt) fortgefahren.

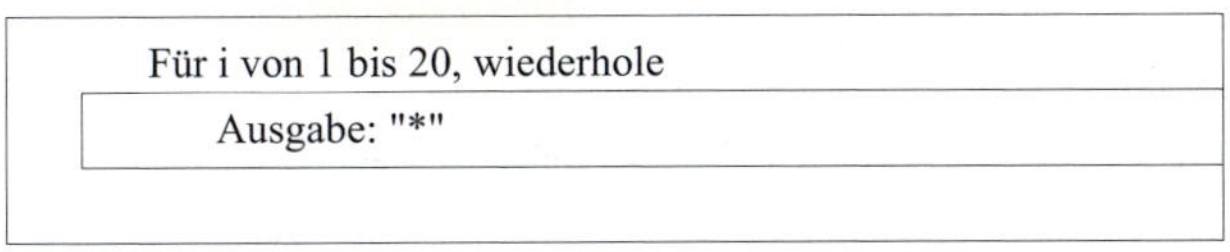

Abb. 2.19 Struktogramm Sterne

Quellcode Sterne.java:

```
public class Sterne
{
  public static void main(String argv[])
  {
    // gibt 20 Sterne in einer Zeile aus
    int i;
    for (i=1; i<=20;i++) System.out.print("*");
    System.out.println();
    System.out.println("Programmende Sterne.");
  }// public static void main(String argv[])
}//public class Sterne
```

2.2.6 Grundlegende Übungsaufgaben

Aufgaben

1 Schreiben Sie Programme, die nach Eingabe von n die folgenden Summen berechnen:

a) `(SumNa.java)` $1^2 + 2^2 + 3^2 + 4^2 + ... + n^2$

b) `(SumNb.java)` $1^2 + 3^2 + 5^2 + ... + (2n - 1)^2$

c) `(SumNc.java)` $2^2 + 4^2 + 6^2 + ... + (2n)^2$

d) `(SumNd.java)` $1 + \frac{1}{2} + \frac{1}{3} + ... + \frac{1}{n}$

```
SumNa
Berechnung der Summe der Reihe:
1*1+2*2+..+n*n
Geben Sie eine pos. ganze Zahl ein (n): 3
Summe ist: 14
Programmende SumNa.
```

2 (Ungerade.java) Lassen Sie den Computer die ungeraden Zahlen zwischen zwei einzugebenden Werten ausdrucken.

```
Ungerade
Untere Grenze: 5
Obere Grenze: 12
Ungerade Zahlen die zwischen 5 und 12 liegen:
7 9 11
Programmende Ungerade.
```

3 (Rechnen.java) Es sollen die Quadratzahlen, die Kubikzahlen und die Kehrwerte der Zahlen zwischen zwei einzugebenden Grenzen ausgegeben werden.

```
Rechnen
Untere Grenze: 4
Obere Grenze: 5
(1)Quadratzahl;(2):Kubikzahl;(3) Kehrwert
(1)16.0;(2)64.0;(3)0.25
(1)25.0;(2)125.0;(3)0.2
Programmende Rechnen.
```

4 (Matrix.java) Es soll eine Multiplikationsmatrix auf dem Bildschirm (von 10 Zeilen/10 Spalten) angezeigt werden. Nach Eingabe einer Ziffer zwischen 2 und 9 werden alle Zahlen durch einen Stern gekennzeichnet, die diese Ziffer enthalten oder durch die eingegebene Zahl ohne Rest teilbar sind.

```
Matrix von 0 .. 99
Zahl (2..9): 4
0  1  2  3  *  5  6  7  *  9
10 11 *  13 *  15 *  17 18 19
*  21 *  23 *  25 26 27 *  29
30 31 *  33 *  35 *  37 38 39
*  *  *  *  *  *  *  *  *  *
50 ......
.....
90 91 *  93 *  95 *  97 98 99
Programmende Matrix.
```

5 (Ausgabe.java) Schreiben Sie ein Programm, dass die Seitenlänge eines Quadrats erfragt und dann im Textmodus ein Quadrat dieser Größe ausgibt.

```
Anzahl: 3
*  *  *
*     *
*  *  *
```

2.3 Felder (Arrays) für einfache Datentypen

Die bisher verwendeten Variablen waren dadurch gekennzeichnet, dass jede Variable genau einen Wert des Datentyps speichern konnte. Arrays bieten nun die Möglichkeit, eine beliebige Anzahl von Variablen *gleichen* Typs simultan zu erzeugen und zu verwenden.

zahlenFeld

0	1	2	3	....	n	Index
12.02	13.75	10.54	11.34	12.25	14.35	Daten

Abb. 2.20
Array zahlenFeld

In der Abbildung 2.20 ist ein Array abgebildet, das den Bezeichner „`zahlenFeld`" besitzt. Wie bei einer einfachen Variablen wird das Array über seinen Namen `(zahlenFeld)` angesprochen.

Jedes Feld besitzt einen Feldnamen und hat eine Anzahl (n + 1) von Elementen des gleichen Typs (z. B. `double`). Die einzelnen Datenfelder werden über den Feldnamen und den Index ausgewählt. Für die Wahl und Schreibweise des Feldnamens gelten die gleichen Regeln wie bei Bezeichnern von Variablen.

Problemstellung

`(NotenFeld.java)` Ein Programm soll den Durchschnitt einer Klassenarbeit berechnen. Nach Eingabe der Anzahl der Noten werden die einzelnen Zensuren eingegeben. Danach wird automatisch deren Durchschnitt berechnet. Zur Kontrolle werden noch einmal alle Noten auf dem Bildschirm ausgegeben.

Mit uns bekannten Mitteln ist eine Lösung des Problems noch nicht möglich. Durch die Einführung von Feldern wird die Lösung einfach.

Die Deklaration eines Feldes ist der einer gewöhnlichen Deklaration sehr ähnlich, nur dass nach dem Datentyp – oder auch dem Namen des Feldes – die Zeichen „[ ]" gesetzt werden müssen. Dabei ist es freigestellt, welche Schreibweise gewählt wird. Es ist eine einheitliche Schreibweise zu empfehlen und meist stehen die eckigen Klammern hinter dem Namen des Feldes.

Dic Syntax lautet in Java:

```
Datentyp bezeichner [];
Datentyp [] bezeichner;
```

Beispiele:

```
int notenFeld[]; //oder int [] notenFeld;
double messWerte[]; //oder double [] messWerte;
```

Vorsicht ist geboten, wenn man bei der Deklaration von Variablen das Komma als Trennsymbol benutzt, um mehrere Bezeichner zu deklarieren:

```
int [] notenfeld, i;
//Ergibt: int notenfeld[]; int i[];
```

Hier werden 2 Felder vereinbart, dies ist aber manchmal nicht so gewollt, denn spätestens beim Zugriff auf die Variable i wird man es merken.

```
int notenfeld[], i;
//Ergibt: int notenfeld[]; int i;
```

Hier sieht man den Grund, warum oft empfohlen wird, die eckigen Klammern nach dem Namen des Feldes zu schreiben. Noch besser ist es, immer nur eine Deklaration pro Anweisung vorzunehmen.

Die Größe der Felder, d. h. wie viele Daten aufgenommen werden können, ist noch nicht definiert. Dies erfolgt, wenn bekannt ist, wie viele Daten es insgesamt sind. Um ein Array einer bestimmten Größe einzurichten, muss das Feld mit dem Operator `new` angelegt werden.

Die Syntax lautet in Java:

```
Bezeichner = new Datentyp[Anzahl der Elemente];
```

1. Beispiel:

```
notenFeld = new int[10];//Feld für 10 int-Werte
```

2. Beispiel:

```
int wie_viel = 1000;
messWerte = new double[wie_viel];
//Feld für 1000 double-Werte
```

Im zweiten Beispiel ist zu erkennen, dass die Feldgröße auch über eine Variable bestimmt werden kann, vorausgesetzt, die Variable ist ganzzahlig und größer 1.

Um ein Zahlenfeld (x) anzulegen, das 100 ganze Zahlen vom Typ `int` aufnehmen kann, bedarf es zweier bzw. sogar nur einer Anweisung:

Ausführliche Schreibweise

```
int x[];
x = new int[100];
```

Kurze Schreibweise

```
int x[] = new int[100];
```

Der Zugriff auf ein Element des Feldes erfolgt über einen Index. Der Index eines Feldes beginnt immer mit 0 (siehe Abb. 2.20) und endet bei n – 1 (Feld mit n Elementen). Wird versucht, auf einen Index zuzugreifen, der außerhalb des

Feldes liegt, so wird ein Laufzeitfehler (Fehler während des Ablauf des Programmes) erzeugt und das Programm abgebrochen.

Beispiel:

```
notenFeld[0] = 1;
//Feld messWerte ist bereits mit Daten gefüllt
for (int i = 0; i < wie_viel ; i++)
  System.out.println(messWerte[i]);
```

Im zweiten Beispiel wird über eine Zählschleife eine Ausgabe aller Messwerte durchgeführt.

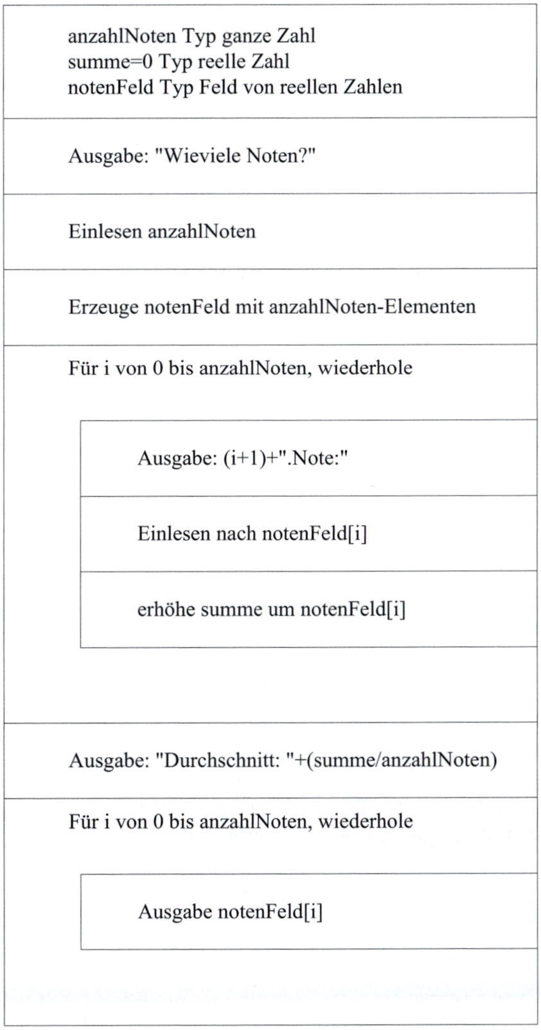

Abb. 2.21 Struktogramm NotenFeld

Quellcode NotenFeld.java:

```
[1]  import java.util.*;
[2]  public class Notenfeld
[3]  {
[4]    public static void main(String argv[])
[5]    {
[6]      int anzahlNoten;
[7]      float summe=0;
[8]      float notenFeld[];
[9]      Scanner eingabe=new Scanner(System.in);
[10]     System.out.print("Wieviele Noten?");
[11]     anzahlNoten = eingabe.nextInt();
[12]     notenFeld  = new float[anzahlNoten];
[13]     for (int i = 0; i < anzahlNoten ; i++)
[14]     {
[15]       System.out.print((i+1)+".Note: ");
[16]       notenFeld[i] = eingabe.nextFloat();
[17]       summe = summe + notenFeld[i];
[18]     }//for (int i=0; i<anzahlNoten;i++)
[19]     System.out.println("Durschnitt:"+(summe/anzahlNoten));
[20]     System.out.println("Kontrollausgabe: ");
[21]
[22]     for(int i = 0; i < notenFeld.length ; i++)
[23]       System.out.println(notenFeld[i]+" ");
[24]     System.out.println("Programmende Notenfeld.");
[25]   }//public static void main(String argv[])
[26] }//public class Notenfeld
```

Es ist auch möglich, über den Namen eines Feldes dessen Größe zu bestimmen (Zeile 22).

Allg.: `System.out.println(feldName.length);`

Über den Namen des Feldes, gefolgt von einem Punkt und dem Schlüsselwort `length`, wird an die Stelle des Aufrufs die Anzahl der Elemente zurückgeliefert.

Es ist auch erlaubt, ein Feld über eine Liste zu initialisieren:

```
int initFeld[]={1 , 5 , 3 , 6 , 1 };
//Feld hat 5 Elemente, Index 0..4
```

Ab der Version J2SE 5.0 gibt es eine Besonderheit, wie Felder ansprechbar sind. Schauen Sie sich folgendes (FeldSpeziell) an, bei dem die Kommandozeilenargumente über diese spezielle Zugriffsmechanismus ausgelesen werden:

```
public class FeldSpeziell
{
  public static void main (String argv[])
  {
```

```
    for (String localargv:argv)
    {
      System.out.println (localargv);
    }//for
  }//main
}//class
```

In Zeile 5 ist die Syntax zwischen den runden Klammern neu:

Allg.: `for (Typ Bezeichner : Feldname)`

Die meisten Felder werden immer vom ersten bis zum letzten Element des Feldes durchlaufen. Diese Form der for-Schleife hat den Nachteil, das keine Bedingung vorhanden ist und keine Laufvariable im Schleifenkörper mitgeführt wird.

2.3.1 Grundlegende Übungsaufgaben

Aufgaben

1 Das folgende Struktogramm zeigt ein einfaches Sortierverfahren. Testen Sie es mit einem unsortierten Zahlenfeld auf einem Blatt Papier und spielen Sie den Algorithmus durch. Schreiben Sie ein Programm, das ein unsortiertes Zahlenfeld nach dem `BubbleSort`-Verfahren ordnet.

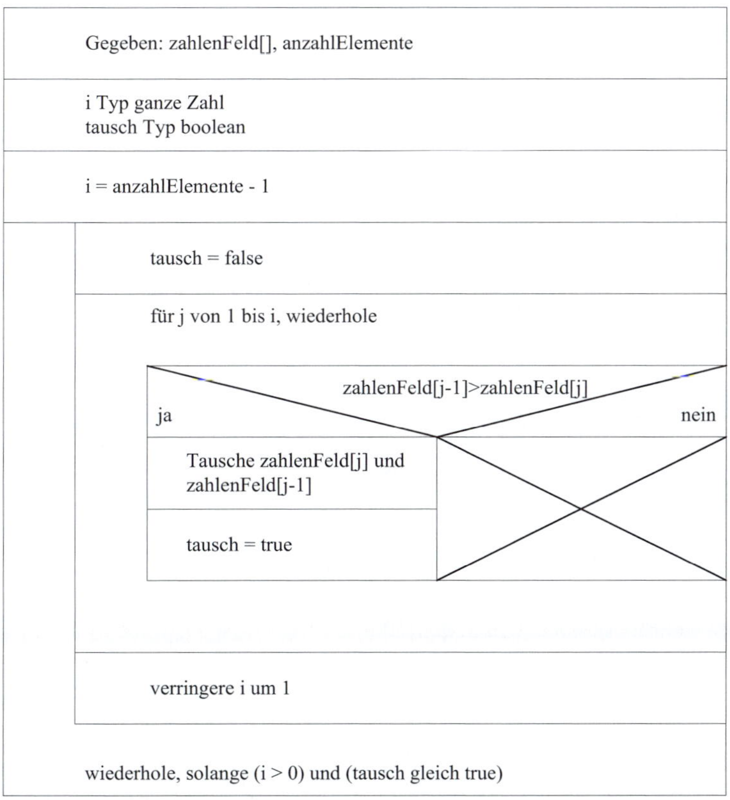

Abb. 2.22 Struktogramm BubbleSort

2.4 Mehrdimensionale Felder

Es ist außerdem möglich, **mehrdimensionale Felder** anzulegen. Die Syntax ist der der eindimensionalen Felder sehr ähnlich.

Die Syntax lautet:

```
Datentyp bezeichner[][] = new Datentyp [wert1][wert2];
```

Beispiel:
```
double symZahlenFeld2D [][] = new double[3][5];
```

Im Beispiel wird ein symmetrisches zweidimensionales Zahlenfeld von 3 Zeilen und 5 Spalten erzeugt, kann also insgesamt 15 Werte vom Typ `double` aufnehmen. Der Index läuft von 0 bis 2 bzw. 0 bis 4.

Der Zugriff auf die Elemente des Feldes erfolgt analog wie bei den eindimensionalen Feldern:

Beispiel:
```
for (int z=0;z<symZahlenFeld2D.length;z++)
  for (int s=0;s<symZahlenFeld2D[z].length;s++)
    symZahlenFeld2D[s][z]=s;
```

In dem komplexen Beispiel wird das symmetrische Feld über zwei ineinander verschachtelte Zählschleifen mit Werten beschrieben. Als Ergebnis steht in jeder Zelle des Feldes der Index der aktuellen Spalte, in der sich das Element befindet.

In der inneren Schleife wird festgelegt (`symZahlenFeld2D[z].length`), wie viele Elemente in einer Zeile (also der 2. Dimension) sind.

So liegt der Schluss nahe, dass die zweidimensionalen Felder nicht immer symmetrisch sein müssen.

Abb. 2.23 Unsymmetrisches 2D-Feld

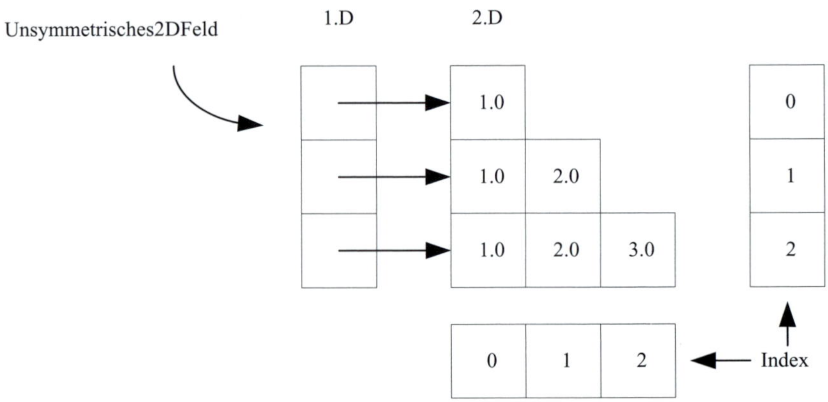

Beispiel:

```
double unsymmetrisches2DFeld[][];
unsymmetrisches2DFeld = new double[3][];
for(int i=0;i<unsymmetrisches2DFeld.length;i++)
    unsymmetrisches2DFeld[i] = new double[i+1];
```

In dem Beispiel ist zu erkennen, dass zuerst immer die zugrunde liegende Dimension erstellt worden sein muss, bevor die nächste erzeugt wird.

2.4.1 Grundlegende Übungsaufgaben

Aufgaben

1 (NotenZeugnis.java) Schreiben Sie ein Programm, das die Zeugnisnote einer beliebigen Anzahl von Schülern einer Klasse berechnet. Beachten Sie, dass jeder Schüler eine andere Anzahl von Noten in einem Schuljahr gesammelt haben kann. Eine Gewichtung der Einzelnoten wird nicht vorgenommen.

```
NotenZeugnis
Anzahl der Schueler:21.Schueler, wie viel Noten:31.Note: 1.3
2.Note: 1.7
3.Note: 2.4
2.Schueler, wie viel Noten:4
1.Note: 2.2
2.Note: 2.8
3.Note: 2.0
3.Note: 2.0
1.Schueler: Note 1.8
2.Schueler: Note 2.25
Programmende NotenZeugnis.
```

3 Das objektorientierte Konzept von Java

Moderne Betriebssysteme und Anwenderprogramme sind *grafikorientiert* und *ereignisgesteuert:* Auf dem Bildschirm werden ständig eine Menge von „Objekten" zur Auswahl angeboten. Mit der Tastatur angewählt oder mit der Maus angeklickt, erwacht ein solches Objekt zum „Leben" und führt bestimmte *Aktionen* aus – danach wartet das System auf weitere Maus- oder Tastatur-Ereignisse. Ein Dialog besteht mindestens aus einem Fenster, mit einem Button, einem Text und evtl. einer Grafik

Abb. 3.1 Dialog

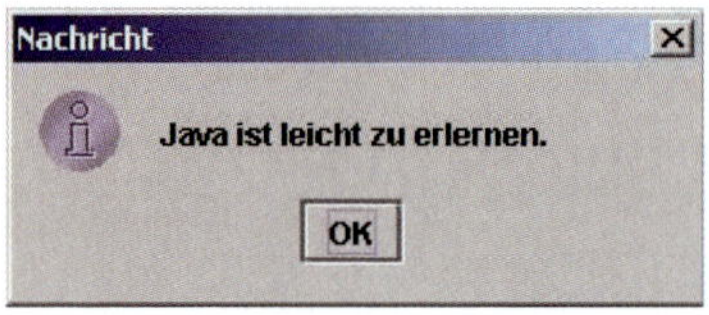

Die **objektorientierte Programmierung (OOP)** ist aus der modernen Softwareentwicklung nicht mehr wegzudenken. Die Betrachtungsweise der OOP ist optimal an die Funktionsweise moderner Programme und Betriebssysteme angepasst.

Im Sinne der OOP versteht man unter einem *Objekt* (auch Instanz genannt) eine Zusammenfassung von Datenstrukturen (auch *Elementdaten* oder *Eigenschaften*) mit zugehörigen Programmmodulen (auch *Methoden* oder *Elementfunktionen*).

Die OOP verfährt nach den drei *Basisprinzipien:*

- Kapselung
- Vererbung
- Polymorphie

Die Realisierung der drei Basisprinzipien der OOP in der Programmiersprache Java wird nun näher untersucht und in den folgenden Kapiteln anhand eines Beispieles erklärt.

In diesem Kapitel wird gezeigt, wie Klassen aufgebaut sind. Zusätzlich findet man die UML-Darstellung, die nach und nach erweitert wird.

3.1 Klassen

Jedes Objekt, auch in der realen Welt, ist mit bestimmten Eigenschaften und Verhaltensweisen versehen. Einzelne Objekte können zu (Objekt-)klassen zusammengefasst werden. Diese wiederum können in Klassenhierarchien zueinander stehen und Eigenschaften voneinander übernehmen.

Ein Beispiel: Das Urtier hatte eine Länge, Höhe und Breite und konnte fressen und laufen. Die von ihm abstammende Klasse der Flugsaurier konnte zusätzlich noch fliegen, während die Klasse der Schwimmsaurier schwimmen konnte, ansonsten die Eigenschaften und Fähigkeiten der Klasse Urtier vererbt bekam.

Eine **Klasse** definiert eine Kategorie von **Objekten**. Jedes Objekt wird auch **Instanz** einer Klasse genannt.

In Java bezeichnet man die **Eigenschaften** als die **Attribut**(e) der Klasse (z. B. Flughöhe des Sauriers) und die Fähigkeiten als **Methoden** der Klasse (z. B. fressen). Methoden können den Zustand eines Objekts durch Manipulation seiner Attribute verändern.

Beispiel: Entwickelt ein Fahrzeughersteller ein neues Fahrzeug, so entsteht ein Bauplan, der in der OOP „Klasse“ genannt wird. Werden nach diesem Bauplan Fahrzeuge gefertigt, wird dieser Zustand in der OOP „Objekte“ der Klasse genannt. Jedes Fahrzeug besitzt individuelle Merkmale (z. B. Farbe, Innenausstattung oder die aktuelle Geschwindigkeit), übertragen auf die OOP sind das die „Werte“ der Attribute. Jedes Fahrzeug besitzt die Möglichkeit, durch Verändern des Gaspedals zu beschleunigen, was in der OOP mit dem Konzept „Methoden“ durchgeführt wird.

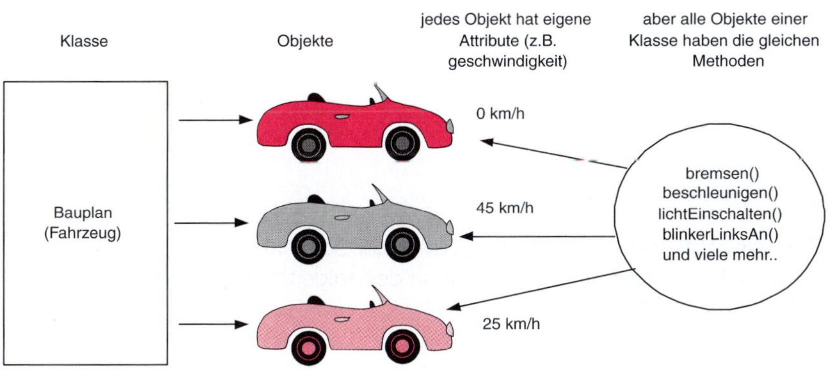

Abb. 3.2 Klassen und Objekte – Methoden und Attribute

Alle diese Begriffe werden nach und nach genauer erklärt.

Problemstellung `(Rechteck1.java)` Es soll eine Klasse Rechteck1 entworfen werden. Das Rechteck wird durch die Attribute `seiteA` und `seiteB` (Typ `double`) beschrieben und speichert die Daten (Einheit cm).

Bemerkung: Da die Klasse Rechteck immer weiter entwickelt wird, ist der Klassenname mit einer Nummer versehen, die den Entwicklungsschritt kennzeichnet.

Die grafische Darstellung der Klasse wird mit Hilfe der **UML** (**u**nified **m**odeling **l**anguage) visualisiert. Es gibt für verschiedene Aufgaben unterschiedliche UML-Diagramme.

Für die Darstellung einer Klasse wird das UML-**Klassendiagramm** genutzt. Die Klasse wird nach einfachen Regeln dargestellt. In einem Rechteck, gegliedert in drei Bereiche, wird im oberen Bereich der Klassenname eingetragen (meist durch Formatierung „fett“ hervorgehoben), im mittleren Bereich die Attribute/Datenelemente („+“ für `public`) und im unteren Bereich die Methoden. In diesem einfachen Beispiel werden noch keine Methoden benötigt, darum bleibt dieser Bereich leer.

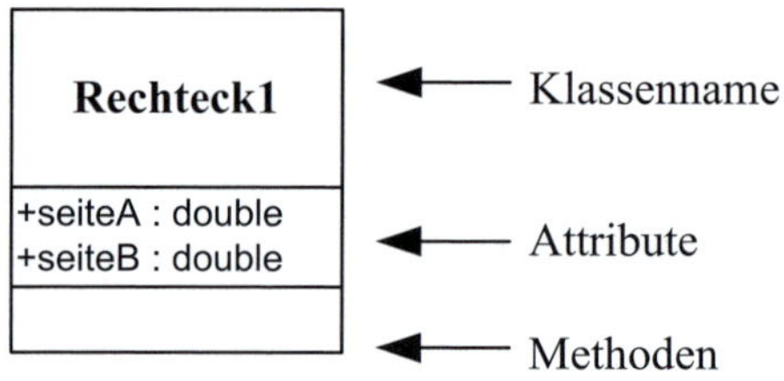

Abb. 3.3 UML-Klassendiagramm Rechteck1

Quellcode: Rechteck1.java:

```
[1] public class Rechteck1
[2] {
[3]   //Attribute
[4]   public double seiteA;
[5]   public double seiteB;
[6] }//public class Rechteck1
```

Grundsätzlich können mehrere Klassen in einer Datei definiert werden, aber nur eine Klasse darf mit `public class` (Zeile [1]) gekennzeichnet werden. Definiert man mehrere Klassen in einer Datei, wird ein späteres Auffinden (bei großen Projekten) erschwert. Ein sauberer Stil ist es, jede Klasse in einer eigenen Datei zu codieren. **Alle Dateien, die zusammengehören, müssen in einem Verzeichnis liegen.**

Die Klasse `Rechteck1` (Zeile [1] ... [6]) ist sehr einfach aufgebaut und enthält nur zwei Attribute (`seiteA, seiteB` Zeile [4/5]). Die Definition einer öffentlichen Klasse beginnt mit dem Schlüsselwort `public class` (Zeile [1]) gefolgt von dem Klassennamen. Wie bei der Hauptklasse (die Klasse mit der Methode `main`) wird der Rumpf (= Block) durch „{“ und „}“ begrenzt.

Bezeichner (also Namen) von Klassen, Attributen und Methoden sollten der Namenskonvention der Firma SUN folgen. Klassennamen sollten immer mit einem Großbuchstaben beginnen. Falls sich der Klassenname aus mehreren Wörtern zusammensetzt, wird jedes weitere Wort mit einem großen Buchstaben begonnen. Der Klassenname darf keine Leerzeichen enthalten. Umlaute sollten vermieden werden. Attributbezeichner folgen der Regel von Variablenbezeichnern. Attribute werden im Block der Klasse vereinbart (Variablen in Methoden, z. B. in der `main`-Methode).

Der Rumpf der Klasse enthält die Deklaration/Vereinbarung der Attribute mit dem Modifizierer `public`. Ein Modifizierer regelt den Zugriff über ein Objekt auf das Attribut. Es gibt einige Modifizierer für Attribute, die nach und nach erklärt werden. Diese Modifizierer definieren Schutzmechanismen für die Daten eines Objekts (Beispiel: Es dürfen keine negativen Werte – seiteA/seiteB – gespeichert werden, dazu später mehr – Kapitel Methoden mit Parameter).

Erst durch das Schlüsselwort `public` ist ein Zugriff von dem Objekt auf das Attribut möglich (siehe Quellcode Haupt1.java).

Um eigene Klassen zu testen, wird eine Applikation codiert, die unsere Klasse `Rechteck1` benutzt und die wesentlichen Neuerungen testet.

Quellcode Haupt1.java:

```
[1]  public class Haupt1
[2]  {
[3]    public static void main(String argv[])
[4]    {
[5]      Rechteck1 r1,r2;        //Referenz erzeugen
[6]      r1 = new Rechteck1(); //Konstruktoraufruf
[7]      r2 = new Rechteck1(); //Konstruktoraufruf
[8]      r1.seiteA = 4.0;
[9]      r1.seiteB = 4.2;
[10]     r2.seiteA = 4.0;
[11]     r2.seiteB = 5.3;
[12]     System.out.println("Objekt r1(Seite A): "+r1.seiteA);
[13]     System.out.println("Objekt r1(Seite B): "+r1.seiteB);
[14]     System.out.println("Objekt r2(Seite A): "+r2.seiteA);
[15]     System.out.println("Objekt r2(Seite B): "+r2.seiteB);
[16]     System.out.println("Programmende Haupt1.");
[17]   }//public static void main(String argv[])
[18] }//public class Haupt1
```

In der Zeile 5 des Hauptprogramms werden 2 Objektnamen/-bezeichner vereinbart (r1, r2 – wird auch Referenzerzeugung genannt), aber damit ist die Benutzung noch nicht erlaubt, da noch kein Speicherplatz für die Attribute reserviert wird. Erst wenn zusätzlich noch der **Konstruktor** (Zeile 6 und 7) aufgerufen wird, kann das Objekt benutzt werden, da der Aufruf des Konstruktors den benötigten Speicherplatz reserviert und dem Objekt zuweist.

Der allgemeine Konstruktoraufruf sieht wie folgt aus:

```
Klassenname objektname;
objektname = new Klassenname();
```

oder in einer Zeile:

```
Klassenname objektname = new Klassenname();
```

Danach kann auf die öffentlichen Attribute über den **Punkt-Operator** lesend/schreibend zugegriffen werden.

```
Objektname.attributname = wert;
System.out.print(objektname.attributname);
```

3.1.1 Grundlegende Übungsaufgaben

Aufgaben

Bemerkung: Jede Übungsaufgabe muss in einem eigenen Verzeichnis abgelegt werden. Es sind jetzt für jede Lösung mehrere Klassen zu codieren und jede Klasse sollte in einer separaten Datei abgelegt werden.

1 `(Formen1.java)` Entwerfen Sie nach dem unten aufgeführten UML-Klassendiagramm eine Klasse für folgende geometrische Figuren:

a) Kreis `(Kreis1.java)`

b) Dreieck `(Dreieck1.java)`

c) Würfel `(Wuerfel1.java)`

d) Quader `(Quader1.java)`

e) Gerader Kreiszylinder `(GeraderKreisZylinder1.java)`

f) Gerader Kreiskegel `(GeraderKreisKegel1.java)`

g) Kugel `(Kugel1.java)`

Für den Test der Klassen schreiben Sie zusätzlich ein Hauptprogramm, das diese Klassen prüft.

2 `(Brueche1.java)` Entwerfen Sie nach dem unten abgebildeten UML-Klassendiagramm ein Klasse `Bruch1`. Für den Test der Klasse schreiben Sie zusätzlich ein Hauptprogramm, das diese Klasse prüft.

3 `(Punkte1.java)` Entwerfen Sie nach dem unten abgebildeten UML-Klassendiagramm eine Klasse `Punkt1`. Für den Test der Klasse schreiben Sie zusätzlich ein Hauptprogramm, das diese Klasse prüft.

4 `(Zeiten1.java)` Entwerfen Sie nach dem unten aufgeführten UML-Klassendiagramm eine Klasse `Zeit1`. Für den Test der Klasse schreiben Sie zusätzlich ein Hauptprogramm, das diese Klasse prüft.

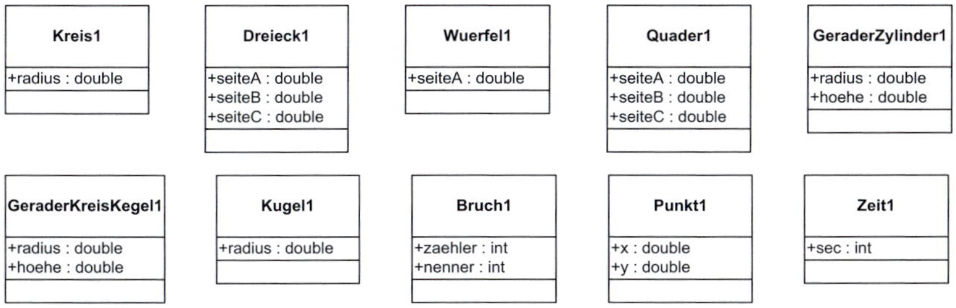

Abb. 3.4 UML-Klassendiagramme für Aufgabe 1 bis 4

3.2 Methoden

Eine **Methode** (oder auch **Elementfunktion** genannt) ist ein Programmteil, der in eine Klassendefinition eingebettet und im Kontext einer Klasse aufgerufen wird. Die Methode kann uneingeschränkt auf alle Daten ihres Objektes zugreifen.

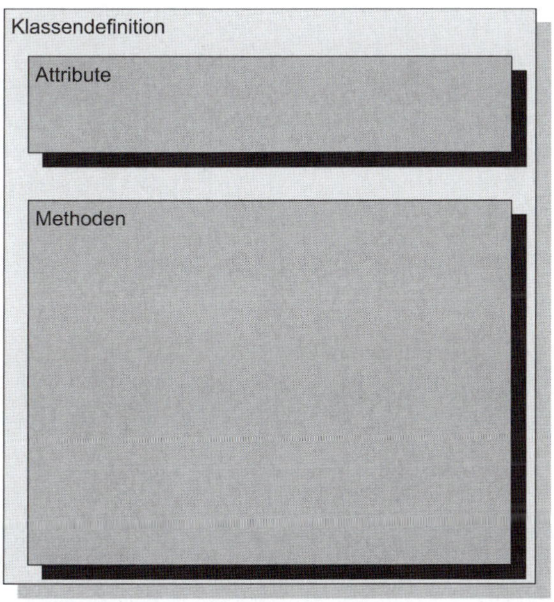

Abb. 3.5 Allgemeiner Aufbau der Klasse

Syntax der Methodendefinition:

```
[Modifizierer] Typ Name ([Parameter])
{
  [Anweisung/-en;]
}//Ende der Methode
```

Alle Ausdrücke, die in eckigen Klammern eingefasst sind, sind optional. Auch hier gibt es eine Namenskonvention:

Bezeichner von Methoden beginnen immer mit einem Kleinbuchstaben, jedes weitere Wort mit einem Großbuchstaben (z. B.: `showFlaeche()`)

Methoden	Bezeichner von Methoden beginnen immer mit einem Kleinbuchstaben, jedes weitere Wort ein Großbuchstabe (z. B.: `showFlaeche()`).

Problemstellung (`Rechteck2.java`) Es soll eine Klasse `Rechteck2` entworfen werden. In der bereits oben angesprochenen Klasse `Rechteck1` wird eine Information in cm gespeichert (seiteA/seiteB). Die Methode `showFlaeche()` gibt die Fläche im Format m^2 auf dem Bildschirm aus. Dazu wird in der Methode `showFlaeche()` eine Aufbereitung des Attributes durchgeführt.

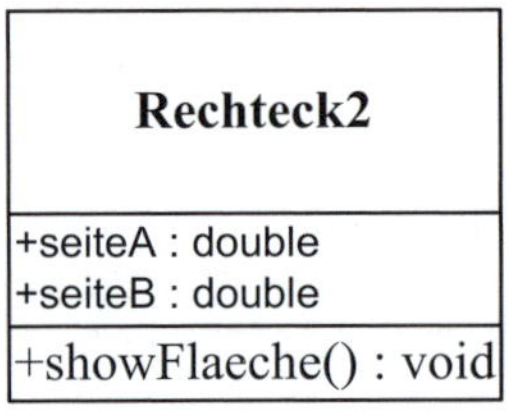

Abb. 3.6 UML-Klassendiagramme Rechteck2

Quellcode Rechteck2.java:

```
public class Rechteck2
{
  //Attribute
  public double seiteA;
  public double seiteB;
  //Methoden
  public void showFlaeche()
  {
    System.out.println("Die Flaeche betraegt: "+
                       ((seiteA/100)*(seiteB/100))+
                       " m*m");
  }//public void showFlaeche()
}//public class Rechteck2
```

In der Klasse `Rechteck2` ist nun zusätzlich eine Methode definiert (`showFlaeche()`), die das Ergebnis in einem Ausgabeformat aufbereiten und auf dem Bildschirm anzeigen kann. Da die Methode nichts an die Stelle des Aufrufes im Hauptprogramm zurückgibt, wird als Rückgabetyp `void` (= nichts) definiert, und somit auch nichts zurückgegeben.

Quellcode Haupt2.java:

```
public class Haupt2
{
  public static void main(String argv[])
```

```
[4]    {
[5]      Rechteck2 r1,r2;       //Referenz erzeugen
[6]      r1 = new Rechteck2(); //Konstruktoraufruf
[7]      r2 = new Rechteck2(); //Konstruktoraufruf
[8]      r1.seiteA = 4.0;
[9]      r1.seiteB = 4.2;
[10]     r2.seiteA = 4.0;
[11]     r2.seiteB = 5.3;
[12]     System.out.println("Objekt r1(Seite A): "+r1.seiteA);
[13]     System.out.println("Objekt r1(Seite B): "+r1.seiteB);
[14]     r1.showFlaeche();
[15]     System.out.println("Objekt r2(Seite A): "+r2.seiteA);
[16]     System.out.println("Objekt r2(Seite B): "+r2.seiteB);
[17]     r2.showFlaeche();
[18]     System.out.println("Programmende Haupt2.");
[19]   }//public static void main(String argv[])
[20] }//public class Haupt2
```

Die Haupt2 erzeugt im Hauptprogramm Objekte der Klasse `Rechteck2`, weist dem Attributen Werte zu und ruft danach die Methode `showFlaeche()` (Zeile 14 und 17) auf. Der Aufruf erfolgt über den Objektnamen, gefolgt vom Punkt-Operator, danach der Methodenname gefolgt von „( )“ (leere Parameterliste genannt).

3.2.1 Grundlegende Übungsaufgaben

Aufgaben

Bemerkung: Jede Übungsaufgabe muss in einem eigenen Verzeichnis abgelegt werden. Es sind jetzt für jede Lösung mehrere Klassen zu codieren und jede Klasse sollte in einem separaten File abgelegt werden.

1 `(Formen2.java)` Erweitern Sie nach dem unten stehenden UML-Klassendiagramm die geometrischen Formen um die genannten Methoden, die auf dem Bildschirm die Ergebnisse für das Objekt ausgeben.

a) Kreis `(Kreis2.java)`

b) Dreieck `(Dreieck2.java)`

c) Würfel `(Wuerfel2.java)`

d) Quader `(Quader2.java)`

e) Gerader Kreiszylinder `(GeraderKreisZylinder2.java)`

f) Gerader Kreiskegel `(GeraderKreisKegel2.java)`

g) Kugel `(Kugel2.java)`

Für den Test der Klassen schreiben Sie zusätzlich ein Hauptprogramm, das diese Klassen überprüft.

2 `(Brueche2.java)` Entwerfen Sie nach dem unten abgebildeten UML-Klassendiagramm eine Klasse `Bruch2`.Aufgabe der Methoden:

- `showGGT()`: zeigt den größten gemeinsamen Teiler an,
- `kuerzen()`: kürzt den Bruch, falls möglich,
- `showBruch()`: zeigt den Bruch im folgenden Format an: zaehler / nenner (z. B.)

Für den Test der Klasse schreiben Sie zusätzlich ein Hauptprogramm, das diese Klasse prüft.

3 `(Zeiten2.java)` Entwerfen Sie nach dem unten stehenden UML-Klassendiagramm eine Klasse `Zeit2`. Die Methode `showTime` zeigt den Sekundenwert im Format hh:mm:ss an. Für den Test der Klasse schreiben Sie zusätzlich ein Hauptprogramm, das diese Klasse überprüft.

Abb. 3.7 UML-Klassendiagramme für Aufgabe 1 bis 3

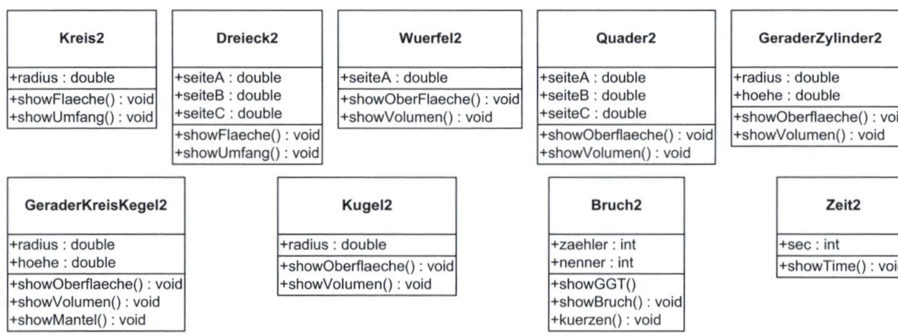

3.2.2 Methoden mit Parameter

Damit eine Methode variabler einsetzbar ist, müssen ihr meist Informationen beim Aufruf mit übergeben werden. Dies erfolgt über die **Parameterliste**. Es ist hierbei zu unterscheiden, ob Sie die Methode benutzen oder die Methode definieren.

Im einfachsten Fall ist die Parameterliste leer (siehe letztes Beispiel, Methode `showFlaeche()`). Sie kennen bereits Methoden, die über eine Parameterliste verfügen (siehe `main`...). In der Methode `main(...)` ist diese Parameterliste zwingend! Sie wurde von der Firma SUN beim Entwickeln der Sprache Java so (und nicht anders) festgelegt.

Problemstellung

`(Rechteck3.java)` Es soll eine Klasse `Rechteck3` entworfen werden. In der bereits oben angesprochenen Klasse `Rechteck2` wird eine Information in m gespeichert (seiteA/seiteB). Alle Methoden sollen übernommen werden. Erweitert wird die Klasse um Methoden zum Setzen der Attribute `setSeiteA` und `setSeiteB`, die den gewünschten Wert als Parameter übergeben bekommen. Die Methoden überprüfen den Wert auf Gültigkeit, denn es dürfen nur Werte >= 0 im Attribut gespeichert werden. Wird ein negativer Wert als Parameter übergeben, soll das Attribut auf 0 gesetzt werden.

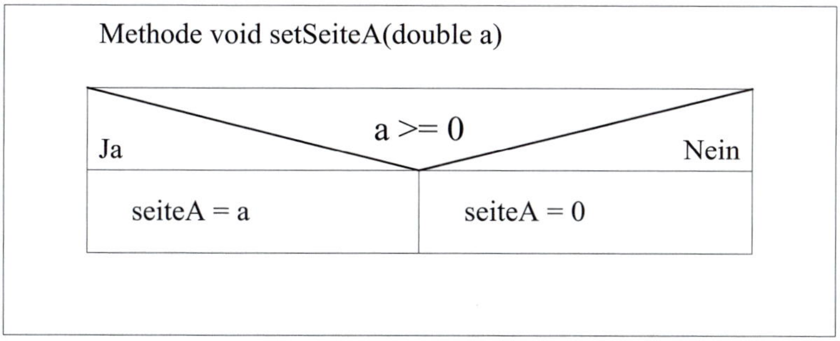

Abb. 3.8 Struktogramm void setSeiteA (double a)

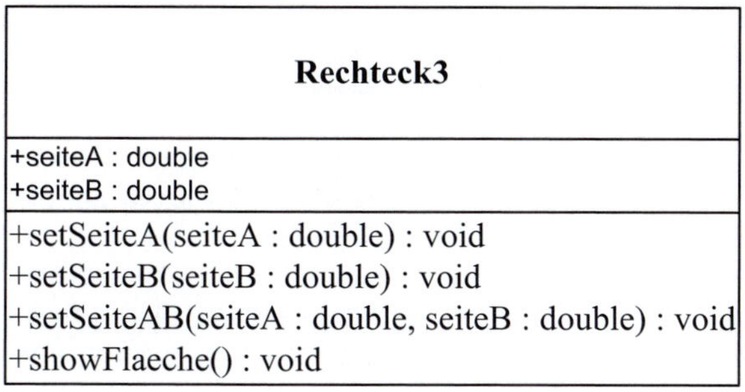

Abb. 3.9 UML-Klassendiagramm Rechteck3

Quellcode Rechteck3.java:

```
public class Rechteck3
{
  //Attribute
  public double seiteA;
  public double seiteB;
  //Methoden
  public void setSeiteA(double seiteA)
  {
    if(seiteA >=0)
      this.seiteA = seiteA;
    else
      this.seiteA = 0;
  }//public void setSeiteA(double seiteA)
  public void setSeiteB(double seiteB)
  {
    if(seiteB >=0)
      this.seiteB = seiteB;
    else
      this.seiteB = 0;
  }//public void setSeiteB(double seiteB)
  public void setSeiteAB(double seiteA, double seiteB)
  {
    this.setSeiteA(seiteA);
    this.setSeiteB(seiteB);
  }//public void setSeiteAB(double seiteA, double seiteB)
```

```
[26]   public void showFlaeche()
[27]   {
[28]     System.out.println("Die Flaeche betraegt: "+
[29]                        ((seiteA/100)*(seiteB/100))+
[30]                        " m*m");
[31]   }//public void showFlaeche()
[32] }//public class Rechteck3
```

Meistens beginnen die Namen der Methoden, die Attribute verändern, mit dem Wort `set`. Dieser wird gefolgt vom Attributnamen, der verändert werden soll (Hinweis: Viele Methoden in der API von SUN verfahren nach diesem Schema). Auch der Parametername wird oft gleichlautend mit dem Attributnamen gewählt. Hier kommt es innerhalb des Methodenrumpfes zu Unklarheiten, was nun Parameter bzw. Attribut sein soll. Deswegen wird das Schlüsselwort `this` benutzt, das sich immer auf das Objekt bezieht.

Bei einem sauberen Programmierstil wird immer eine möglichst genaue Codierung benutzt, d. h. man sollte bei einem Zugriff auf ein Objekt immer das `this` voranstellen.

Müssen mehrere Parameter übergeben werden (Rechteck3: Zeile 21), so wird bei der Definition der Parameterliste jeder Parameter einzeln definiert (Typ und Name) und getrennt durch ein Komma aufgelistet. Innerhalb der Klasse ist es erlaubt, auch auf andere Methoden zuzugreifen (Rechteck3: Zeile 23/24).

Quellcode Haupt3.java:

```
[1]  public class Haupt3
[2]  {
[3]    public static void main(String argv[])
[4]    {
[5]      Rechteck3 r1;           //Referenz erzeugen
[6]      r1 = new Rechteck3(); //Konstruktoraufruf
[7]      r1.setSeiteA(4.0);
[8]      r1.setSeiteB(-4.2);
[9]      System.out.println("Objekt r1(Seite A): "+r1.seiteA);
[10]     System.out.println("Objekt r1(Seite B): "+r1.seiteB);
[11]     r1.showFlaeche();
[12]     System.out.println("Programmende Haupt3.");
[13]   }//public static void main(String argv[])
[14] }//public class Haupt3
```

Die Methode `setSeiteA(double seiteA)` bekommt beim Aufruf (Haupt3: Zeile 7) den zu überprüfenden Wert als Parameter mitgegeben. Wird hier ein Wert kleiner 0 übergeben, so wird das Attribut auf 0 gesetzt. Der übergebene Typ muss kompatibel zum definierten Datentyp sein, denn sonst gibt es beim Übersetzen einen Fehler.

3.2.3 Grundlegende Übungsaufgaben

Aufgaben

Bemerkung: Jede Übungsaufgabe muss in einem eigenen Verzeichnis abgelegt werden. Es sind jetzt für jede Lösung mehrere Klassen zu codieren und jede Klasse sollte in einem separaten File abgelegt werden.

1 `(Formen3.java)` Erweitern Sie nach dem nachfolgend stehenden UML-Klassendiagramm die geometrischen Formen um die genannten Methoden, die auf dem Bildschirm die Ergebnisse für das Objekt ausgeben.

a) Kreis `(Kreis3.java)`

b) Dreieck `(Dreieck3.java)`

c) Würfel `(Wuerfel3.java)`

d) Quader `(Quader3.java)`

e) Gerader Kreiszylinder `(GeraderKreisZylinder3.java)`

f) Gerader Kreiskegel `(GeraderKreisKegel3.java)`

g) Kugel `(Kugel3.java)`

Regel: Negative Parameter werden nicht übernommen, Attribut wird auf 0 gesetzt.

Für den Test der Klassen schreiben Sie zusätzlich ein Hauptprogramm, das diese Klassen prüft.

2 `(Zeiten3.java)` Entwerfen Sie nach dem abgebildeten UML-Klassendiagramm eine Klasse `Zeit3`. Regel: Negative Parameter werden nicht übernommen, Attribut wird auf 0 gesetzt.

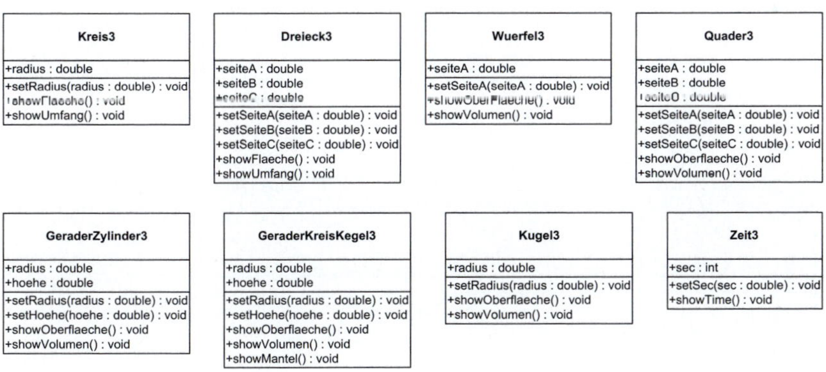

Abb. 3.10 UML-Klassendiagramme für Aufgabe 1 und 2

3.2.4 Methoden überladen

Ein Konzept, das an dieser Stelle eingeführt werden muss, nennt sich „**Überladen** von Methoden" und bedeutet, dass es eine Methode mit gleichen Namen, aber mit unterschiedlicher Parameterliste, mehrfach gibt.

Dieses Konzept ermöglicht benutzerfreundliche Klassen, die z. B. Zahlen oder Strings als Parameter akzeptieren.

Problemstellung (Rechteck4.java) Die Klasse Rechteck4 basiert auf der Klasse Rechteck3. Zusätzlich sollen set-Methoden definiert werden, die den Typ-String als Parameter akzeptieren.

Abb. 3.11 UML-Klassendiagramm Rechteck4

Rechteck4
+seiteA : double +seiteB : double
+setSeiteA(seiteA : double) : void +setSeiteA(seiteA : String) : void +setSeiteB(seiteB : double) : void +setSeiteB(seiteB : String) : void +setSeiteAB(seiteA : double, seiteB : double) : void +showFlaeche() : void

Quellcode Rechteck4.java:

```
public class Rechteck4
{
  //Attribute
  public double seiteA;
  public double seiteB;
  //Methoden
  public void setSeiteA(double seiteA)
  {
    ...//wie in Rechteck3
  }//public void setSeiteA(double seiteA)
  public void setSeiteA(String seiteA)
  {
   this.setSeiteA(Double.parseDouble(seiteA));
  }//public void setSeiteA(String seiteA)
  public void setSeiteB(double seiteB)
  {
   ...//wie in Rechteck3
  }//public void setSeiteB(double seiteB)
  public void setSeiteB(String seiteB)
  {
    this.setSeiteB(Double.parseDouble(seiteB));
  }//public void setSeiteB(String seiteB)
  public void setSeiteAB(double seiteA, double seiteB)
  {
    ...//wie in Rechteck3
  }//public void setSeiteAB(double seiteA, double seiteB)
```

```
    public void showFlaeche()
    {
      ...//wie in Rechteck3
    }//public void showFlaeche()
}//public class Rechteck4
```

Im Quellcode von `Rechteck4` ist zu erkennen, dass die Methoden `setSeiteA` bzw. `setSeiteB` mit verschiedenen Parameterlisten definiert wurden.

Quellcode Haupt4.java:

```
[1]  public class Haupt4
[2]  {
[3]    public static void main(String argv[])
[4]    {
[5]      Rechteck4 r1;            //Referenz erzeugen
[6]      r1 = new Rechteck4(); //Konstruktoraufruf
[7]      r1.setSeiteA(4.0);
[8]      r1.setSeiteB("2.4");
[9]      r1.seiteA=-5.0;//ist Moeglich!!!! da Attribut public
[10]     System.out.println("Objekt r1(Seite A): "+r1.seiteA);
[11]     System.out.println("Objekt r1(Seite B): "+r1.seiteB);
[12]     r1.showFlaeche();
[13]     System.out.println("Programmende Haupt4.");
[14]   }//public static void main(String argv[])
[15] }//public class Haupt4
```

Es ist jetzt möglich, die Methode `setSeiteX` mit einem `double`- (Zeile 7) oder `String`-Parameter (Zeile 8) aufzurufen. Erst zur Laufzeit des Programms wird dann die richtige Methode herausgefunden und ausgeführt.

3.2.5 Grundlegende Übungsaufgaben

Aufgaben

Bemerkung: Jede Übungsaufgabe muss in einem eigenen Verzeichnis abgelegt werden. Es sind jetzt für jede Lösung mehrere Klassen zu codieren und jede Klasse sollte in einem separaten File abgelegt werden.

1 (`Formen4.java`) Überladen Sie die `set`-Methoden, damit auch String-Parameter übergeben werden können.

a) Kreis (`Kreis4.java`)

b) Dreieck (`Dreieck4.java`)

c) Würfel (`Wuerfel4.java`)

d) Quader (`Quader4.java`)

e) Gerader Kreiszylinder (`GeraderKreisZylinder4.java`)

f) Gerader Kreiskegel (`GeraderKreisKegel4.java`)

g) Kugel (`Kugel4.java`)

Schreiben Sie für alle Klassen das UML-Klassendiagramm.

Für den Test der Klassen zeichnen Sie zusätzlich ein Hauptprogramm, das diese Klassen überprüft.

2 (Zeiten4.java) Überladen Sie die set-Methoden, damit auch String-Parameter übergeben werden können. Entwerfen Sie danach die Klasse Zeit4. Zeichnen Sie das UML-Klassendiagramm.

3.3 Modifizierer Attribute

In den vorangegangenen Kapiteln haben wir einen Mechanismus kennengelernt, der es ermöglicht, Objekte gegen fehlerhafte Eingaben zu schützen. Wenn aber direkt auf das Attribut zugegriffen wird, schlägt unser Mechanismus zum Verhindern einer Fehleingabe daneben.

Mit dem Ersetzen des Schlüsselwortes **public** durch **private** ist es den Objekten der Klasse nicht mehr erlaubt, auf das Attribut zuzugreifen. Alle Methoden, die in der Klasse RechteckX definiert sind, haben weiterhin vollen Zugriff auf die Attribute seiteA/seiteB. Dadurch ist ein Zugriff auf das Attribut des Objektes nur noch über

```
objektname.setseiteA(doublewert)
```

möglich und somit eine Fehleingabe unmöglich geworden (Prinzip: Datenkapselung).

Im UML-Diagramm wird das durch ein „-"-Zeichen vor dem Attribut gekennzeichnet:

Abb. 3.12 UML-Klassendiagramm Rechteck5

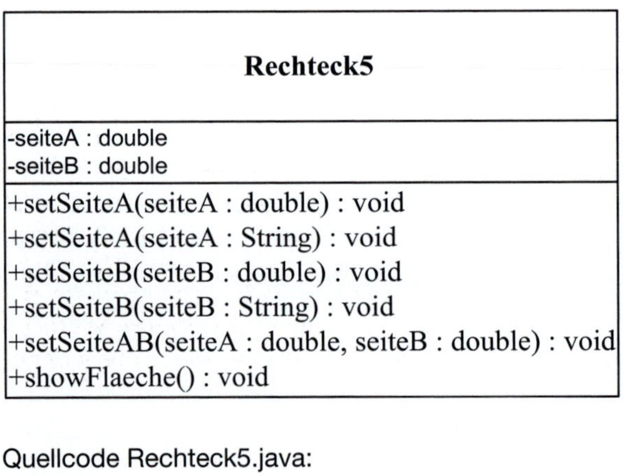

Quellcode Rechteck5.java:

```
public class Rechteck5
{
  //Attribute
  private double seiteA;
```

```
    private double seiteB;
    //Methoden
      ...//wie in Rechteck4
:
}//public class Rechteck5
```

Quellcode Haupt5.java:

```
public class Haupt5
{
  public static void main(String argv[])
  {
    Rechteck5 r1;          //Referenz erzeugen
    r1 = new Rechteck5(); //Konstruktoraufruf
    r1.setSeiteA(4.0);
    r1.setSeiteB("2.4");
    //naechsten 2 Anweisungen nicht möglich da
    //Attribut private
    //System.out.println("Objekt r1(Seite A): "+r1.seiteA);
    //System.out.println("Objekt r1(Seite B): "+r1.seiteB);
    r1.showFlaeche();
    System.out.println("Programmende Haupt5.");
  }//public static void main(String argv[])
}//public class Haupt5
```

Bei der Klasse `Rechteck4` war ein direkter Zugriff auf das Datenfeld des Objektes möglich (siehe Zeile 9 – im Beispiel Haupt4). Im Beispiel `Rechteck5.java` werden die Attribute `private` definiert. Diese dienen dem Schutz der Attribute eines Objektes vor dem Zugriff von außen. Auf `private`-Attribute (oder Methoden) kann nur innerhalb der Klasse zugegriffen werden.

Auf durch `public` gekennzeichnete Attribute/Methoden kann man auch außerhalb der Klasse zugreifen. Normalerweise sind Attribute in einer Klasse `private` und Methoden `public`, damit die Attribute geschützt sind und die einmal definierten Methoden mehrfach verwendet werden können. Diese Modifizierer gelten genauso für Methoden. Meist sind Methoden `public`, nur intern genutzte Methoden werden `private` gesetzt.

3.3.1 Grundlegende Übungsaufgaben

Aufgaben

Bemerkung: Jede Übungsaufgabe muss in einem eigenen Verzeichnis abgelegt werden. Es sind jetzt für jede Lösung mehrere Klassen zu codieren und jede Klasse sollte in einer separaten Datei abgelegt werden.

1 `(Formen5.java)` Ändern Sie die Attribute von `public` in `private` und testen Sie im Hauptprogramm das Verhalten bei einem direkten Zugriff.

a) Kreis `(Kreis5.java)`

b) Dreieck `(Dreieck5.java)`

c) Würfel `(Wuerfel5.java)`

d) Quader `(Quader5.java)`

e) Gerader Kreiszylinder `(GeraderKreisZylinder5.java)`

f) Gerader Kreiskegel `(GeraderKreisKegel5.java)`

g) Kugel `(Kugel5.java)`

Erklären Sie das Verhalten und zeichnen Sie zusätzlich die UML-Klassendiagramme!

3.4 Methoden mit Rückgabewert

Methoden haben immer einen **Rückgabewert** bzw. **Rückgabetyp**. Der Rückgabetyp kann im einfachsten Fall nichts (void), ein einfacher Datentyp (z. B. int, boolean..) oder auch eine Objekt (z. B. String) sein.

Beispiel: Rückgabetyp aus der Mathematik

$\sqrt{25} + \sqrt{16} = 5 + 4 = 9$

Hier wird an der Stelle des Aufrufs der „Methode" Wurzel mit einem Parameter das Ergebnis zurückgeliefert und damit weitergearbeitet.

Syntax der Methodendefinition mit Rückgabetyp:

```
[Modifizierer] Typ Name ([Parameter])
{
  [Anweisung/-en;]
  return wert;
}
```

Eine Methode mit Rückgabetyp muss immer mit der Anweisung

```
return wert;
```

enden. Der Typ des Ausdrucks hinter dem `return` muss zum Typ im Methodenkopf passen!

Beim Beenden einer Methode wird an die Stelle des Aufrufs ein Rückgabetyp/-ergebnis geliefert, das wie in dem nächsten Beispiel zu erkennen, weiter verarbeitet werden kann.

Problemstellung **`(Rechteck6.java)`** Die Klasse **`Rechteck6`** basiert auf der Klasse **`Rechteck5`**. Zusätzlich soll es möglich sein, die Seiten, den Umfang und die Fläche des Objektes zu erfragen, um diese Werte weiter verarbeiten zu können.

Rechteck6
-seiteA : double -seiteB : double
+setSeiteA(seiteA : double) : void +setSeiteA(seiteA : String) : void +getSeiteA() : double +setSeiteB(seiteB : double) : void +setSeiteB(seiteB : String) : void +getSeiteB() : double +setSeiteAB(seiteA : double, seiteB : double) : void +showFlaeche() : void +getFlaeche() : double +getUmfang() : double

Abb. 3.13 UML-Klassendiagramm Rechteck6

Im Klassendiagramm sind die Methoden

- `getSeiteA():double`
- `getSeiteB():double`
- `getFlaeche():double`
- `getUmfang():double`

neu hinzugekommen. Der Aufbau des Methodennamens wird durch `get` eingeleitet, gefolgt von einem aussagekräftigen Wort. Man spricht von get-Methoden, wenn diese Informationen/Auskunft über ein Objekt zurückliefern. In diesen Fällen werden `double`-Werte zurückgeliefert.

Quellcode Rechteck6.java:

```
public class Rechteck6
{
  //Attribute
  private double seiteA;
  private double seiteB;
  //Methoden
    ...//wie in Rechteck5
  public double getSeiteA()
  {
    return this.seiteA;
  }// public double getSeiteA()
  public double getSeiteB()
  {
    return this.seiteB;
  }// public double getSeiteB()
  public double getFlaeche()
```

```
  {
    return (this.seiteA*this.seiteB);
  }// public double getFlaeche()
  public double getUmfang()
  {
    return 2*(this.seiteA+this.seiteB);
  }// public double getUmfang()
}//public class Rechteck6
```

Nach der Anweisung mit `return wert;` darf keine weitere Anweisung mehr folgen, da diese Anweisung zum sofortigen Ende der Methode führt.

Java wird beim Kompilieren eine Fehlermeldung anzeigen, sollte doch noch eine Anweisung nach `return ..;` stehen.

Quellcode Haupt6.java:

```
public class Haupt6
{
  public static void main(String argv[])
  {
    Rechteck6 r1;          //Referenz erzeugen
    r1 = new Rechteck6(); //Konstruktoraufruf
    r1.setSeiteA(4.0);
    r1.setSeiteB("2.4");
    System.out.println("r1(Seite A): "+r1.getSeiteA());
    System.out.println("r1(Seite B): "+r1.getSeiteB());
    System.out.println("r1(Flaeche): "+r1.getFlaeche());
    System.out.println("r1(Umfang): "+r1.getUmfang());
    System.out.println("Programmende Haupt6.");
  }//public static void main(String argv[])
}//public class Haupt6
```

Im Hauptprogramm werden die Methoden mit Rückgabetyp/-wert an den Stellen eingefügt, an denen das Ergebnis weiterverarbeitet werden kann. In diesem Beispiel in einer `System.out.println`-Parameterliste.

Man kann damit auch Rechenoperatoren versorgen.

3.4.1 Grundlegende Übungsaufgaben

Aufgaben

Bemerkung: Jede Übungsaufgabe muss in einem eigenen Verzeichnis abgelegt werden. Es sind jetzt für jede Lösung mehrere Klassen zu codieren und jede Klasse sollte in einer separaten Datei abgelegt werden.

1 `(Formen6.java)` Entwerfen Sie nach dem nachfolgend aufgeführten UML-Klassendiagramm eine Klasse für folgende geometrische Figuren:

a) Kreis `(Kreis6.java)`

b) Dreieck `(Dreieck6.java)`

c) Würfel (Wuerfel6.java)

d) Quader (Quader6.java)

e) Gerader Kreiszylinder (GeraderKreisZylinder6.java)

f) Gerader Kreiskegel (GeraderKreisKegel6.java)

g) Kugel (Kugel6.java)

Für den Test der Klassen schreiben Sie zusätzlich ein Hauptprogramm, das diese Klassen prüft.

2 (Brueche6.java) Entwerfen Sie nach dem folgenden UML-Klassendiagramm eine Klasse Bruch6. Für den Test der Klasse schreiben Sie zusätzlich ein Hauptprogramm, das diese Klasse prüft.

3 (Punkte6.java) Entwerfen Sie nach dem nachfolgend abgebildeten UML-Klassendiagramm eine Klasse Punkt6. Für den Test der Klasse schreiben Sie zusätzlich ein Hauptprogramm, das diese Klasse überprüft.

4 (Zeiten6.java) Entwerfen Sie nach dem folgenden UML-Klassendiagramm eine Klasse Zeit6. Für den Test der Klasse schreiben Sie zusätzlich ein Hauptprogramm, das diese Klasse prüft.

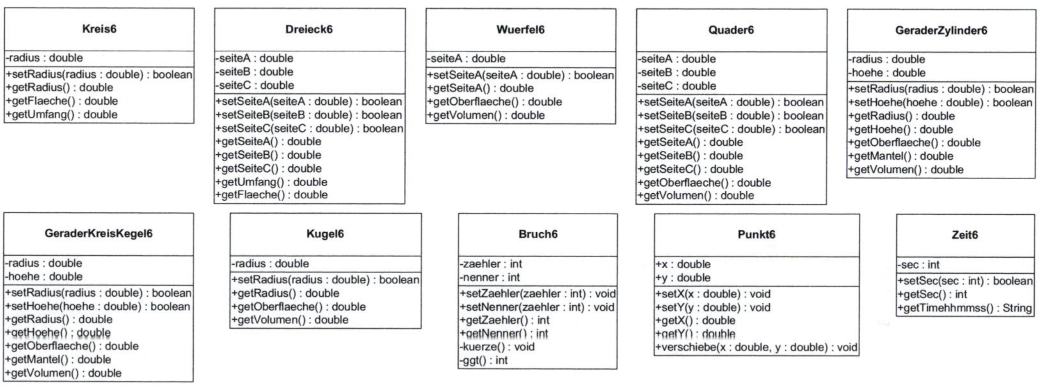

Abb. 3.14
UML-Klassendiagramme für Aufgabe 1 bis 4

3.5 Statische Methoden und Variablen

Wird im Programm ein Objekt geschaffen, dann operieren alle Methoden auf einem eigenen Satz von Daten. Ändert ein Objekt seinen eigenen Datenbestand, so hat das keine Auswirkungen auf die anderen Objekte der gleichen Klasse.

Manchmal gibt es Situationen für Eigenschaften, die nicht direkt einem individuellen Objekt zugeordnet werden können.

Beispiel:

- `sin()`, etwa `Math.sin(Math.PI/2.0)`
- `max()`, etwa `Math.max(2,-3)`

oder Variablen

- `Integer.MAX_VALUE`, die größte darstellbare Zahl vom Datentyp int
- `Math.PI` aus der Klasse Math (3,1415...)

Diese oben genannten Eigenschaften sind Klassen zugeordnet und werden durch **statische** Variablen/Methoden verwirklicht. Da sie nicht einem Objekt zugeordnet werden können, wird hier von **Klassenvariablen** oder **Klassenmethoden** gesprochen.

Um statisches Verhalten in Java umzusetzen, wird vor dem Attribut oder der Methode das Schlüsselwort **`static`** gesetzt. Um auf ein solches Attribut/Methode zuzugreifen, müssen wir einfach den Klassennamen benutzen.

Problemstellung Durch die Klasse **`Zeit7`** soll es möglich sein, über eine statische Klassenvariable das Ausgabeformat aller Objekte in europäischem/amerikanischem Format anzuzeigen. Die Methode **`showTime()`** zeigt in Abhängigkeit des gewählten Ausgabeformates die Uhrzeit an. Ist der Sekundenwert größer als ein Tag (24 · 3600 Sekunden), muss dieser abgezogen werden. Gegebenenfalls muss man die Klasse **`Zeit7`** um die Methode **`getDays()`** ergänzen. Die Klassenmethode **`setFormat()`** legt für alle Objekte der Klasse **`Zeit`** das Ausgabeformat fest (US/EU).

Abb. 3.15 UML-Klassendiagramm Zeit7

Im UML-Klassendiagramm werden statische Variablen (Klassenvariablen) und statische Methoden (Klassenmethoden) durch Unterstreichen gekennzeichnet. In der Klasse `Zeit7` wird eine private statische Variable `ausgabeFormat` deklariert und mit 1 initialisiert. Diese Initialisierung wird nur beim ersten Laden der Klasse durchgeführt.

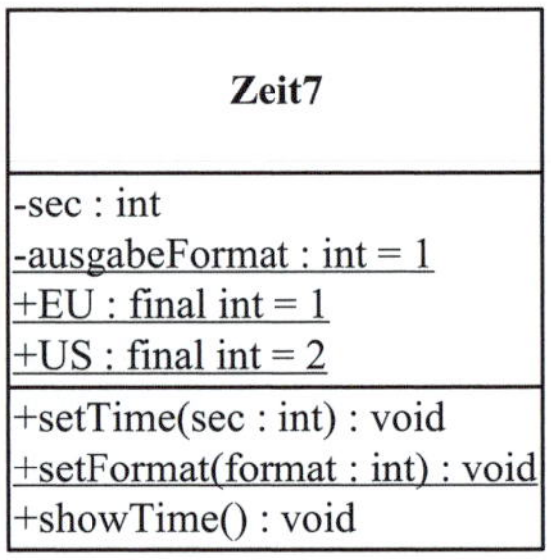

Die statische Methode `setFormat(format:int)` setzt das Ausgabeformat, der ein `int`-Wert als Parameter übergeben werden muss. Da eine Zahl nicht so aussagekräftig ist, werden hier zwei statische Konstanten (EU und US) definiert. Die Methode `showTime()` wertet die private statische Variable `ausgabeFormat` aus und gibt die Zeit im entsprechenden Format auf dem Bildschirm aus.

Quellcode Zeit7.java:

```
public class Zeit7
{
  //Attribute
    private int sec;
  //Klassenvariablen
    public  static final int EU   = 1;//Konstante
    public  static final int US   = 2;//Konstante
    private static       int ausgabeFormat= 1;
  //Klassenmethode
  public static void setFormat(int f)
  {
    if (f==1 || f==2)
    ausgabeFormat=f;
    else format=1;
  }//public static void setFormat(int f)
  //Methoden
  public void setTime(int sec)
  {
    if(sec >= 0) this.sec=sec;
    else sec = 0;
  }// public void setTime(int sec)
public void showTime()
  {
    int hour=0, minute=0,second=0;
    second=sec;
    if (second >= 3600)
    {
      hour = second / 3600;
      second = second - 3600 * hour;
      hour = hour % 24;
    }//if (second >= 3600)
    if (second >= 60)
    {
      minute = second / 60;
      second = second - 60 * minute;
    }//if (second >= 60)
    if(ausgabeFormat == 1)
       System.out.println(hour+":"+minute+":"+
                                  second+" (hh:mm:ss)");
    else
    {
      String str=" A.M";
      if(hour > 12)
      {
        str=" P:M";
        hour = hour % 12 ;
      }// if(hour > 12)
    System.out.println(hour+":"+minute+":"+second+str);
```

```
[49]      }//else
[50]    }//public void showTime()
[51]  }//public class Zeit7
```

Der Umgang mit den Klassenvariablen bzw. Klassenmethoden ist in dem Hauptprogramm zu erkennen. Da eine Klassenvariable/-methode unabhängig von einem Objekt ist, muss diese auch so benutzt werden (z. B. Zeile 5).

In den Paketen von SUN wird gerne mit „konstanten" Klassenvariablen gearbeitet, um Sachverhalte deutlicher zu betonen. In diesem Beispiel wird anstatt einer nicht aussagekräftigen ganzen Zahl eine **Konstante** (statisch) definiert (`Zeit7.EU` bzw. `Zeit7.US` in der Klasse `Zeit` Zeile 6 und 7).

Quellcode Haupt7.java:

```
[1]  public class Haupt7
[2]  {
[3]    public static void main (String argv[])
[4]    {
[5]      Zeit7.setFormat(Zeit7.US);
[6]      Zeit7 z1 = new Zeit7();
[7]      Zeit7 z2 = new Zeit7();
[8]      z1.setTime(60000);
[9]      z2.setTime(2220);
[10]     z1.showTime();z2.showTime();
[11]     Zeit7.setFormat(Zeit7.EU);
[12]     z1.showTime();
[13]     z2.showTime();
[14]   }//public static void main (String argv[])
[15] }// public class Haupt7
```

3.6 Statische Imports (ab Version J2SDK5.0)

Wie im vorangegangen Kapitel zu sehen, wird auf eine statische Methode über den Klassennamen, gefolgt von dem Methodennamen zugegriffen. Ab der Version J2SDK5.0 gibt es aber auch die Möglichkeit, einen sogenannten statischen Import durchzuführen. Damit wird es möglich, auf die statische Methode direkt zuzugreifen, als wäre Sie innerhalb der Klasse definiert.

Beispiel:

```
import java.lang.*;//wird immer automatisch
                     ergänzt
 public class OhneStatischenImport
 {
  public static void main(String argv[])
 {
  //..
  System.out.println(Math.sqrt (4));
  //..
 }//main
}//class
```

Beispiel:

```
[1]  import static java.lang.Math.sqrt;
[2]  public class MitStatischemImport
[3]  {
[4]    public static void main(String argv[])
[5]    {
[6]      //..
[7]      System.out.println(sqrt(4));
[8]      //..
[9]    }//main
[10] }//class
```

Der im 2. Beispiel durchgeführte statische Import (Klasse MitStatischemImport, Zeile 1) bindet aber nur die statische Methode sqrt (square-root – Quadrat-Wurzel). Möchte man mehrere Methoden statisch importieren, müssen diese einzeln nacheinander aufgezählt werden. Sollen alle statischen Methoden importiert werden, geht das über folgende Anweisung (anhand des Beispiels der Klasse Math):

```
import static java.lang.Math.*;
```

3.7 Eigene Datentypen definieren (enum)

Ab der J2SDK5.0 Version ist es möglich, eigene Aufzählungen zu definieren. Eine Aufzählung kann

- nur außerhalb von Methoden, aber innerhalb der Klasse definiert werden,
- oder wie eine eigene Klasse definiert werden.

Beispiel:

```
public enum Wochentage
{MO,DI,MI,DO,FR,SA,SO}
```

Der Zugriff auf die Elemente der Aufzählung erfolgt über den Namen der Aufzählung (hier Wochentage), gefolgt von dem Aufzählungsnamen (getrennt durch den „."-operator).

Beispiel:

```
public class TestAufzaehlung
{
  public static void main(String argv[])
   {
     //..
     System.out.println(Wochentage.FR);
     //..
  }//main
}//class
```

Da eine Aufzählung intern als spezielle Klasse verwaltet und mit int-Werten abgebildet wird, ist es erlaubt eine Aufzählung bei einer mehrfachen Auswahl zu benutzen.

Beispiel:

```
public class Aufzaehlung
{
  private enum Obst{APFEL,BIRNE,KIRSCH}
  public static void main(String argv[])
  {
    //..
    Obst produkt = Obst.BIRNE;
    switch(produkt)
    {
      case APFEL: .. ;break;
      case BIRNE: .. ;break;
      case KIRSCH:.. ;break;
    }//case
    //..
  }//main
}//class
```

3.8 Konstruktor

Die Aufgabe eines **Kontruktors** ist es, bei der Objekterzeugung (also beim Aufruf eines Konstruktors) Speicherplatz zu reservieren. Ohne diesen Vorgang ist ein Arbeiten mit einem Objekt nicht möglich, da ein Benennen eines Bezeichners von einer Klasse (z. B. `Rechteck1 r1;`) nicht ausreicht.

Abb. 3.16 Konstruktor

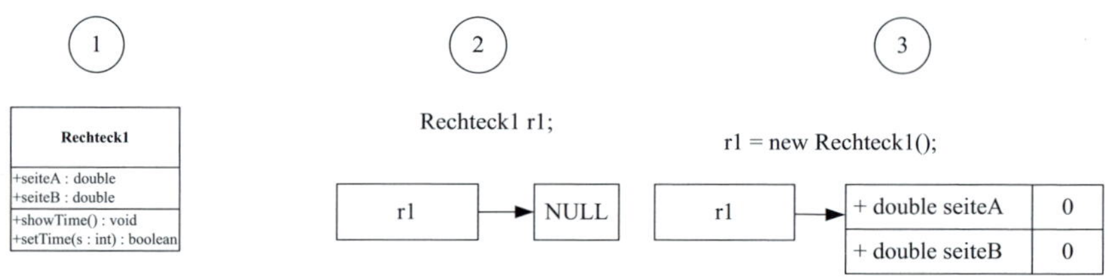

Die Grafik veranschaulicht die Entstehung eines Objektes:

1. Zuerst muss eine Klasse vorhanden sein. Diese Klasse ist der Bauplan des Objektes.
2. Im Programm wird eine Referenz (Referenz = Verweis) erzeugt, die später auf das angegebene Objekt zeigen wird.
3. Der Konstruktor reserviert für alle Attribute Speicherplatz und die Referenz hat Zugriff auf diese „Variablen“. Falls das Attribut `private` gekennzeichnet ist, so erfolgt ein Zugriff über entsprechende Methoden (Schritt 2 + 3 können auch in einer Anweisung zusammengefasst werden: `Rechteck1 r1 = new Rechteck1();` wenn zum Zeitpunkt der Deklaration gleich das Objekt gebraucht wird).

Aber wo ist denn der Konstruktor definiert?

Ist in einer Klasse kein Konstruktor definiert, so ergänzt Java den Bytecode automatisch um den Konstruktor, genauer gesagt den Standardkonstruktor (entspricht einem Konstruktor ohne Parameter!) oder auch den default-Konstruktor.

Deswegen funktioniert der Aufruf des Standardkonstruktors immer, auch wenn wir diesen nicht definieren.

In Java werden Konstruktoren als eine Art „Methoden ohne Rückgabewert" definiert, die den Namen der Klasse erhalten, zu der sie gehören. Konstruktoren können überladen werden und dürfen eine beliebige Anzahl von Parametern haben.

Eigene Konstruktoren werden immer dann eingesetzt, wenn zur Initialisierung eines Objekts besondere Aufgaben durchzuführen sind. Es ist dabei durchaus gebräuchlich, Konstruktoren zu überladen (siehe folgendes Beispiel: Rechteck7.java) und mit unterschiedlichen Parameterlisten auszustatten. Beim Ausführen der `new`-Anweisung erkennt der Compiler anhand der Parameterliste den passenden Konstruktor und ruft diesen mit den angegebenen Argumenten auf.

Allgemeine Syntax:

```
public class KlasseX
{...
  public KlasseX()
  {
    :
  }// public KlasseX()
}// public class KlasseX
```

Einige Regeln für Konstruktoren:

Konstruktor

Regeln für Konstruktor	• Sie haben denselben Namen wie die Klasse, in der sie definiert sind. • Es gibt für Konstruktoren keine Rückgabewerte (auch nicht *void*), da sie automatisch vom System aufgerufen werden. • Eine Klasse kann eine beliebige Anzahl von Konstruktoren (also auch keinen) haben. • Standardkonstruktor oder default-Konstruktor ist derjenige Konstruktor, der über keine Parameter verfügt.

Problemstellung

`(Rechteck7.java)` Die Klasse `Rechteck7` basiert auf der Klasse `Rechteck6`. Zusätzlich werden noch zwei überladene Konstruktoren definiert, die eine Initialisierung bei der Erzeugung des Objektes mit `double` oder `Strings` zulassen.

Abb. 3.17 UML-Klassendiagramm Rechteck7

Rechteck7
-seiteA : double -seiteB : double
+Rechteck7() +Rechteck7(seiteA : double, seiteB : double) +Rechteck7(seiteA : String, seiteB : String) +setSeiteA(seiteA : double) : void +setSeiteA(seiteA : String) : void +getSeiteA() : double +setSeiteB(seiteB : double) : void +setSeiteB(seiteB : String) : void +getSeiteB() : double +setSeiteAB(seiteA : double, seiteB : double) : void +showFlaeche() : void +getFlaeche() : double +getUmfang() : double

Im Klassendiagramm ist zu erkennen, dass drei Konstruktoren hinzugekommen sind.

Konstruktor

Definition Konstruktor	**Wenn ein Konstruktor definiert wird, wird der Mechanismus der automatischen Vervollständigung um den Standard-Konstruktor nicht mehr ausgeführt. Deswegen ist es wichtig, diesen immer auch zu definieren, da sonst kein Objekt ohne Parameter mehr erzeugt werden kann.**

Quellcodefragment Klasse Rechteck7:

```
public class Rechteck7
{
  //Attribute
  private double seiteA;
  private double seiteB;
  //Konstruktoren
  public Rechteck7()
  {

  }//public Rechteck7()
  public Rechteck7(double seiteA, double seiteB)
  {
    super();
    this.setSeiteA(seiteA);
    this.setSeiteB(seiteB);
  }//public Rechteck7(double seiteA, double seiteB)
  public Rechteck7(String seiteA, String seiteB)
  {
```

```
      super();
      this.setSeiteA(seiteA);//Ueberladene Methode!!
      this.setSeiteB(seiteB);//Ueberladene Methode!!
    }//public Rechteck7(String seiteA, String seiteB)
    //Methoden
      ...//wie in Rechteck6
  }//public class Rechteck7
```

Die Konstruktoren können in der Klassendefinition an einer beliebigen Stelle codiert werden. **Meist wird aber eine Reihenfolge eingehalten (Attribute, Konstruktoren und danach alle Methoden).**

Quellcode Haupt7:

```
[1]  public class Haupt7
[2]  {
[3]    public static void main(String argv[])
[4]    {
[5]      Rechteck7 r1;           //Referenz erzeugen
[6]      r1 = new Rechteck7(4.0,2.4); //Konstruktoraufruf
[7]      Rechteck7 r2 = new Rechteck7("2.0","3.3");
[8]      System.out.println("r1(Seite A): "+r1.getSeiteA());
[9]      System.out.println("r1(Seite B): "+r1.getSeiteB());
[10]     System.out.println("r2(Seite A): "+r2.getSeiteA());
[11]     System.out.println("r2(Seite B): "+r2.getSeiteB());
[12]     System.out.println("Programmende Haupt7.");
[13]   }//public static void main(String argv[])
[14] }//public class Haupt7
```

Wenn zum Zeitpunkt der Objekterzeugung bereits die Informationen der Werte von den Attributen bekannt sind, wird ein Konstruktor aufgerufen, der diese Informationen in der Parameterliste übergeben bekommt (Zeile 6 bzw. Zeile 7).

3.8.1 Grundlegende Übungsaufgaben

Aufgaben

Bemerkung: Jede Übungsaufgabe muss in einem eigenen Verzeichnis abgelegt werden. Es sind jetzt für jede Lösung mehrere Klassen zu codieren und jede Klasse sollte in einem separaten File abgelegt werden.

1 Erweitern Sie alle Klassen der vorangegangenen Übung um verschiedene sinnvolle Konstruktoren. Zeichnen Sie das UML-Klassendiagramm für jede Klasse, codieren Sie anschließend die Klasse und schreiben Sie eine Applikation, die diese Klasse testet.

3.9 Vererbung

Ein Basisprinzip in der OOP ist die **Vererbung**. In den folgenden Abschnitten und Kapiteln werden die Funktion, der Umgang und die Besonderheiten der Vererbung in Java dargestellt.

Wie auch auf der Festplatte bei der Dateiverwaltung zu erkennen, werden Klassen in Java in Hierarchien geordnet. Auch gibt es, wie auf der Festplatte auch, eine Wurzel, die als oberste Klasse keine Vorfahren hat (Beispiel c:\ ). Diese Klasse hat den Namen `Object`. Von der Klasse `Object` erben automatisch alle Klassen, direkt oder indirekt. Sie werden dann Unter- oder Subklassen von `Object`. Die erweiterte Klasse wird Ober- oder Superklasse genannt.

Abb. 3.18 UML-Klassendiagramm Vererbung

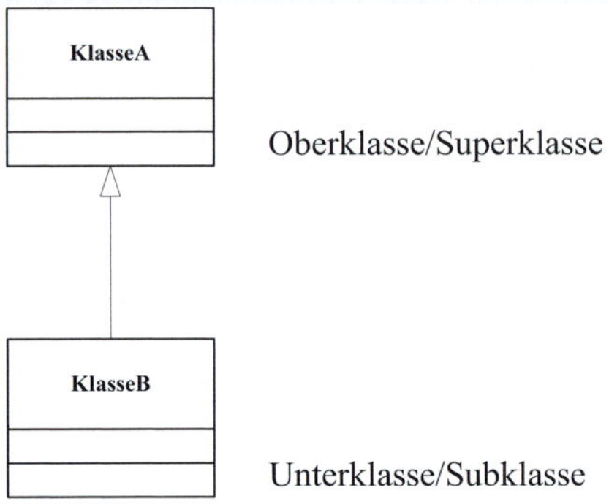

Java erlaubt aus verschiedenen Gründen auf direktem Weg nur die **Einfachvererbung (single inheritance)**. In der Einfachvererbung kann eine Klasse eine andere lediglich erweitern. In dem Beispiel (Abb. 3.18) erweitert die `KlasseB` die `KlasseA`. Der Pfeil zwischen den Klassen visualisiert die Vererbung und zeigt immer auf die Oberklasse.

Syntaktisch wird die Vererbung durch das Schlüsselwort **extends** beschrieben. Allgemein gilt für eine erbende Klasse `KlasseB` und eine Oberklasse `KlasseA`:

```
public class KlasseA
{...}
public class KlasseB extends KlasseA
{...}
```

Beispiel zur Vererbung

Wir wollen nun eine Klassenhierarchie von `Person`en aufbauen. Die Hierarchie geht von oben nach unten von der Superklasse zur Subklasse. Die Klasse `Person1` erbt automatisch alles von `Object`, `Schueler1` erbt alle Eigenschaften von `Person1`. Damit der `Schueler1` nicht so alleine ist, geben wir als Partner einen `Lehrer1` hinzu.

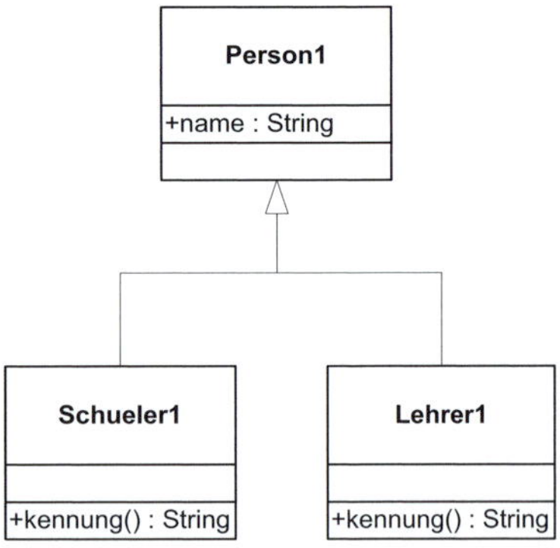

Die Klasse `Person1` deklariert nur das öffentliche Attribut `name`. Wird die Unterklasse `Person1` nun zu einem

`Schueler1` oder `Lehrer1` erweitert, so kann jedes Objekt der Unterklasse problemlos auf das Attribut `(name)` zugreifen.

Die Klassen sind bewusst einfach gehalten und die Attribute öffentlich zugänglich `(public)`!

Quellcode Person1.java:

```
public class Person1
{
  public String name;
}// public class Person1
```

Quellcode Schueler1.java:

```
public class Schueler1 extends Person1
{
  public String kennung()
  {
    return "Ich bin ein Schueler. ";
  }//public String kennung()
}// public class Schueler1 extends Person1
```

Quellcode Lehrer1.java:

```
public class Lehrer1 extends Person1
{
  public String kennung()
  {
    return "Ich bin ein Lehrer. ";
  }//public String kennung()
}//public class Lehrer1 extends Person1
```

Quellcode Hauptklasse.java:

```
public class Hauptklasse
{
  public static void main(String argv[])
  {
    Lehrer1 teacher = new Lehrer1();
    teacher.name = "Boeck";
    Schueler1 student1 = new Schueler1();
    student1.name = "Max";
    Schueler1 student2 = new Schueler1();
    student2.name = "Moritz";
    System.out.println(teacher.kennung()+teacher.name);
    System.out.println(student1.kennung()+student1.name);
    System.out.println(student2.kennung()+student2.name);
    System.out.println("Programmende Hauptklasse. ");
  }//public static void main(String argv[])
}// public class Hauptklasse
```

Wie Sie in dem Beispiel sehen können, ist es Objekten der Subklassen erlaubt, auf das geerbte Attribut der Oberklasse zuzugreifen (Zeile 6/8/10 Hauptklasse).

3.9.1 Grundlegende Übungsaufgaben

Aufgaben

Bemerkung: Jede Übungsaufgabe muss in einem eigenen Verzeichnis abgelegt werden. Es sind jetzt für jede Lösung mehrere Klassen zu codieren und jede Klasse sollte in einer separaten Datei abgelegt werden.

1 `(Formen9.java)` Die Klassen der geometrischen Figuren sollen eine gemeinsame Oberklasse `Farbe1` bekommen. Codieren Sie nach dem unten abgebildeten UML-Klassendiagramm alle Klassen und testen Sie das Verhalten in einem Hauptprogramm.

Abb. 3.19 UML-Klassendiagramm Formen8

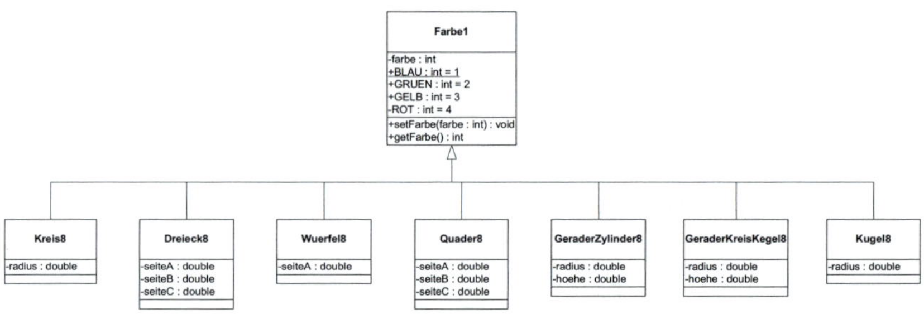

Bemerkung: In den Subklassen wurden die Methoden aus Gründen der Übersichtlichkeit weggelassen, was erlaubt ist.

3.9.2 Lesbarkeit

Die Vererbung kann durch die Modifizierer für Attribute und Methoden eingeschränkt werden. Eine Subklasse erbt dann alle Attribute und Methoden von einer Superklasse, die nicht **`private`** sind. Zusätzlich kommt zu `private` noch eine Sonderform **`protected`** hinzu.

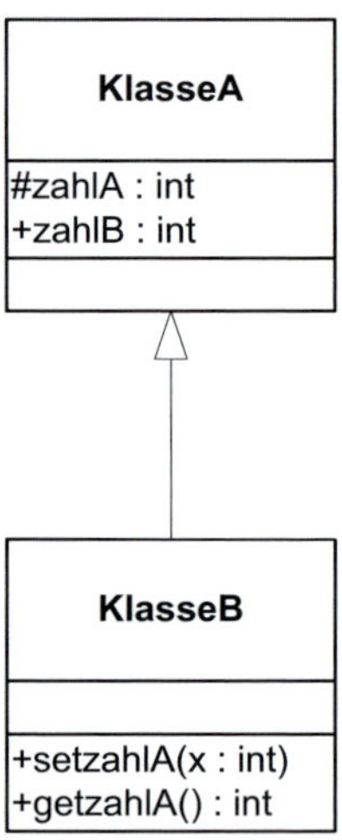

Ist ein Attribut durch `protected` gekennzeichnet, dann kann die Unterklasse diese Eigenschaft sehen. Objekte dieser Unterklasse können nicht auf das Attribut zugreifen. In dem Klassendiagramm (UML) wird der Modifizierer protected durch ein „#“ gekennzeichnet.

In diesem Beispiel besitzt die `KlasseA` zwei Attribute, von dem ein Attribut `protected` und das andere `public` ist. Da die Subklasse `KlasseB` alles erbt, was nicht `private` ist, kann (bzw. muss, bei Bedarf) mithilfe von geeigneten Methoden der Zugriff auf das geerbte Attribut verwirklicht werden.

Quellcode KlasseA.java:

```
public class KlasseA
{
  protected int zahlA;
  public    int zahlB;
}//public class KlasseA
```

Quellcode KlasseB.java:

```
public class KlasseB extends KlasseA
{
  public void setzahlA(int x)
  {
    zahlA = x;
  }//public void setzahlA(int x)
  public int getzahlA()
  {
    return zahlA;
  }//public int getzahlA()
}//public class KlasseB extends KlasseA
```

Quellcode Hauptklasse.java:

```
public class Hauptklasse
{
  public static void main(String argv[])
  {
    KlasseA a = new KlasseA();
    KlasseB b = new KlasseB();
    a.zahlB=4; //kein Problem, da public
    //a.zahlA=2; geht nicht da protected!!!!
    b.zahlB=3;//ist OK, da public in KlasseA und vererbt
    //b.zahlA=6;
   // geht nicht da vererbt aber weiterhin protected!!!!
    b.setzahlA(7);//OK
    System.out.println(a.zahlB);//Ausgabe 4
    System.out.println(b.zahlB);//Ausgabe 3
    System.out.println(b.getzahlA());//Ausgabe 7
    System.out.println("Programmende Hauptklasse.");
  }//public static void main(String argv[])
}//public class Hauptklasse
```

3.9.3 Automatische und explizite Typanpassung

In dem folgenden Beispiel wird gezeigt, dass auch ein Objekt einer Unterklasse einem Objekt der Oberklasse zugewiesen werden kann.

Quellcode Hauptklasse2.java:

```
public class Hauptklasse2
{
  public static void main(String argv[])
  {
    Lehrer1 teacher = new Lehrer1();
    Person1 anonym = teacher;
    teacher.name = "Boeck";
    System.out.println("Aktueller anonymer Name: "+
                       anonym.name);
    Schueler student1 = new Schueler ();
    student1.name = "Max";
    anonym = student1;
    System.out.println("Aktueller anonymer Name: "+
                       anonym.name);
    System.out.println(teacher.kennung()+teacher.name);
    System.out.println(student1.kennung()+student1.name);
    System.out.println("Programmende Hauptklasse. ");
  }//public static void main(String argv[])
}//public class Hauptklasse
```

Wir erzeugen zuerst einen Objekt `teacher` von der Klasse `Lehrer1`. Danach erzeugen wir eine Referenz `anonym` der Klasse `Person1` und lassen diese auf das Objekt `teacher` zeigen.

```
Lehrer1 teacher = new Lehrer1();
Person1 anonym = teacher;
```

Da ein `Lehrer1`-Objekt ein spezialisiertes `Person1`-Objekt ist (das bestreitet sicherlich kein Schüler ;-)) – `Lehrer1` ist die Unterklasse von `Person1` – funktioniert diese Zuweisung. Auf den ersten Blick erscheint dies nicht besonders sinnvoll, erfüllt aber seinen Zweck: `anonym` übernimmt alle Attribute und Methoden von der mächtigeren Klasse `Lehrer1`, verzichtet aber auf alle anderen Informationen (Attribute/Methoden), die die Klasse `Lehrer1` (oder eine andere Unterklasse, z. B. `Schueler1`) noch bietet – beispielsweise `kennung().`

Die Klasse `Person1` bietet dabei das öffentliche Attribut `name` an, sodass auch Folgendes problemlos möglich ist:

```
System.out.println("Aktueller anonymer Name: "+
                   anonym.name);
```

Würden wir versuchen, eine spezielle Eigenschaft (Methode/Attribut) von `Lehrer1` zu benutzen (z. B. `kennung()`), so wäre das ohne weiteres nicht möglich.

Umgekehrt lässt sich keine Referenz vom Typ `Lehrer` auf `Person` legen. Hier gilt, dass die Typen unvereinbar sind und wir erhalten bei dem Versuch einen Compilerfehler.

```
Lehrer1 an_other_teacher = anonym;
//Achtung: geht so nicht
```

Es ist aber erlaubt, das Objekt `anonym` durch einen Typecast (Typumwandlung) in einen `Lehrer1` umzuwandeln. Dies funktioniert aber nur dann, wenn anonym wirklich ein `Lehrer1`-Objekt ist.

```
Lehrer1 an_other_teacher = (Lehrer1) anonym;
//Typecast, geht wohl
```

In den folgenden Kapiteln wird der Sinn dieses mächtigen Konzeptes dargestellt. Es wird gezeigt, wie eine Basisklasse geschaffen werden kann, die verschiedenen Unterklassen Grundfunktionalität beibringt. Dabei liefert diese Basisklasse einen gemeinsamen Nenner.

3.10 Methoden überschreiben

In den vorangegangenen Kapiteln wurde gezeigt, dass durch Vererbung die Subklasse alle öffentlichen (bzw. auch `protected`) Eigenschaften (Attribute und Methoden) erbt. Die Unterklasse kann nun wiederum Methoden nach Belieben hinzufügen.

Dabei ist das Überladen von Methoden, also eine Funktion, die den gleichen Namen wie die Methode aus der Oberklasse trägt, aber verschiedene Parameter hat, eine ganz normal zugefügte Methode.

Anders verhält es sich, wenn eine Methode der Subklasse den gleichen Namen, Parameterliste und Rückgabewert hat. Dieses nennt man **Überschreiben** einer Methode.

Daraus ist zu erkennen, dass es prinzipiell drei Möglichkeiten für das Verhalten der Methoden in einer Unterklasse geben kann:

- Überschreiben
  (z. B. `KlasseB, methodeA(wert:double):void`)
- Überladen
  (z. B. `KlasseB, methodeB(wert:long):int`)
- Hinzufügen
  (z. B. `KlasseB, methodeC()`)

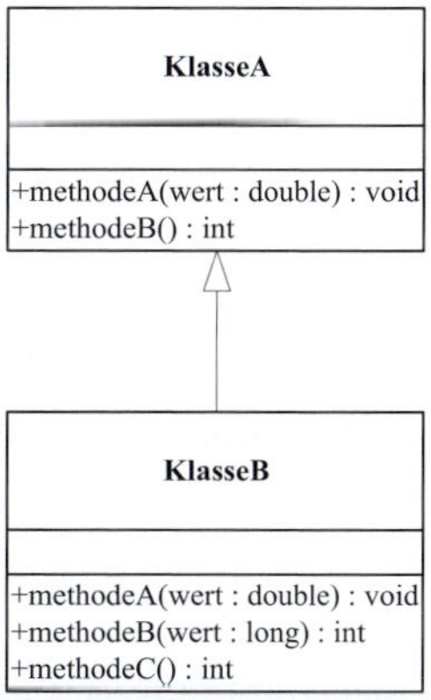

Aufruf einer überschriebenen Methode aus der Oberklasse

Beim Überschreiben einer Methode hat man sich dafür entschieden, eine gänzlich neue Definition der Methode einzuführen. Meist ist es aber so, dass nur eine Kleinigkeit fehlt, und man nur ein wenig ergänzen müsste. In diesem Fall kann mit der Referenz `super` auf die Eigenschaft der Oberklasse verwiesen werden.

Quellcode Wichtig.java:

```
[1]  public class Wichtig
[2]  {
[3]    public int i=1;
[4]    public void wichtig()
[5]    {
[6]      System.out.println("Das ist so wichtig!");
[7]    }//public void wichtig()
[8]  }//public class Wichtig
```

Quellcode Wichtiger.java:

```
[1]  public class Wichtiger extends Wichtig
[2]  {
[3]    public int i=2;
[4]    public void wichtig()
[5]    {
[6]      super.wichtig();//Das ist so wichtig!
[7]      System.out.println("ich muss das bekraeftigen!");
[8]      System.out.println(super.i);//1
[9]      System.out.println(i);//2
[10]   }//public void wichtig()
[11] }//public class Wichtiger extends Wichtig
```

Quellcode SehrWichtig.java:

```
[1]  public class SehrWichtig
[2]  {
[3]    public static void main(String argv[])
[4]    {
[5]      Wichtiger w = new Wichtiger();
[6]      w.wichtig();
[7]    }//public static void main(String argv[])
[8]  }//public class SehrWichtig
```

Die Methode `wichtig()` (ab Zeile 4 – Klasse `Wichtiger`) aus der Klasse `Wichtiger` bezieht sich mit `super.wichtig()` auf die Methode der Oberklasse `Wichtig`. Das gleiche Verhalten gilt auch für das verdeckte Attribut (Zeile 8 Klasse `Wichtiger`).

Es ist zu erkennen, dass **`super`** ein allgemeines Konzept ist, das eine Referenz auf die Oberklasse verwaltet. Es wird in der Methode `m()` die überschriebene Methode aufgerufen, aber wir benötigen dafür trotzdem erneut ihren Namen (Zeile 6).

Es bleibt anzumerken, dass immer hinter dem `super` eine Methode/Attribut stehen muss.

3.11 Die Oberklasse gibt Funktionalität vor

Ein Vorteil beim Überschreiben ist, dass die Oberklasse eine einfache Implementierung vorgibt, die die Unterklasse dann spezialisieren kann. Ein anderer, aber wesentlich interessanterer Aspekt, ist in der Vererbung zu erkennen.

Wenn eine Oberklasse eine Methode definiert, die die Unterklasse überschreibt oder nicht, so ist klar, dass alle Unterklassen diese Methoden haben müssen.

Modifizieren wir dazu das `Person1`/`Schueler1`/`Lehrer1`-Klassenmodell ein wenig.

Als erstes ergänzen wir die Klasse `Person1` um die Methode `kennung()`:

```
public class Person2
{
  public String name;
  public String kennung()
  {
    return "Keine Ahnung was ich mal werde! ";
  }//public String kennung()
}//public class Person2
```

Es scheint im ersten Moment unsinnig, denn die abgeleiteten Klassen `Schueler2` und `Lehrer2` haben ja bereits die Methode `kennung()`, aber durch diese Modellierung erhalten wir eine Gemeinsamkeit, da `Lehrer2` und `Schueler2` nun automatisch eine Methode `kennung()` erben. Die Implementierung von `Lehrer1` und `Schueler1` bleibt, nur der Name wird angepasst. Nur fügen die Klassen `Lehrer2` und `Schueler2` dann diese Methode `kennung()` nicht einfach hinzu, sondern überschreiben die Methode `kennung()`.

Quellcode Schueler2.java:

```
public class Schueler2 extends Person2
{
  public String kennung()
  {
    return "Ich bin ein Schueler. ";
  }//public String kennung()
}//public class Schueler2 extends Person2
```

Quellcode Lehrer2.java:

```
public class Lehrer2 extends Person2
```

```
{
  public String kennung()
  {
    return "Ich bin ein Lehrer. ";
  }//public String kennung()
}//public class Lehrer2 extends Person2
```

Quellcode Hauptklasse2.java:

```
public class Hauptklasse2
{
  public static void main(String argv[])
  {
    Lehrer2 teacher = new Lehrer2();
    Schueler2 student = new Schueler2();
    System.out.println(teacher.kennung());
    System.out.println(student.kennung());
    System.out.println("Programmende Hauptklasse2.");
  }//public static void main(String argv[])
}//public class Hauptklasse2
```

Während der Ausführung sucht die Laufzeitumgebung von unten nach oben in der Vererbungshierarchie nach der Methode `kennung()` und findet sie in `Lehrer2` und `Schueler2`. Würde man eine neue Klasse schaffen und `kennung()` nicht überschreiben, so würde die Laufzeitumgebung `kennung()` in Oberklasse `Person2` ausführen.

Beispiel: `Dynamisches Binden (`**`Polymorphie`**`)`

Aus dem bisherigen Wissen über vererbte Methoden und Typen versuchen wir uns einmal an folgendem Beispiel:

```
[1]  public class Hauptklasse_polymorphie
[2]  {
[3]    public static void main(String argv[])
[4]    {
[5]      Person2 p1 = new Lehrer2();
[6]      Person2 p2 = new Schueler2();
[7]      System.out.println(p1.kennung());
[8]      System.out.println(p2.kennung());
[9]      System.out.println("Programmende Hauptklasse_poly...");
[10]   }//public static void main(String argv[])
[11] }//public class Hauptklasse_polymorphie
```

Auf den ersten Blick erkennen wir keine große Veränderung. Schauen Sie sich im Hauptprogramm die Zeilen 5 und 6 genauer an. Da die Klassen `Lehrer2` und `Schueler2` Unterklassen von der Klasse `Person2` sind, führt es zu keinem Fehler. Die Objekte `p1` und `p2` würden auf die möglicherweise hinzugefügten Attribute/Methoden verzichten. Aber welche Methode `kennung()` wird aufgerufen (Oberklasse oder Unterklasse)?

Es gibt zwei logische Erklärungsmöglichkeiten:

1. Da der Typ der Objekte `p1` und `p2` `Person2` ist, wird die Methode der Klasse `Person2` aufgerufen und in beiden Fällen „Keine Ahnung was ich mal werde!“ ausgegeben (FALSCH!!!).
2. Die Laufzeitumgebung erinnert sich, dass die Klasse `Person2` ist, aber dass dahinter ein `Lehrer2`/`Schueler2`-Objekt steht. (RICHTIG!!!)

Da hier aus dem Typ der Klasse nicht zu erkennen ist, welche Methode ausgeführt wird, spricht man von dynamischer Bindung. Diese wird erst zur Laufzeit dynamisch die entsprechende Methode aufrufen. Die dynamische Bindung ist eine Anwendung der Polymorphie (= Vielgestaltigkeit).

3.12 Verhalten von Konstruktoren in der Vererbung

Im Gegensatz zu Methoden werden Konstruktoren nicht vererbt. Deswegen muss man bei Bedarf in den Unterklassen neue Konstruktoren definieren.

Wenn ein Objekt einer Unterklasse erzeugt wird, ruft der Konstruktor der Unterklasse automatisch den Standard-Konstruktor (also den Konstruktor ohne Parameter) der Oberklasse auf. Dabei ist es egal, ob der Konstruktor der Unterklasse parametrisiert ist oder nicht.

In Java kann man den geerbten Konstruktor auch explizit durch das Schlüsselwort **`super()`** aufrufen. Grundsätzlich darf keine Anweisung vor dem Aufruf des Konstruktors der Oberklasse stehen.

1. Beispiel:
Quellcode KlasseA.java:

```
public class KlasseA
{
  public KlasseA()
  {
    //....
  }//public KlasseA()
}//public class KlasseA
```

Quellcode KlasseB.java:

```
public class KlasseB extends KlasseA
{
  public KlasseB()
  {
    super();
    //...
  }//public KlasseB()
}//public class KlasseB extends KlasseA
```

In diesem Beispiel wird in der Unterklasse `KlasseB` explizit der Konstruktoraufruf definiert. In diesem Fall kann man diesen Aufruf auch weglassen, da er ja automatisch ergänzt wird. Er dient nur zur besseren Lesbarkeit des Quellcodes.

Oft ist es aber sinnvoll, den Konstruktor der Oberklasse mit Parameter aufzurufen. Dazu kann `super()` mit Parametern gefüllt werden.

2. Beispiel: Quellcode KlasseC.java:

```
public class KlasseC
{
  private int x;
  public KlasseC() {...}
  //Standardkonstruktor KlasseC
  public KlasseC(int wert){x=wert;}
  //....Rest der Klassendefinition
}//public class KlasseC
```

Quellcode KlasseD.java:

```
public class KlasseD extends KlasseC
{
 public KlasseD(){...}
 //Standardkonstruktor KlasseD
public KlasseD(int zahl){super(zahl);...}
 //....Rest der Klassendefinition
}//public class KlasseD extends KlasseC
```

Im 2. Beispiel wird in der Subklasse `KlasseD` der Konstruktor mit der entsprechenden Parameterliste (also ein `int`-Wert) der Oberklasse aufgerufen.

3.12.1 Übung

Aufgaben

1 Gegeben sind die Klassen `Oberklasse`, `Unterklasse` und `Hauptklasse`. Erklären Sie folgenden Sachverhalt, speziell die Bildschirmausgabe.

2 Entfernen Sie aus der Oberklasse den Default-Konstruktor (Konstruktor ohne Parameter). Was passiert jetzt?

Quellcode Oberklasse.java:

```
public class Oberklasse
{
  public Oberklasse()
  {
    System.out.println("Objekt der Oberklasse erzeugt! ");
  }//public Oberklasse()
//hier folgt der Rest der Klassendefinition..
}//public class Oberklasse
```

Quellcode Unterklasse.java:

```
public Unterklasse extends Oberklasse
{
  public Unterklasse()
  {
```

```
    System.out.println("Objekt der Unterklasse erzeugt! ");
  }//public Unterklasse()
  //hier folgt der Rest der Klassendefinition..
}//public class Unterklasse
```

Quellcode Hauptklasse.java:

```
public Hauptklasse
{
  public static void main(String argv[])
  {
    Oberklasse  objekt1 = new Oberklasse();
    Unterklasse objekt2 = new Unterklasse();
    System.out.println("Programmende Hauptprogramm!");
  }//public static void main(String argv[])
}//public class Hauptklasse
```

Ausgabe auf dem Bildschirm:

```
Objekt der Oberklasse erzeugt!
Objekt der Oberklasse erzeugt!
Objekt der Unterklasse erzeugt!
Programmende Hauptprogramm!
```

3.13 Abstrakte Klassen

Nicht immer soll eine Klasse ausprogrammiert werden. Dies ist immer dann der Fall, wenn eine Oberklasse lediglich Methoden für die Unterklasse vorgeben möchte, aber nicht weiß, wie sie diese implementieren soll (Beispiel: Eine Steckdose stellt eine Schnittstelle zur Verfügung, an der später beliebige Elektrogeräte angeschlossen werden können).

In einer **abstrakten** Klasse wird lediglich der Prototyp definiert (Methodenkopf). Obwohl eine abstrakte Klasse nichts enthalten muss, können jedoch Methoden oder Attribute enthalten sein. Von einer abstrakten Klasse darf kein Objekt erzeugt werden, denn es gibt Methoden, die keinen Quellcoderumpf besitzen.

Mit dem Schlüsselwort **`abstract`** wird die Definition einer abstrakten Klasse eingeleitet. Eine abstrakte Methode wird mit diesem Schlüsselwort eingeleitet und muss mit einem Semikolon abgeschlossen werden. Ist auch nur eine Methode abstrakt, so ist die Klasse als abstrakt zu kennzeichnen (Vergessen wir das Schlüsselwort bei der Klasse, erhalten wir einen Compilerfehler).

Wenn wir eine abstrakte Oberklasse definieren, so haben wir zwei Möglichkeiten:

- Es werden die abstrakten Methoden definiert und somit ist es erlaubt, Objekte dieser Klasse zu erzeugen oder

- wir überschreiben die abstrakte Methode nicht und die Klasse bleibt weiterhin abstrakt (und muss so auch gekennzeichnet werden).

Abb. 3.20 UML-Klassendiagramm abstrakte Klassen

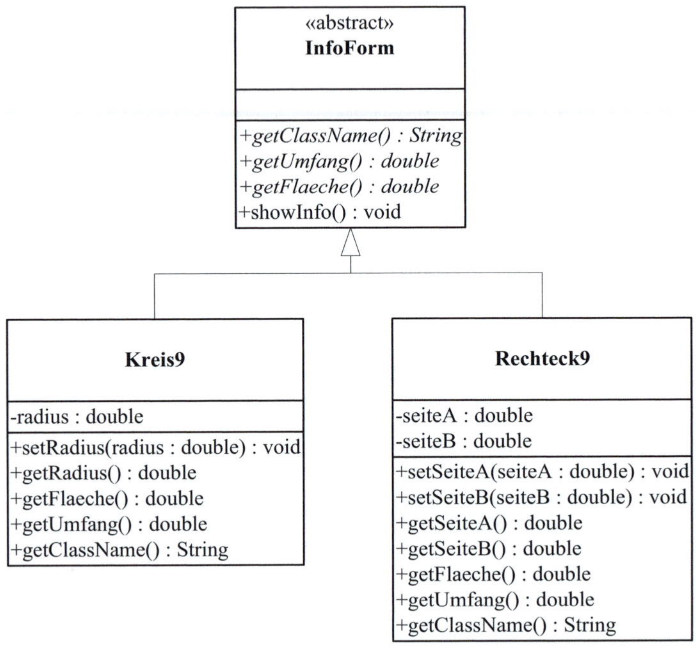

Im UML-Klassendiagramm werden abstrakte Klassen und Methoden durch kursive Schreibweise gekennzeichnet bzw. dem Klassennamen ein „stereotyp“ angeheftet (hier `<<abstract>>`).

Beschreibung des Beispiels:

- Abstrakte Oberklasse `InfoForm`:
  - hat drei abstrakte Methoden – also Methoden ohne Quellcoderumpf – `(getClassName/getUmfang/getFlaeche)`, die in den Subklassen definiert werden müssen,
  - eine Methode `showInfo`, die die Informationen des Objektes auf dem Bildschirm ausgibt (Klassenname, Fläche und Umfang).
- Klasse `Kreis9` bzw. `Rechteck9`:
  - wird von `InfoForm` abgeleitet (Vererbung) und definiert alle in der Oberklasse als abstrakt definierten Methoden. Deswegen sind diese Klassen nicht abstrakt und es können von den Klassen `Kreis`/`Rechteck` Objekte erzeugt werden.
  - hat private Attribute und die entsprechenden öffentlichen `set`-/`get`-Methoden.
  - `getFlaeche` und `getUmfang` geben die aus den Attributdaten errechneten Ergebnisse zurück.

- `getClassName` gibt den Klassennamen in Form eines `String`-Objektes zurück.

- Klasse `AbstraktHaupt`:
  Es wird im Hauptprogramm ein Feld von `InfoForm` erzeugt, das 3 Objekte aufnimmt. Exemplarisch werden hier Rechtecke und Kreise verwaltet. In einer Zählschleife wird die Methode `showInfo` aufgerufen, die Informationen über das Objekt auf dem Bildschirm ausgibt.

Quellcode InfoForm.java:

```
public abstract class InfoForm
{
  public abstract String getClassName();
  public abstract double getFlaeche();
  public abstract double getUmfang();
  public void showInfo()
  {
    System.out.println("Ich bin ein Objekt der Klasse: "+
                       this.getClassName());
    System.out.println("Die Flaeche: "+ this.getFlaeche());
    System.out.println("Die Umfang: "+ this.getUmfang());
  }//public void showInfo()
}//public abstract class InfoForm
```

Quellcode Kreis9.java:

```
public class Kreis9 extends InfoForm
{
  private double radius;
  public Kreis9(double radius)
  {
    this.setRadius(radius);
  }//public Kreis9(double radius)
  public void setRadius(double radius)
  {
    this.radius = radius;
  }//public void setRadius(double radius)
  public double getRadius()
  {
    return this.radius;
  }//public double getRadius()
  public double getFlaeche()
  {
    return Math.pow(this.radius , 2) * Math.PI;
  }//public double getFlaeche()
  public double getUmfang()
  {
    return 2 * this.radius * Math.PI;
  }//public double getUmfang()
  public String getClassName()
```

```
  {
    return "Kreis9";
  }//public String getClassName()
}//public class Kreis9 extends InfoForm
```

Quellcode Rechteck9.java:

```
public class Rechteck9 extends InfoForm
{
  private double seiteA;
  private double seiteB;
  public Rechteck9(double seiteA, double seiteB)
  {
    this.setSeiteA(seiteA);
    this.setSeiteB(seiteB);
  }// public Rechteck9(double seiteA, double seiteB)
  public void setSeiteA(double seiteA)
  {
    this.seiteA = seiteA;
  }//public void setSeiteA (double seiteA)
  public void setSeiteB(double seiteB)
  {
    this.seiteB = seiteB;
  }//public void setSeiteB (double seiteB)
  public double getSeiteA()
  {
    return this.seiteA;
  }//public double getSeiteA()
  public double getFlaeche()
  {
    return this.seiteA * this.seiteB;
  }//public double getFlaeche()
  public double getUmfang()
  {
    return 2 * this.seiteA + 2 * this.seiteB;
  }//public double getUmfang()
  public String getClassName()
  {
    return "Rechteck9";
  }//public String getClassName()
}//public class Rechteck9 extends InfoForm
```

Quellcode AbstraktHaupt.java:

```
public class AbstraktHaupt
{
  public static void main(String argv[])
  {
    InfoForm feld[] = new InfoForm [3];
    feld[0] = new Rechteck9(2.5 , 5.5);
    feld[1] = new Kreis9(2.4);
```

```
      feld[2] = new Kreis9(3.3);
      for(int i = 0; i < feld.length;i++)
        feld[i].showInfo();
      System.out.println("Programmende AbstraktHaupt.");
    }//public static void main(String argv[])
  }//public class AbstraktHaupt
```

In der abstrakten Klasse befindet sich die Methode `showInfo`, die zum Zeitpunkt des Designs der Klasse keinerlei Information hat, welche komplexen geometrischen Figuren später einmal von `InfoForm` abgeleitet werden. Sie stellt aber den Anspruch, dass alle abgeleiteten Klassen, die in ihr abstrakt gekennzeichneten Methoden definieren, und kann sich deshalb in der Methode `showInfo` auf diese Methoden berufen.

Wenn Klassen `final` deklariert werden, so bedeutet es, dass es von dieser Klasse keine Unterklassen geben kann. Objekte dürfen erzeugt werden. Wird eine Klasse `abstract` deklariert, so ist diese Klasse für die Vererbung vorgesehen und ein Objekt darf nicht erzeugt werden.

Deswegen meldet der Compiler einen Fehler, wenn man versucht, eine Klasse `abstract final` zu deklarieren.

Das Konzept der abstrakten Klassen wird über die Vererbung (extends) umgesetzt.

3.14 Schnittstellen bzw. Interface

Ein weiteres Basisprinzip der objektorientierten Programmierung ist das Konzept der **Schnittstellen (interface)**. Schnittstellen enthalten nur Prototypen von Methoden, sind also pure abstrakte Klassen. Variablen und Konstanten sind in Schnittstellen erlaubt. Anstatt mit dem Schlüsselwort `class` werden Schnittstellen mit dem Schlüsselwort `interface` eingeleitet.

Will eine Klasse eine Schnittstelle verwenden, so folgt hinter dem Klassennamen das Schlüsselwort **`implements`**, gefolgt von dem Schnittstellennamen. Eine Klasse darf mehrere Schnittstellen implementieren. Alle Methoden, die in einer Schnittstelle aufgezählt sind, müssen in der Klasse definiert werden, die diese Schnittstelle benutzt.

1. Beispiel:

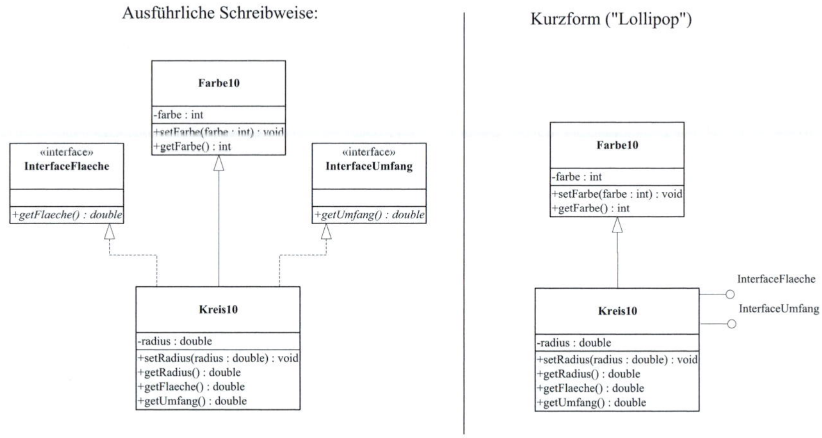

Abb. 3.21 UML-Klassendiagramm mit Interface

In der Schnittstelle `InterfaceFlaeche`/`InterfaceUmfang` sind die abstrakten Methoden deklariert, die eine Klasse definieren muss, wenn das Interface verwendet wird. Daneben gibt es in diesem Beispiel eine Oberklasse `Farbe9`, die die Vererbung nutzt. Nur um zu zeigen, dass mehrere Interfaces eingesetzt werden können, sind hier die zwei Methoden (`getFlaeche()` und `getUmfang()`) in eigene Interfaces gepackt worden. Im UML-Klassendiagramm gibt es zwei Möglichkeiten zur Darstellung.

- Ausführliche Schreibweise: Hier wird das Interface über gestrichelte Linien mit einem Pfeil auf das Interface dargestellt. Das Interface bekommt ebenso wie die abstrakte Klasse einen stereotyp `<<interface>>` (Zusatz) unter dem Namen.
- Kurze Form (auch Lollipop-Darstellung genannt): An die Klasse, die das Interface einbinden möchte, wird eine durchgezogene Linie gezeichnet, an deren Ende ein nicht ausgefüllter Kreis sitzt. Daneben notiert man den Namen des Interfaces.

Quellcode InterfaceFlaeche.java:

```
public interface InterfaceFlaeche
{
public double getFlaeche();
}//public interface InterfaceFlaeche
```

Quellcode InterfaceUmfang.java:

```
public interface InterfaceUmfang
{
public double getUmfang();
}//public interface InterfaceUmfang
```

Quellcode Farbe10.java:

```
public class Farbe10
{
  private int farbe;
  public void setFarbe(int farbe)
  {
    this.farbe = farbe;
  }//public void setFarbe(int farbe)
  public int getFarbe()
  {
    return this.farbe;
  }//public int getFarbe()
}//public class Farbe10
```

Quellcode Kreis10.java:

```
public class Kreis10 extends Farbe10
             implements InterfaceFlaeche, InterfaceUmfang
{
  private double radius;
  public void setRadius(double radius)
  {
    this.radius = radius;
  }//public void setRadius(double radius)
  public double getRadius()
  {
    return this.radius;
  }//public double getRadius()
  public double getFlaeche()
  {
    return Math.pow(this.radius , 2) * Math.PI;
  }//public double getFlaeche()
  public double getUmfang()
  {
    return 2 * this.radius * Math.PI;
  }//public double getUmfang()
}//public class Kreis10 extends...
```

2. Beispiel: Wie wir schon kennen gelernt haben, ist es möglich, Methoden auf Objekte auszuführen, die eine gemeinsame Basis haben.

In dem nun folgenden Beispiel zeigt eine Anwendung dieses Verhalten, hier speziell die Callbacks. Sie sind besonders dazu geeignet, Referenzen zu übergeben.

QuellcodeUmfang.java:

```
public interface Umfang
{
```

```
  public double getUmfang();
}//public interface Umfang
```

Quellcode Rechteck11.java:

```
public class Rechteck11 implements Umfang
{
  private double seiteA=0,seiteB=0;
  public Rechteck(double a, double b)
  {
    this.seiteA=a;
    this.seiteB=b;
  }//public Rechteck11(double a, double b)
  public double getUmfang()
  {
    return (2*seiteA+2*seiteB);
  }//public double getUmfang()
}//public class Rechteck11 implements Umfang
```

Quellcode Dreieck11.java:

```
public class Dreieck11 implements Umfang
{
  private double seiteA=0,seiteB=0,seiteC=0;
  public Dreieck11(double a, double b, double c)
  {
    this.seiteA=a;
    this.seiteB=b;
    this.seiteC=c;
  }//public Dreieck11(double a, double b, double c)
  public double getUmfang()
  {
    return (seiteA+seiteB+seiteC);
  }// public double getUmfang()
}//public class Dreieck11 implements Umfang
```

Quellcode Form.java:

```
public class Form
{
  private Umfang f;//Referenz auf die dyn. erzeugte Form
  public Form(Umfang x)
  {
    f=x;
  }//public Form(Umfang x)
  public double getnowUmfang()
  {
    return f.getUmfang();
  }//public double getnowUmfang()
}//public class Form
```

Quellcode Hauptklasse.java:

```
[1]  import java.io.*;
[2]  public class Hauptklasse
[3]  {
[4]    public static void main(String argv[])throws IOException
[5]    {
[6]      int wahl=0;
[7]      Form u;
[8]      BufferedReader eingabe;
[9]      eingabe = new BufferedReader(new InputStreamReader(
[10]                                 System.in));
[11]     wahl=Integer.parseInt(eingabe.readLine());
[12]     switch(wahl)
[13]     {
[14]      case 1: u = new Form(new Dreieck11(2.1,3.1,5.0));
[15]              break;
[16]      case 2: u = new Form(new Rechteck11(2.1,3.1));
[17]              break;
[18]      default: u=new Form(new Rechteck11(2.1,3.3));
[19]    }//switch
[20]    System.out.println(u.getnowUmfang());
[21]   }//public static void main(String argv[])throws ...
[22] }// public class Hauptklasse
```

In dem Beispiel implementieren verschiedene geometrische Formen das Interface `Umfang`. Jede Klasse, die das Interface implementiert, kann dann mit der Methode `getUmfang()` den Umfang des Objekts berechnen lassen. Das Bindeglied in der Kette ist die Klasse `Form`. Einem Objekt dieser Klasse wird beim Aufruf des Konstruktors das allgemeine Interface übergeben. `Form` bezieht sich nur auf diese Funktion(en), was die Elemente noch für Methoden implementieren, kann `Form` nicht wissen.

`Form` sichert die Referenz in einer lokalen Variablen `f` (Zeile 4). Wird nun im Hauptprogramm mit `u.getnowUmfang()` auf die Funktion von `Form` Bezug genommen, so wird die Methode des Objekts aufgerufen, dessen Referenz in `f` gesichert ist.

4 Exception Handling

Es ist unvermeidlich, dass Fehler beim Programmieren auftauchen. Schwierig sind nur die unkalkulierbaren Situationen (z. B. kein Papier mehr im Drucker) und daher ist der Umgang mit Fehlern ganz besonders knifflig. Java bietet die elegante Methode der **Exceptions**, um mit Fehlern flexibel umzugehen.

Werden z. B. in C Routinen aufgerufen, dann haben Sie als Programmierer keine andere Möglichkeit, als über den Rückgabetyp (auch Ergebnistyp genannt) ein Fehlschlagen anzugeben. Dieser Fehlercode ist häufig – 1, wogegen NULL oder 0 Korrektheit anzeigt. Die Abfrage dieser Werte ist nicht mehr zeitgemäß und wird oftmals unterlassen, zumal man meistens davon ausgeht, dass ein Fehler in dieser Situation gar nicht auftreten kann – und diese Annahme kann ein grober Fehler sein. Zudem wird der Programmfluss durch Abfragen der Returncodes unangenehm unterbrochen, auch da der Rückgabetyp, wenn er nicht gerade einen Fehler anzeigt, weiter verwendet wird. Der Rückgabetyp ist also im weitesten Sinne überladen, da er zwei Zustände anzeigt.

Das Konzept der Exceptions ermöglicht wesentlich mehr als einen Rückgabetyp, da Objekte erzeugt werden, die das Fehlverhalten genau beschreiben.

Im folgenden Kapitel wird gezeigt, wie Exceptions erzeugt, abgefangen und in Klassen eingebettet werden können.

4.1 Exceptions in Java

Durch Exceptions wird der Programmfluss nicht durch Abfrage der Fehlercodes unterbrochen, sondern ein besonders ausgezeichneter Block übernimmt beim Aufkommen eines Fehlers die Kontrolle. Ein überwachter Block wird durch das Schlüsselwort **`try`** eingeleitet und durch **`catch`** beendet. Hinter dem `catch` folgt der Programmblock, der dann wichtig wird, wenn der Fehler gefangen wird. Somit umgibt dieser `try`/`catch`-Block einen Bereich, in dem Fehler abgefangen und behandelt werden.

Problemstellung Ein Programm greift auf die einzelnen Zeichen eines String zu und soll bei einem Fehler (Zugriff auf ein Zeichen, das es nicht gibt) eine Meldung ausgeben und dann ordnungsgemäß weitere Anweisungen ausführen.

Quellcode Eingabe1.java:

```
public class Eingabe1
{
  public static void main(String argv[])
  {
    String str="Zeichenkette";
```

```
[6]       char zeichen;
[7]       try
[8]       {
[9]         System.out.println("Die Zeichenkette hat "
[10]                          +str.length()+ " Zeichen!");
[11]        zeichen = str.charAt(0);
[12]        System.out.println("Zeichen n Position 0: "+zeichen);
[13]        zeichen=str.charAt(str.length());
[14]        System.out.println("Zeichen n Position "
[15]                          +str.length()+": "+zeichen);
[16]      }//try
[17]      catch (StringIndexOutOfBoundsException e)
[18]      {
[19]        System.out.println(e.toString());
[20]      }// catch (StringIndexOutOfBoundsException  e)
[21]      System.out.println("Prg.ende Eingabe1.");
[22]    }// public static void main(String argv[])
[23] }// public class Eingabe1
```

In dem Programm Eingabe1 wird ein String exemplarisch hart initialisiert (Zeile 5). Danach erfolgt eine Kontrollausgabe mit Angabe der Anzahl der Zeichen dieser Zeichenkette (Zeile 6 – Methode `length()`). Im Anschluss wird auf das erste Zeichen (Index 0) zugegriffen und zur Kontrolle ausgegeben. Im nächsten Schritt folgt ein Fehler, da hier ein Zugriff auf ein Zeichen des Strings versucht wird, das es nicht gibt (Index 0 .. `length()` – 1).

Tritt ein Fehler auf, wird dieser im `try`-Block abgefangen und im catch-Block bearbeitet. Danach werden die nächsten Anweisungen ausgeführt (falls kein `System.exit(intwert)` das Programm beendet). Will man bestimmte vordefinierte Fehler abfangen, muss man in der API-Dokumentation nachschauen. Hier der Auszug von `java.lang.String.charAt(int)`:

charAt

`public char charAt(int index)`

Returns the character at the specified index. An index ranges from `0` to `length() - 1`. The first character of the sequence is at index `0`, the next at index `1`, and so on, as for array indexing.

Specified by:
`charAt` in interface `CharSequence`
Parameters:
`index` - the index of the character.
Returns:
the character at the specified index of this string. The first character is at index `0`.
Throws:
`IndexOutOfBoundsException` - if the `index` argument is negative or not less than the length of this string.

Abb. 4.1
Auszug APIDokumentation java.lang.String

Ein `try`-Block kann mehrere `catch`-Klauseln enthalten, um verschiedene Fehlertypen aufzufangen.

Quellcode Eingabe2.java:

```
[1]  public class Eingabe2
[2]  {
[3]    public static void main(String argv[])
[4]    {
[5]      String str1="1234";
[6]      String str2="2345";
[7]      char zeichen;
[8]      int zahlenWert;
[9]      try
[10]     {
[11]       System.out.println("Die 1.Zeichenkette hat "
[12]                          +str1.length()+ " Zeichen!");
[13]       eichen = str1.charAt(0);
[14]       System.out.println("Zeichen n Position 0: "
[15]                          +zeichen);
[16]       zahlenWert = Integer.parseInt(str1)
[17]                    +Integer.parseInt(str2);
[18]       System.out.println("Ergebnis: "+zahlenWert);
[19]     }//try
[20]     catch (StringIndexOutOfBoundsException e)
[21]     {
[22]       System.out.println("Fehlertyp 1: "+e.toString());
[23]     }// catch (StringIndexOutOfBoundsException e)
[24]     catch (NumberFormatException e)
[25]     {
[26]       System.out.println("Fehlertyp 2: "+e.toString());
[27]     }// catch (NumberFormatException e)
[28]     catch (Exception e)//alle anderen Fehler
[29]     {
[30]       System.out.println("Fehlertyp 3: "+e.toString());
[31]     }// catch (Exception e)
[32]     System.out.println("Prg.ende Eingabe2.");
[33]   }// public static void main(String argv[])
[34] }// public class Eingabe2
```

In diesem hart codierten Beispiel sind keine Fehler. Wenn man aber die Eingaben über Tastatur einliest, können 2 (bzw. 3) verschiedene Fehler auftreten:

- Zugriff auf ein Element außerhalb der Zeichenkette (Zeile 13),
- Fehler beim Umwandeln in einen `int`-Wert (Zeile 16 /17),
- alle anderen Fehler (z. B. kein Speicher verfügbar).

Beim auftretenden Fehler wird die Abarbeitung der Programmzeilen sofort unterbrochen, und das Laufzeitsystem steuert die erste `catch`-Klausel an (Zeile 20). Wenn die erste nicht auf den Fehler passt, werden der Reihe nach alle `catch`-Anweisungen bearbeitet (Zeile 24), bis die erste Übereinstimmung greift. Im Quellcode sollte daher nicht die letzte `catch`-Anweisung zuerst stehen, da diese auf jeden Fehler passt (Compiler verweigert das Kompilieren, da es jetzt einen Bereich gibt, der nicht erreichbar ist). Alle anderen Anweisungen in den `catch`-Blöcken würden dann nicht ausgeführt.

4.2 Wiederholung kritischer Bereiche

Problemstellung

Ein Programm soll eine ganze Zahl im Dialog mit dem Benutzer über Tastatur eingeben. Tritt ein Fehler auf (z. B. Benutzer gibt Buchstaben ein), wird die Eingabe wiederholt, bis der eingegebene String einer ganzen Zahl entspricht.

Es gibt in Java bei Exceptions keine Möglichkeit, an den Punkt zurückzukehren, der den Fehler ausgelöst hat. Das ist aber oft gewünscht, etwa um eine fehlerhafte Eingabe zu wiederholen. Wir werden mit `in.readLine()` nach einem String fragen und versuchen, diesen in eine Zahl zu konvertieren. Dabei kann natürlich ein Fehler auftreten. Wenn ein Benutzer eine Zeichenkette eingibt, die keine Zahl repräsentiert, dann wird eine `NumberFormatException` ausgelöst. Wir wollen in dem Fall eine Eingabe wiederholen.

Quellcode Eingabe3.java:

```
//File: Eingabe3.java
import java.io.*;
public class Eingabe3
{
  public static void main(String argv[])
  {
    String str=null;
    int i=0;
    BufferedReader in = new BufferedReader(
            new InputStreamReader(System.in));
    while(true)
    {
      System.out.print("Ganze Zahl: ");
      try
      {
        i = Integer.parseInt(in.readLine());
        break;
      }//try
      catch (IOException e)
      {
        System.out.println("IOException\n"+e);
        System.exit(0);//Programmabbruch
      }//catch(IOException e)
      catch(NumberFormatException e)
      {
        System.out.println("NumberFormatException\n"+e);
      }// catch(NumberFormatException e)
    }//while(true)
    System.out.println("Zahl:"+i);
    System.out.println("Prg.ende Eingabe3.");
  }// public static void main(String argv[])
}// public class Eingabe3
```

Die gewählte Lösung ist einfach. Wir programmieren den gesamten Teil in einer Endlosschleife. Geht die problematische Stelle ohne Fehler durch, so beenden wir die Schleife mit `break`. Kommt es zu einer Ausnahme, dann wird `break` nicht ausgeführt und nach der Exception gelangen wir wieder in die Endlosschleife.

Wegen der Eingabe über Tastatur muss (Methode `readLine()`, siehe API-Dokumentation) auch der Fehler `IOException` abgefangen werden. Da dieser Fehler schwerwiegender ist (Eingabe über Tastatur geht nicht mehr!!), wird im `catch`-Block das Programm im Fehlerfall beendet.

4.3 Die throws-Klausel

Neben dem Einzäunen von problematischen Blöcken durch einen `try/catch`-Block gibt es noch eine andere Möglichkeit, auf Exceptions zu reagieren: Im Kopf der betreffenden Methode wird eine `throws`-Klausel eingeführt. Dadurch zeigt die Methode an, dass sie eine bestimmte Exception nicht selbst behandelt, sondern diese stets an den übergeordneten Programmblock weitergibt. Nun kann von einer Funktion eine Exception ausgelöst werden und die Funktion wird abgebrochen und gibt ihrerseits eine Exception zurück.

```
public static void main(String [] argv)throws IOException
{ ...
// kein try
  BufferedReader input = ....
  String str = input.readLine();
  ...
}
```

Dadurch „steigt“ der Fehler hoch und kann irgendwann von einem Block abgefangen werden, der sich darum kümmert. Wird allerdings der Fehler nicht über kurz oder lang aufgefangen, dann wird eine Laufzeitfehlermeldung ausgegeben, denn das Objekt ist beim Interpreter – also bei der virtuellen Maschine – auf der untersten Ebene gelandet, der eine Standardbehandlung einleitet (oft die Beendigung des Programms).

4.4 Abschließende Arbeiten mit finally

Nach einem `catch`-Block kann optional noch ein `finally`-Block folgen. Der Teil im `finally` wird immer ausgeführt, auch wenn in `try/catch` ein `return`, `break` oder `continue` steht. Das heißt, der Block wird auf jeden Fall ausgeführt.

4.5 Exceptions sind nur Objekte

Eine Exception ist ein Objekt, welches von `java.lang.Exception` abgeleitet ist.

Abb. 4.2 try-catch-Anweisung

Logische Ansicht

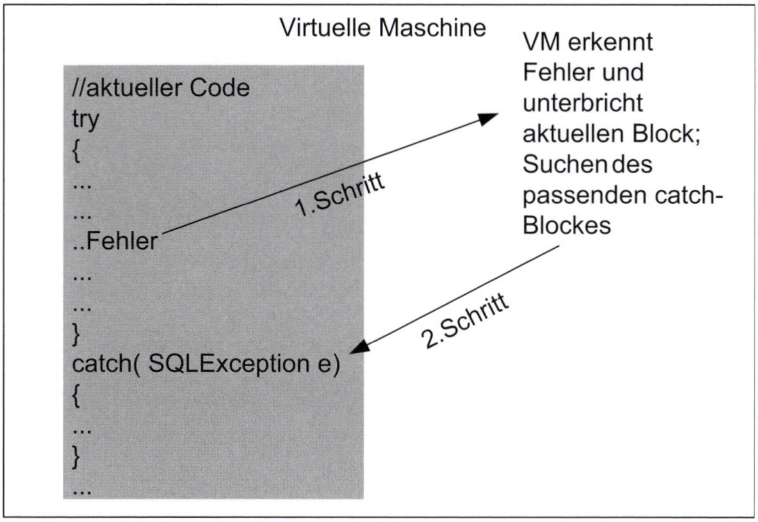

Dieses Ausnahme-Objekt wird vom Laufzeitsystem immer dann erzeugt, wenn ein Fehler auftritt. Es wird dann bis zum `catch`-Block aufrechterhalten, dann in einer Art `switch`-Anweisung von den `catch`-Blöcken weiterverarbeitet. Daher erklären sich auch die Wörter `try` und `catch`. Ein Exception-Objekt wird an einer Stelle in den Programmtext geworfen und an einer anderen Stelle aufgefangen.

4.6 Auswerfen von Exceptions

Bisher wurden Exceptions lediglich aufgefangen, aber noch nicht selbst erzeugt. Routinen, die durch Exception ein Misslingen einer Operation anzeigen, finden sich im Laufzeitsystem oder in den Standardroutinen zu Genüge. Muss aber eine Funktion selbst eine Exception auslösen, kann ein Exception-Objekt erzeugt werden. Im Sprachwortschatz wurde dazu das Schlüsselwort `throw` eingeführt.

Problemstellung

Eine Klasse `Test` hat die Methode `zahlIstGroesserZehn`, die einen `int`-Wert als Parameter mit übergeben bekommt. Ist der übergebene Parameter kleiner als 10, wird ein Objekt von `java.lang.SecurityException` erzeugt und damit eine Exception ausgelöst.

Quellcode Test.java:

```
public class Test
{
.....//Rest der Klasse Test
  public void zahlIstGroesserZehn( int zahl )
                                 throws SecurityException
  {
    if ( zahl < 10 )
     throw new SecurityException(
              "Zahl " +zahl+" ist zu klein.");
    System.out.println("alles OK");
  }// public void zahlIstGroesserZehn(...)
}// public class Test
```

Die Methode `zahlIstGroesserZehn` erwartet einen int-Wert als Parameter, der größer 10 ist, denn sonst wird mit `new` ein `SecurityException`-Objekt erzeugt und diesem eine Zeichenkette mit auf den Weg gegeben.

Der folgende Quellcode zeigt den Einsatz der Klasse `Test`:

```
[1]  public class Eingabe4
[2]  {
[3]    public static void main(String argv[])
[4]    {
[5]      Test objekt = new Test();
[6]      try
[7]      {
[8]        objekt.zahlIstGroesserZehn(10);
[9]        objekt.zahlIstGroesserZehn(2);
[10]     }//try
[11]     catch(SecurityException e)
[12]     {
[13]   System.out.println(e);
[14]     }// catch(SecurityException e)
[15]   }// public static void main(String argv[])
[16] }// public class Eingabe4
```

In der Beispielapplikation `Eingabe4 ()` wird von der Klasse `Test` ein Objekt erzeugt (Zeile 5). In der Klasse Test gibt es die Methode `zahlIstGroesserZehn`, die im Fehlerfall eine `SecurityException` aufwirft. Deswegen muss die Methode `zahlIstGroesserZehn` (Zeile 8 und 9) in einen `try`-Block geschrieben werden, dem ein `catch`-Block folgt, der diese Exception behandelt (Zeilen 11...15).

4.7 Neue Exception-Klassen definieren

Eigene Ausnahmen werden definiert, indem die Klasse `Exception` erweitert wird.

Problemstellung

Die Klasse `Rechteck` hat set-Methoden um die privaten Attribute `seiteA` und `seiteB` zu setzen. Beim Versuch, einen negativen Wert in das Objekt zu schreiben, soll eine eigene definierte Klasse `ArgumentOutOfRange`-Exception ausgelöst werden.

Quellcode ArgumentOutOfRange.java:

```
public class ArgumentOutOfRange extends Exception
{
  public ArgumentOutOfRange()
  {
    super();
  }// public ArgumentOutOfRange()
  public ArgumentOutOfRange (double d)
  {
    super ("Argument: "+d+ " muss >=0 sein!");
  }// public ArgumentOutOfRange (double d)
}//public class ArgumentOutOfRange extends Exception
```

Die selbst entworfene Exception wird nun in der Klasse `Rechteck12` benutzt. Hier das Quellcodefragment:

```
public class Rechteck12
{
  private double seiteA;
  private double seiteB;
  .....
  public void setSeiteA(double seiteA)
                          throws ArgumentOutOfRange
  {
    if(seiteA>=0) this.seiteA=seiteA;
    else throw new ArgumentOutOfRange(seiteA);
  }// public void setSeiteA(double seiteA)
  .....
}//public class Rechteck12
```

Der Einsatz der Klasse `Rechteck` in einem Programm erfolgt entsprechend der vorangegangenen Beispiele:

Quellcode Haupt.java:

```
public class Haupt
{
  public static void main(String argv [])
```

```
    {
      Rechteck12 r1 = new Rechteck12();
      ....
      try
      {
        r1.setSeiteA(-34);
      }//try
      catch(ArgumentOutOfRange e)
      {
        System.out.println(e);
      }//catch(ArgumentOutOfRange e)
      ....
    }//public static void main(String argv [])
}//public class Haupt
```

4.8 Die Klasse RuntimeException

Um den Aufwand durch explizites Fehler-Handling bei der Entwicklung von Java-Programmen nicht zu groß werden zu lassen, gibt es eine Ausnahme von der *catch-or-throw*-Regel. Direkt unterhalb der Klasse `Exception` gibt es die Klasse **`RuntimeException`**. Sie ist die Superklasse aller Laufzeitfehler, die zwar behandelt werden *können*, aber nicht *müssen*. Der Entwickler kann in diesem Fall selbst entscheiden, ob er den entsprechenden Fehler behandeln will oder nicht.

Will man selbst dieses Verhalten in eigenen Klassen einsetzen, nutzt man die Klasse `RuntimeException` als Oberklasse.

4.8.1 Grundlegende Übungsaufgaben

Aufgaben

Bemerkung: Jede Übungsaufgabe muss in einem eigenen Verzeichnis abgelegt werden. Es sind jetzt für jede Lösung mehrere Klassen zu codieren und jede Klasse sollte in einem separaten File abgelegt werden.

1 Erweitern Sie alle Klassen (geometrische Figuren) der vorangegangenen Übungen um verschiedene sinnvolle Fehlerbehandlungsmechanismen, sodass diese bei Eingabe eines unerlaubten Wertes eine Exception werfen (`set`-Methoden).

5 Dateien

Computer sind deswegen so nützlich, weil sie sehr große Datenmengen bearbeiten. Dieser Bearbeitungszyklus beginnt beim Einlesen der Daten, beinhaltet das Verarbeiten und lässt die Ausgabe folgen. In der Fachliteratur ist dies als EVA-Prinzip der Datenverarbeitungsanlagen bekannt. In frühen EDV-Zeiten wurde die Eingabe vom Systemoperator auf Lochkarten gestanzt, doch glücklicherweise sind diese Zeiten vorbei. Heute werden Daten elektronisch in Dateien gespeichert (englisch: Files). Da auch ein Programm aus Daten besteht, ist dies nur eine bestimmte Form einer Datei. Wichtig zu bemerken ist, dass eine Datei nur durch den Kontext interessant ist, andernfalls beinhaltet sie keine Information – die Sichtweise auf eine Datei ist demnach entscheidend.

Um an die Information einer Datei zu gelangen, muss man den Inhalt auslesen können. Auch braucht man die Rechte, Dateien anzulegen, zu löschen, umzubenennen und sie in Verzeichnissen zu strukturieren. Java bietet hierfür eine Vielzahl von Zugriffsmöglichkeiten und ein wichtiges Schlagwort ist hierbei der Datenstrom (engl. Stream). Dieser entsteht beim Fluss der Daten von der Eingabe zur Verarbeitung hin zu Ausgabe. Durch Streams können Daten sehr elegant bewegt werden, ein Programm ohne Datenfluss ist nicht denkbar. Die Eingabe-Ströme (englisch: *Input-Streams*) sind zum Beispiel Tastatur, Datei oder Netzwerk und über die Ausgabe-Ströme (englisch: Output-Streams) fließen die Daten in ein Ausgabemedium, beispielsweise Drucker oder Datei, hinein. Die Kommunikation der Threads geschieht über Pipes. Sie sind eine spezielle Variante der Streams.

In Java sind über 30 Klassen zur Verarbeitung der Streams vorgesehen. Da die Datenströme allgemein und nicht an ein spezielles Ein- oder Ausgabeobjekt gebunden sind, können sie untereinander beliebig gemischt werden.

Grundlegend ist aber immer folgende Vorgehensweise:

- Verknüpfung zum Stream herstellen (z. B. Datei öffnen),
- Bearbeiten der Daten (lesen/schreiben),
- Schließen des Streams (z. B. Datei).

In den folgenden Kapiteln wird der grundlegende Umgang beim Lesen/Schreiben von Dateien gezeigt. Es gibt in Java wesentlich mehr Klassen zum Bearbeiten von Klassen, die für spezielle Aufgaben entwickelt wurden. Weitere Informationen finden Sie in der API-Dokumentation (Paket: `java.io`).

5.1 Wichtige Stream-Klassen

Alle Streams sind als Klassen repräsentiert, die im Paket `java.io` gesammelt sind. In den ersten Java-Versionen konnten nur primitive bzw. bytes und byte-Arrays geschrieben und gelesen werden. Doch seit Java 1.1 gibt es für Byte-Streams und Unicodezeichen-Streams getrennte Klassen. Das macht aus mehreren Gründen Sinn:

- Das Einlesen von Unicode-Dateien ist vereinfacht und Daten müssen nicht auf festgelegten Zeichensätzen arbeiten. Die Konvertierung von Unicode nach Bytes geschieht transparent.
- Einlesegeschwindigkeit: Die meisten Byte-Streams lesen und schreiben ein Zeichen nur dann, wenn sie es brauchen. Die Zeichen-Stream-Klassen sind jedoch Puffer-orientiert und dadurch schneller.

Die folgenden Tabelle gibt eine Übersicht über die wichtigsten Ein- und Ausgabe-Stream-Klassen.

Klassen zum Lesen aus Streams:

Byte-Stream-Klassen	UNICODE-Zeichen-Stream Klassen	Beschreibung
`InputStream`	`Reader`	Abstrakte Klasse für Zeichen-Eingabe und Byte-Arrays
`BufferedInput-Stream`	`Buffered-Reader`	Puffert Eingabe
`LineNumber-InputStream`	`LineNumber-Reader`	Merkt sich Zeilennummern beim Lesen
`ByteArray-InputStream`	`CharArray-Reader`	Liest Zeichenarray oder Bytearray
(keine Entsprechung)	`InputStream-Reader`	Wandelt Byte-Stream in Zeichen-Stream um. Bindeglied zwischen Bytes und Zeichen
`DataInput-Stream`	(keine Entsprechung)	Liest Primitive und auch UTF-8
`FilterInput-Stream`	`FilterReader`	Abstrakte Klassse für gefilterte Eingabe
`PushbackInput-Stream`	`Pushback-Reader`	Erlaubt, gelesene Zeichen wieder in den Strom zu geben
`PipedInput-Stream`	`PipedReader`	Liest von einem `PipedWriter` oder `PipedOutputStream`

Byte-Stream-Klassen	UNICODE-Zeichen-Stream Klassen	Beschreibung
`StringBuffer-InputStream` (ist unter 1.1 nicht mehr erwünscht)	`StringReader`	Liest aus Strings
`SequenceInput-Stream`	(keine Entsprechung)	Verbindet zwei andere Input-Streams

Klassen zum Schreiben in Streams:

Byte-Stream-Klassen	UNICODE-Zeichen-Stream Klassen	Beschreibung
`OutputStream`	`Writer`	Abstrakte Klasse für Zeichenausgabe oder Byte-Ausgabe
`Buffered-OutputStream`	`Buffered-Writer`	Ausgabe des Buffers. Nutzt passendes Zeilenendezeichen
`ByteArray-OutputStream`	`CharArray-Writer`	Schreibt Array
`DataOutput-Stream`	(keine Entsprechung)	Schreibt Primitive und auch UTF-8
(keine Entsprechung)	`OutputStream-Writer`	Übersetzt Zeichen-Stream in Byte-Stream
`FileOutput-Stream`	`FileWriter`	Übersetzt Zeichen-Stream in eine Byte-Datei
`PrintStream`	`PrintWriter`	Schreibt Werte (oder Objekte)
`PipedOutput-Stream`	`PipedWriter`	Schreibt in eine Pipe
(kein)	`StringWriter`	Schreibt einen String

Eine häufig eingesetzte Methode in Java ist die Erweiterung von abstrakten Klassen zwecks Definition von Schnittstellen. Auch komplexe Eingabeklassen wie `FileInputStream`, `ByteArrayOutputStream` oder `Buffered-Writer` basieren auf einer abstrakten Klasse. Diese können wir in vier Kategorien einteilen:

Klassen zur Ein- und Ausgabe von Bytes (oder Byte-Arrays) und Unicode Zeichen (oder Strings):

Klasse für	Eingabe	Ausgabe
Bytes (oder Byte-Arrays)	InputStream	OutputStream
Zeichen (oder Strings)	Reader	Writer

Die aufgeführten Klassen geben Methoden vor, die für jede implementierende Klasse von Interesse sind.

5.2 Anwenden der Klasse FileInputStream

Die Klasse **FileInputStream** liest aus Dateien einzelne Bytes.

Problemstellung Ein Programm soll seine Quellcodedatei auf dem Bildschirm ausgeben.

Für einfache Dateieingaben benutzt man die Klasse FileInputStream (FileInputStream implementiert InputStream). Man bindet mit dieser Klasse eine Datei an einen Datenstrom.

Es stehen verschiedene Konstruktoren zur Verfügung:

- FileInputStream(String): Erzeugt einen FileInputStream mit einem gegebenen Dateinamen
- FileInputStream(File): Erzeugt einen FileInputStream aus einem File Objekt
- Und weitere Konstruktoren ...

Quellcode Lesen.java:

```
import java.io.*;
public class Lesen
{
  public static void main(String args[])
  {
    try
    {
      FileInputStream in  =
          new FileInputStream("Lesen.java");
      int zeichen=0;
      while((zeichen=in.read())!=-1)
           System.out.print((char)zeichen);
      in.close();
    }//try
```

```
[15]      catch(FileNotFoundException e)
[16]      {//Konstruktor
[17]        System.out.print("Datei nicht gefunden:"
[18]                         +e.toString());
[19]      }//catch(FileNotFoundException e)
[20]      catch(IOException e)
[21]      {//Lesen
[22]        System.out.println("Lesefehler..."
[23]                            +e.toString() );
[24]      }// catch(IOException e)
[25]    }//public static void main(String args[])
[26] }// public class Lesen
```

Zuerst wird ein Objekt der Klasse `FileInputStream` angelegt (Zeile 8). Da Fehler auftreten könnten (z. B. Datei ist nicht vorhanden, kein Recht zum Lesen aus Datei), muss diese Anweisung mit einer Exception-Anweisung abgesichert werden.

Die Information, welche Anweisung welche Exceptions auslösen kann, steht in der API-Dokumentation.

FileInputStream

```
public FileInputStream(String name)
                 throws FileNotFoundException
```

Abb. 5.1 Auszug API-Dokumentation java.io.FileInput-Stream (Konstruktor)

read

```
public int read()
         throws IOException
```

Abb. 5.2 Auszug API-Dokumentation java.io.FileInput-Stream, Methode read()

Danach wird Byte für Byte aus der geöffneten Datei gelesen. Da nicht bekannt ist, wie groß die Datei ist, muss das Lesen über eine Schleife (Zeile 11) durchgeführt werden. Die Methode `read()` liefert einen `int`-Wert zurück, der dem Unicode-Zeichen entspricht. Ist kein Zeichen mehr vorhanden, wird der Wert – 1 zurückgegeben. Zur Ausgabe auf dem Bildschirm muss der `int`-Wert in ein Zeichen umgewandelt werden (Typecast, Zeile 12).

5.2.1 Beispiel MP3 ID3-Tag auslesen

Bei einem ID3-Tag eines MP3 handelt es sich um eine Art Inhaltsangabe über diese Datei. Der ID3-Tag ist genormt - 128 Byte - und kann am Ende einer MP3-Datei angehängt sein.

Aufbau des ID3-Tag:

Länge (Byte)	Beschreibung
3	TAG-Identifizierung, hier muss TAG stehen
30	Titel des Stückes
30	Interpret
30	CD-Titel
4	Erscheinungsjahr
30	Kommentar
1	Genre

Das Genre ist ein nummerisches Feld. Es existiert eine Liste, in der bestimmte Nummern den Genres von Acid Punk bis Southern Rock zugeordnet sind. Mittlerweile wird außerhalb der MP3-Spezifikation der ID3-Tag von unabhängigen Interessensgruppen weiterentwickelt. Da der ID3-Tag immer am Ende der MP3-Datei steht, ist es relativ einfach, ihn auszulesen, beziehungsweise zu editieren.

Problemstellung Ein Programm soll ein aus einer MP3-Datei mit ID3-Tag das ID3-Tag auf dem Bildschirm darstellen.

Quellcode MP3Auslesen.java:

```
import java.io.*;
import java.util.*;
public class MP3Auslesen
{
 public static void main(String [] args)
 {
   Scanner in = new Scanner(System.in);
   FileInputStream fis = null;
   long groesseMP3 = 0;
    byte bTAG []        = new byte[3];
    byte bTitel[]       = new byte[30];
    byte bInterpret[]  = new byte[30];
    byte bCDTitel[]     = new byte[30];
    byte bJahr[]        = new byte[4];
    byte bKommentar[]  = new byte[30];
    byte bGenre = 0;
    String filename = null;
    try
    {
     System.out.print("MP3-Datei: ");
     filename = in.nextLine();
```

```
[22]        fis = new FileInputStream(filename);
[23]        groesseMP3= fis.available();
[24]        //Datensatzzeiger positionieren
[25]        fis.skip(groesseMP3-128);
[26]        fis.read(bTAG);//TAG
[27]        String strTAG = new String(bTAG);
[28]        fis.read(bTitel);//Titel
[29]        String strTitel = new String(bTitel);
[30]        fis.read(bInterpret);//Interpret
[31]        String strInterpret = new String(bInterpret);
[32]        fis.read(bCDTitel);//Titel
[33]        String strCDTitel = new String(bCDTitel);
[34]        fis.read(bJahr);//Jahr
[35]        String strKommentar = new String(bKommentar);
[36]        fis.read(bKommentar);//Kommentar
[37]        bGenre = (byte)fis.read();//Genre
[38]        String strJahr = new String(bJahr);
[39]        System.out.println("Dateigroesse: "+groesseMP3);
[40]        System.out.println("Tag: "+strTAG);
[41]        System.out.println("Titel: "+strTitel);
[42]        System.out.println("Interpret: "+strInterpret);
[43]        System.out.println("CD-Titel: "+strCDTitel );
[44]        System.out.println("Jahr: "+strJahr );
[45]        System.out.println("Kommentar: "+strKommentar );
[46]        System.out.println("Genre: "+bGenre);
[47]        fis.close();
[48]       }//try
[49]       catch(IOException err)
[50]       {
[51]        System.out.println("Fehler: "+err);
[52]       }//catch
[53]     }//main
[54]    }//class
```

Erklärung:

In der `main`-Methode werden zuerst alle Variablen und Bezeichner für Arrays deklariert und ggf. initialisiert (Zeile 7 bis 17). Im darauffolgenden `try`-Block (ab Zeile 18) wird zuerst die Datei vom Benutzer erfragt (z. B. C:\test.mp3). Diese Datei wird nun zum Lesen geöffnet (Zeile 22). Da der ID3-Tag 128-Bytes vor dem Ende der MP3-Datei beginnt, muss zuerst der Datensatzzeiger auf die Stelle bewegt werden, wo diese Informationen stehen. Die Größe der Datei wird mit der Methode `available()` (Zeile 23) bestimmt und mit der Methode `skip(int)` (Zeile 25) der Datensatzzeiger an die richtige Position bewegt. Nun folgt das Auslesen der einzelnen ID3-Tagbereiche. Da die `read`-Methode die Möglichkeit hat, eine Referenz eines Byte-Arrays zu übergeben und genau die Anzahl der Elemente in dieses Arrays ausliest, ist es sehr einfach, diese ID3-Tag Felder auszulesen (Zeile 26/28/30/32/34/36/37).

5.3 Anwenden der Klasse FileOutputStream

Das Gegenstück zu `FileInputStream` ist **`FileOutputStream`**. Diese einfache Klasse bietet grundlegende Schreibmethoden, die `OutputStream` für Dateien vorgibt.

Die Klasse hat verschiedene wichtige Konstruktoren:

- `FileOutputStream(String):` erzeugt einen `FileOutputStream` mit einem gegebenen Dateinamen
- `FileOutputStream(File):` erzeugt einen `FileOutputStream` aus einem File-Objekt
- und weitere Konstruktoren ...

Problemstellung Ein Programm soll einen vom Benutzer einzugebenen Text in eine Datei schreiben.

Das nachfolgende Programm liest eine Eingabezeile und schreibt diese in eine Datei.

Quellcode LesenSchreiben.java:

```
import java.io.*;
public class LesenSchreiben
{
  public static void main(String args[])
  {
    try
    {
      BufferedReader in =
                     new BufferedReader(
                     new InputStreamReader(
                          System.in));
      FileOutputStream fileOut =
              new FileOutputStream("line.txt");
      System.out.println("Text eingeben:" );
      String text = in.readLine();
      fileOut.write(
         text.getBytes(), 0, text.length());
      fileOut.close();
    }//try
    catch(FileNotFoundException e)
    {//Kontruktor
      System.out.print("Datei nicht gefunden:"
                        +e.toString());
    }//catch(FileNotFoundException e)
    catch(IOException e)
    {//Lesen
```

```
[27]       System.out.print("Lesefehler..."
[28]                       +e.toString() );
[29]     }// catch ( IOException e )
[30]   }//public static void main(String args[])
[31] }// public class LesenSchreiben
```

In den Zeilen 8 bis 11 wird ein Objekt zur komfortablen Eingabe von Text über Tastatur erzeugt. Die Verbindung zur Datei wird über ein Objekt der Klasse `FileOutputStream` erzeugt (Zeile 12,13). Danach wird der Benutzer aufgefordert, einen beliebigen Text einzugeben (Zeile 14). Dieser Text wird in ein Objekt der Klasse `String` gespeichert (Zeile 15). Ebenso wird er über die `write`-Methode des `FileOutputStream`-Objektes in die Datei geschrieben (Zeile 17), die folgende Parameter erwartet:

write

```
public void write(byte[] b,
                  int off,
                  int len)
           throws IOException
```

Writes `len` bytes from the specified byte array starting at offset `off` to this file output stream.

Overrides:
`write` in class `OutputStream`
Parameters:
`b` - the data.
`off` - the start offset in the data.
`len` - the number of bytes to write.
Throws:
`IOException` - if an I/O error occurs.

Abb. 5.3 Auszug API-Dokumentation java.io.FileOutputStream, Methode write()

Die Methode `write` (Zeile 16) kennt als Parameter keinen String, deswegen müssen die Daten in ein Byte-Array umgewandelt werden. Darüber hinaus müssen auch die zwei weiteren Parameter angegeben werden (Start und Ende des Byte-Arrays).

5.4 Textdateien schreiben mit der Klasse FileWriter

In den Stream-Klassen war ein direktes Schreiben/Lesen von Texten nicht ohne Weiteres möglich. Für diese Aufgabe gibt es die Writer/Reader-Klassen. Um in eine Datei Text zu schreiben, wird die Klasse **`FileWriter`** benutzt.

Problemstellung

Ein Programm soll einen vom Benutzer einzugebenen Text in eine Datei schreiben. Es soll die Klasse **`FileWriter`** benutzt werden.

Nachfolgendes Programm erstellt die Datei *fileWriter.txt* und schreibt eine Textzeile hinein. Da der Konstruktor und die `write()`-Methode eine `IOEx-`

ception in dem Fall auslösen, wenn ein Öffnen nicht möglich ist, müssen wir einen try/catch-Block um die Anweisungen setzen.

Quellcode FileWirterDemo.java:

```
import java.io.*;
public class FileWriterDemo
{
  public static void main(String args[])
  {
    try
    {
      FileWriter fw =
           new FileWriter( "fileWriter.txt" );
      fw.write("Hallo Welt in die Datei");
      fw.close();
    }
    catch(IOException e)//Lesen
    {
       System.out.print("Dateifehler:"
                       + e.toString() );
    }//catch(IOException e)
  }//public static void main(String args[])
}// public class FileWriterDemo
```

Es gibt vier Konstruktoren, über die eine Datei geöffnet werden kann. Der einfachste Weg geht über den Dateinamen. Existiert die Datei schon, so wird die Datei gelöscht. Um die Daten hinten anzuhängen, muss man als zweiten Parameter true angeben. Eine zweite Möglichkeit, Daten „hinten anzuhängen", geht über die Klasse RandomAccessFile.

5.5 Textdateien lesen mit dem InputStream-Reader

Unsere Basisklasse für alle Reader, die eine Konvertierung zwischen Byte- und Zeichen-Streams vornehmen, ist **InputStreamReader**. Die Klasse ist nicht abstrakt und hat demnach auch keine abstrakten Methoden. Sie arbeitet wie ein OutputStreamWriter und konvertiert die Daten mithilfe eines ByteToChar-Converter. Für das Arbeiten mit Dateien gibt es die Unterklasse FileReader.

Ist aber eine komfortableres Lesen aus einer Textdatei gewünscht (z. B. ganze Zeilen), muss eine andere Klasse benutzt werden (BufferedReader).

Problemstellung Ein Programm soll seine Quellcodedatei auf dem Bildschirm ausgeben.

Es wird absichtlich genau die Aufgabenstellung wie beim Lesen einzelner Bytes benutzt.

Quellcode Lesen.java:

```
[1]  import java.io.*;
[2]  public class Lesen
[3]  {
[4]    public static void main(String args[])
[5]    {
[6]      try
[7]      {
[8]        BufferedReader in =
[9]                      new BufferedReader(
[10]                     new FileReader("LesenSchreiben.java"));
[11]     String str;
[12]       while((str=in.readLine())!=null)
[13]          System.out.println(str);
[14]       in.close();
[15]     }//try
[16]     catch(FileNotFoundException e)
[17]     {//Konstruktor
[18]       System.out.print("Datei nicht gefunden:"
[19]                        +e.toString());
[20]     }//catch(FileNotFoundException e)
[21]     catch(IOException e)
[22]     {//Lesen
[23]       System.out.print("Lesefehler..."
[24]                        +e.toString() );
[25]     }// catch ( IOException e )
[26]   }//public static void main(String args[])
[27] }// public class LesenSchreiben
```

Die Klasse `BufferedReader` verlangt als Parameter des Konstruktors mindestens ein Objekt der Klasse `Reader`. Die Klasse `FileReader` ist eine abgeleitete Klasse von `Reader` und somit als Parameter erlaubt.

Zuerst werden die benötigten Objekte erzeugt (Zeile 8 und 11) und danach wird zeilenweise aus der Datei ausgelesen (Zeile 12). Da Fehler auftreten können, muss eine Fehlerbehandlung definiert werden (try/catch).

5.5.1 Grundlegende Übungsaufgaben

Aufgaben

Bemerkung: Jede Übungsaufgabe muss in einem eigenen Verzeichnis abgelegt werden. Es sind jetzt für jede Lösung mehrere Klassen zu codieren und jede Klasse sollte in einem separaten File abgelegt werden.

1 `(Telefonanlage.java)` In einer Telefonanlage gibt es eine Log-Datei, die folgende Daten in einer Textdatei (log.txt) speichert:

```
Anschlussnummer;Anrufnummer;Datum;Startzeit;Datum;Endzeit;
```

Beispiel:

```
01234123456;0321123456;01.01.2002;23:58:12;02.01.2002;00:01:01
```

Eine Applikation soll nach einer einzugebenen Anschlussnummer suchen, und alle Daten zu dieser Nummer anzeigen.
Beispielausgabe:

```
Telefonanlage Log-Auswertung:
Zu untersuchende Nummer: 01234123456
Ergebnis:
Angerufene Nummer: 0321123456
Datum: 01.01.2002
Uhrzeit: 23:58:12
Gespraechsdauer: 00:02:49
Kein weiterer Datensatz gefunden.
Programmende Telefonanlage.
```

2 (MP3Schreiben.java) Ein Programm soll einen ID3-Tag einer MP3-Datei mit Daten füllen. Bemerkung: Annahme soll sein, dass die Datei bereits ein ID3-Tag hat.

Beispielausgabe:

```
MP3-Datei - ID3-Tag schreiben
MP3-Datei: c:\test.mp3
Titel des Stueckes: Test
Interpret: Test Interpret
CD-Erscheinungsjahr: 2007
Kommentar: sehr gut
Genre: 1
Programmende MP3Schreiben.
```

6 Grafikprogrammierung mit dem AWT

Eine Programmiersprache, die zum Ziel hat, plattformunabhängige Softwareentwicklung zu unterstützen, muss auch eine Bibliothek anbieten, damit sich grafische Oberflächen gestalten lassen. Die Bibliothek muss im Wesentlichen drei Dinge abdecken:

- Sie muss grafische Primitivoperationen wie Linien und Polygone zeichnen, Farben und Zeichensätze zuweisen können,
- des Weiteren muss sie grafische Interaktionskomponenten, die so genannten Widgets (Window Elements), wie Fenster, Schaltflächen, Textfelder, Menüs und Container unterstützen
- und ein Modell zur Behandlung der Ereignisse definieren.

Da Javaprogramme portabel sein müssen, ergibt sich schnell das Problem, dass eine nützliche Komponente von der einen Plattform nicht unterstützt wird und ein anderes Feature wiederum auf der anderen nicht. Die Bibliothek kann daher nur das aufnehmen, was auf jeden Fall von jeder grafischen Oberfläche unterstützt wird. Das ist leider nicht viel. Java definiert dazu das **Abstract Window Toolkit (AWT)**, das konkrete Plattformen wie Windows, MacOS oder Unix implementiert. So wird jede Komponente in Java auf eine Komponente der Plattform abgebildet. Daher sehen portierte Anwendungen auf jedem Rechner so aus, wie der Rest der Programme. Das wird erreicht, indem die JVM direkt auf die Betriebssystem API zugreift, um z. B. einen Button zu erzeugen (peer-Komponenten genannt).

In den folgenden Seiten wird der prinzipielle Aufbau einer grafischen Applikation gezeigt. Auch wird das Ereignisverarbeitungsmodell von Java anhand von Beispielen eingeführt. Es werden die wichtigsten visuellen Gestaltungselemente vorgestellt, wie Button, Label, Menü uvm.

6.1 Java Foundation Classes

Nach der Freigabe des ersten AWTs wurde klar, dass das Leistungsangebot keineswegs für die Zukunft reicht. Die Entwickler haben interessante Erweiterungen geschaffen, die unter dem Namen **Java Foundation Classes (JFC)** in Java eingeführt wurden. Die Klassen bestehen im Wesentlichen aus:

- **„Swing" GUI-Komponenten**
  Unter die Swing-Set-Komponenten fallen ganz neue grafische Elemente. Diese sind, anders als die plattformabhängigen Peer-Komponenten des herkömmlichen AWTs, komplett in Java implementiert. Ohne diese Abhängigkeiten kann beispielsweise das Aussehen (englisch: *look and feel*,

kurz LOF oder L&F) geändert werden. Der Name Swing war ein Projektname dieser Komponenten. Obwohl sie nun Teil der JFC sind, blieb der Name bestehen.

- **Pluggable Look and Feel**
  Darunter versteht man die Befähigung, das Aussehen der Komponenten zur Laufzeit, ohne das Programm neu zu starten, zu ändern. Alle Komponenten des Swing-Sets besitzen diese Fähigkeit automatisch.
- **Accessibility: Unterstützung für Leute mit Behinderungen**
  Mit dieser API lassen sich mit neuen Interaktionstechniken auf die JFC- und AWT-Komponenten zugreifen. Zu diesen Techniken zählen unter anderem Lesegeräte für Blinde, Lupe für den Bildschirm und auch Spracherkennung.
- **Java 2D API**
  Die 2D-Funktionsbibliothek ist eine neue Technik, die über eine Objektbeschreibung – ähnlich wie Postscript – Objekte bildet und diese auf dem Bildschirm darstellt.
- **Drag and Drop**
  Daten können mittels Drag and Drop leicht von einer Applikation zur anderen übertragen werden. Dabei profitieren Java-Programme auch von der Möglichkeit, Daten von nicht-Java-Programmen zu nutzen.

6.2 Fenster unter grafischen Oberflächen

Der Anfang aller Programme unter einer grafischen Benutzeroberfläche ist das Fenster (englisch: **Frame**). Deswegen muss man sich zuerst mit den Fenstern beschäftigen und später auf den Inhalt näher eingehen. Das Fenster dient auch als Grundlage von Dialogen. Dies sind spezielle Fenster, die entweder modal (das Fenster bleibt im Vordergrund und die Applikation kann nur weiter bearbeitet werden, wenn man dieses Fenster wieder schließt) oder nichtmodal arbeiten können.

Problemstellung

`(Fenster1.java)` Es soll ein Fenster mit folgenden Kriterien dargestellt werden:

- Breite: 300 Pixel
- Höhe: 300 Pixel
- Titel „Unser erstes Fenster..."

Abb. 6.1
Fenster1

Damit man mit Java ein Fenster öffnen kann, muss zunächst einmal das **awt**-Paket mit eingebunden werden. Dann ist es möglich, eine Klasse **Frame** und deren Methoden nutzen. Der Quellcode ist sehr kurz.

Quellcode Fenster1.java:

```
import java.awt.*;
public class Fenster1 extends Frame
{
  public Fenster1()
  {
    super("Unser erstes Fenster... ");
    this.setSize(300,300);
    this.show();
  }//public Fenster1()
  public static void main(String args[])
  {
    Fenster1 f = new Fenster1();
  }//public static void main(String args[])
}// public class Fenster1
```

Neben dem Standardkonstruktor von `Frame` existiert noch ein weiterer, mit dem wir den Namen in der Titelleiste bestimmen können (wie im Beispiel geschehen). Auch gibt es eine Methode der Klasse `Frame setTitle(String str)`, mit der jeder Zeit der Titel verändert werden kann. Da wir unsere Klasse `Fenster1` von der Klasse `Frame` abgeleitet haben, erben wir alles, was `public` und `protected` ist, von der/den Oberklassen.

Damit ist das Fenster vorbereitet, aber noch nicht sichtbar. Es wird erst sichtbar, wenn wir die `show()`-Methode aufrufen. Alternativ funktioniert `setVisible(true)`. Da sich die `Frame`-Klasse direkt von `Window` ableitet – ein Frame ist ein Window mit Titelleiste –, besitzt `Frame` keine eigene `show()`-Funktion.

In der `main`-Methode unserer (grafischen) Applikation wird ein Objekt der Klasse `Fenster1` erzeugt. Das erzeugte Fenster kann schon viel, z. B. Verschieben, Vergrößern, Verkleinern uvm. Das Fenster lässt sich aber nicht über den üblichen Weg beenden, denn die Ereignissteuerung ist noch nicht definiert worden – das folgt in einem späteren Kapitel. Will man die Applikation beenden, so muss in dem Konsolenfenster Strg+C gedrückt werden.

6.3 Grundlegendes zum Zeichnen

Nachdem jetzt bekannt ist, wie einfach es ist, ein Fenster zu erzeugen, wird in den folgenden Kapiteln gezeigt, wie im Fenster gezeichnet wird.

6.3.1 Die paint()-Methode

Als einleitendes Beispiel soll es genügen, einen Text zu platzieren.

Die `paint`-Methode wird immer implizit aufgerufen, wenn das Fenster neu zu zeichnen ist, oder das Neuzeichnen durch `repaint()` ausgelöst wird. Diese Methode muss in der Klasse überschrieben werden, um das gewünschte Aussehen des Fensters zu erhalten.

Der `paint`-Methode wird ein Objekt der Klasse `Graphics` überreicht. Mit diesem Objekt sind innerhalb der `paint`-Methode Veränderungen am Fenster möglich.

Abb. 6.2 Methodenkopf, definiert in der Unterklasse Component

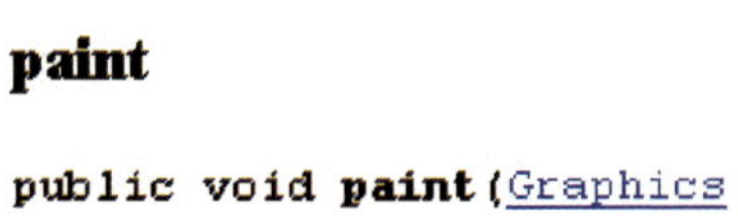
paint

```
public void paint(Graphics g)
```

Problemstellung

(`Fenster2.java`) Es soll ein Fenster mit folgenden Kriterien dargestellt werden:

- Breite: 300 Pixel
- Höhe: 150 Pixel
- Text: „Hallo Welt…“ im Fenster
- Titel „Unser zweites Fenster…“

Abb. 6.3 Fenster2

Die Klasse `Graphics` stellt eine große Anzahl von Methoden zum Erzeugen von Grafikobjekten (Text, Linien, Rechtecke...) zur Verfügung, unter anderem auch die Methode `drawString`:

drawString

```
public abstract void drawString(String str,
                                int x,
                                int y)
```

Draws the text given by the specified string, using this graphics context's current font and color. The baseline of the leftmost character is at position (*x*, *y*) in this graphics context's coordinate system.

Parameters:

`str` - the string to be drawn.
`x` - the *x* coordinate.
`y` - the *y* coordinate.

Abb. 6.4
Auszug API-Dokumentation java.awt.Graphics, Methode drawString

Quellcode Fenster2.java:

```
[1]  import java.awt.*;
[2]  public class Fenster2 extends Frame
[3]  {
[4]  public int counter = 0;
[5]    public Fenster2()
[6]    {
[7]      super("Unser zweites Fenster... ");
[8]      this.setSize(300,150);
[9]      this.show();
[10]   }//public Fenster2()
[11]   public void paint( Graphics g )
[12]   {
[13]     g.drawString( "Hallo Welt....",100, 60 );
[14]     System.out.println(counter++);
[15] }//public void paint( Graphics g )
[16]   public static void main(String args[])
[17]   {
[18]     Fenster2 f = new Fenster2();
[19]   }//public static void main(String args[])
[20] }//public class Fenster2
```

Um zu verdeutlichen, wann ein Neuzeichnen des Fensters ausgelöst wird, ist ein Attribut `counter` (Zeile 4) definiert worden. Bei jedem Aufruf der `paint`-Methode wird der aktuelle Zählerstand auf dem Bildschirm im Konsolenfenster ausgegeben und danach um eins erhöht (Zeile 14). Dies geschieht bei jeder Größenänderung des Fensters.

Ein spezieller Wert wird in der `paint()`-Methode übergeben – der Grafikkontext, ein Objekt vom Typ **`Graphics`**. `Graphic` besitzt verschiedene Methoden zum Zeichnen (zum Beispiel Linie, Kreis, Oval, Rechteck, String). Über `paint()` kommen wir an dieses `Graphics` und können auf diese Weise auf der grafischen Oberfläche zeichnen. Dies funktioniert auch dann, wenn die Objekte nicht direkt sichtbar sind.

Bei jeder Zeichenoperation muss der Grafikkontext angeben werden, denn dieses Objekt hält Protokoll über mehrere Vorgänge:

- die Komponente, auf der zu zeichnen ist (hier erst einmal das rohe Fenster),
- die Koordinaten des Bildbereiches und des Clipping-Bereiches,
- den aktuellen Clip-Bereich und Font, die aktuelle Farbe,
- die Pixeloperation,
- die Funktion, mit der die Farbe verknüpft wird.

Man kann nur in der `paint()`-Methode auf das `Graphics`-Objekt zugreifen. Diese wiederum wird immer dann aufgerufen, wenn die Komponente neu gezeichnet werden muss. Dies nutzt man dafür, einen Text zu schreiben. Im Folgenden werden wir noch weitere Funktionen kennenlernen.

6.3.2 Linien

Das Fenster/Frame wird wie ein Koordinatensystem behandelt, welches seine Ursprungskoordinaten – also (0,0) – links oben definiert. Die Angabe ist absolut zum äußeren Fensterrahmen. Wählen wir die Koordinate auf der y-Achse zu klein, so kann es vorkommen, dass kein Ergebnis zu sehen ist, denn das Objekt wandert in die Bildschirmleiste. Exemplarisch werden **Linien** und Rechtecke herausgegriffen, schauen Sie sich die anderen Methoden in der Klasse `Graphics` bei Bedarf an.

Auf dem Bildschirm besteht eine Linie nur aus endlich vielen Punkten, und wenn eine Linie gezeichnet wird, dann werden Pixel gesetzt, die nahe an der wirklichen Linie sind. Die Punkte müssen passend in ein Raster gesetzt werden und so passiert es, dass die Linie in Stücke zerbrochen wird. Dieses Problem gibt es bei allen grafischen Operationen, da von Fließkommawerten eine Abbildung auf Ganzzahlen, in unserem Fall absolute Koordinaten des Bildschirmes, gemacht werden müssen. Eine bessere Darstellung der Linien und Kurven ist durch *„antialiasing“* zu erreichen. Dies ist eine Art Weichzeichnen nicht nur mit einer Farbe, sondern mit Abstufungen, sodass die Qualität am Bildschirm wesentlich besser ist. Auch bei Zeichensätzen am Bildschirm ist eine gute Verbesserung der Lesbarkeit zu erzielen.

```
void drawLine  ( int x1, int y1, int x2, int y2 ):
```

zeichnet eine Linie zwischen den Koordinaten (x1,y1) und (x2,y2) in der Vordergrundfarbe.

Problemstellung

`(Fenster3.java)` Es soll ein Fenster mit folgenden Kriterien dargestellt werden:

- Breite: 500 Pixel, Höhe 200 Pixel
- Vom Mittelpunkt (250,100) sollen Linien mit einer Länge von 50 Pixel im Abstand von 15 Grad gezeichnet werden.
- Titel „Unser drittes Fenster…“

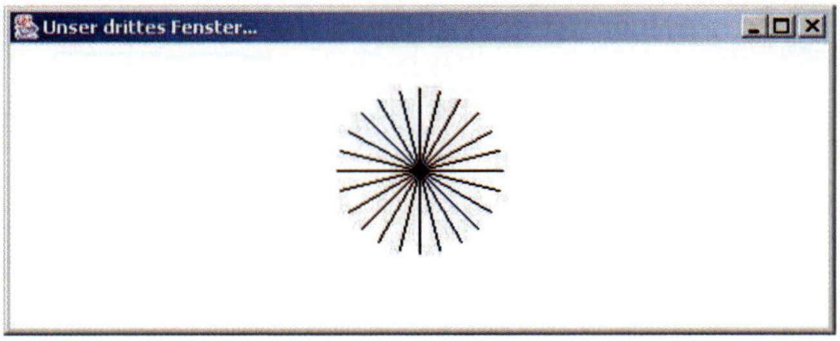

Abb. 6.5 Fenster3

Quellcode Fenster3.java:

```
import java.awt.*;
public class Fenster3 extends Frame
{
  public Fenster3 ()
  {
    super("Unser drittes Fenster...");
    this.setSize( 500, 200 );
    this.show();
  }//public Fenster3 ()
  public void paint( Graphics g )
  {
    int laenge=50;
    int x2=0;int y2=0;
    for ( int i=0; i<360; i+=15)
    {
      y2= 100-(int)(Math.sin(Math.toRadians(i))*laenge);
      x2= 250-(int)(Math.cos(Math.toRadians(i))*laenge);
      g.drawLine(250,100,x2,y2);
    }// for ( int i=0; i<360; i+=15)
  }// public void paint( Graphics g )
  public static void main( String args[] )
  {
    Fenster3 f= new Fenster3();
  }// public static void main( String args[] )
}// public class Fenster3 extends Frame
```

Das Zeichnen der Linien ist sehr einfach, denn der Startpunkt ist immer gleich (250,100), nur die Endpunkte müssen über Formeln berechnet und über einen Typecast in den entsprechenden Datentyp gewandelt werden (Zeile 17 und 18).

6.3.3 Rechtecke

Im folgenden Beispiel wird die `paint()`-Methode mit etwas Leben gefüllt. Zunächst ein Blick auf die Funktion, die uns Rechtecke zeichnen lässt. Die Rückgabewerte sind immer `void`. Es ist nicht so, dass die Funktionen mitteilen, ob auch ein tatsächlicher Zeichenbereich gefüllt werden konnte. Liegen die Koordinaten und das zu zeichnende Objekt nicht im Sichtfenster, so passiert einfach gar nichts, denn es liegt außerhalb des sichbaren Bereiches.

Problemstellung

`(Fenster4.java)` Es soll ein Fenster mit folgenden Kriterien dargestellt werden:

- Breite: 500 Pixel, Höhe 200 Pixel
- Es sollen alle Möglichkeiten zum Zeichnen eines Rechtecks dargestellt werden.
- Titel „Unser viertes Fenster...“

Abb. 6.6
Fenster4

Um die Farbe zu verändern, wird das Attribut `color` des Graphics über die `set`-Methode **`setColor`** vor dem Zeichnen gesetzt.

Es gibt in der Klasse **`Color`** viele statische Konstanten (siehe API-Dokumentation `java.awt.Color`).

Schauen Sie sich in der API-Dokumentation `java.awt.Graphics` die Methoden `drawRect`, `fillRect`, `drawRoundRect`, `fillRoundRect`, `draw3DRect` und `fill3DRect` an.

Quellcode Fenster4.java:

```
import java.awt.*;
public class Fenster4 extends Frame
```

```
{
  public Fenster4()
  {
    super("Unser viertes Fenster...");
    this.setSize(500,200);
    this.show();
  }// public Fenster4()
  public void paint(Graphics g)
  {
    g.setColor(Color.BLACK);
    g.drawRect(50,50,50,50);
    g.setColor(Color.RED);
    g.fillRect(110,50,50,50);
    g.setColor(Color.BLUE);
    g.drawRoundRect(170,50,50,50,5,5);
    g.setColor(Color.GRAY);
    g.fillRoundRect(230,50,50,50,10,10);
    g.setColor(Color.ORANGE);
    g.draw3DRect(290,50,50,50,true);
    g.setColor(Color.GREEN);
    g.fill3DRect(350,50,50,50,true);
  }// public void paint(Graphics g)
  public static void main(String args[])
  {
    Fenster4 f= new Fenster4();
  }// public static void main(String args[])
}// public class Fenster4 extends Frame
```

6.4 Farben

Der Einsatz von Farben in Java-Programmen ist Dank der `Color`-Klasse einfach. Die Klasse stellt eine Vielzahl von Routinen zur Verfügung, mit denen `Color`-Objekte erzeugt und manipuliert werden können.

Um ein Objekt der Klasse `Color` zu erzeugen gibt es drei Konstruktoren:

- `Color(float r,float g,float b)`: Erzeugt ein `Color`-Objekt mit den Grundfarben Rot, Grün und Blau. Die Werte müssen im Bereich 0.0 bis 1.0 sein (entsprechen 0..100%).
- `Color(int r,int g,int b)`: Erzeugt ein `Color`-Objekt mit den Grundfarben Rot, Grün und Blau. Die Werte müssen im Bereich 0 bis 255 liegen.
- `Color(int rgb)`: Erzeugt ein `Color`-Objekt aus dem rgb-Wert, der die Farben Rot, Grün und Blau kodiert. Der Rot-Anteil befindet sich unter den Bits 16 bis 23, der Grünanteil in 8 bis 15 und der Blauanteil in 0 bis 7. Da ein Integer immer 32 Bit breit ist, ist jede Farbe durch ein Byte (8 Bit) repräsentiert.

Um einmal die Möglichkeiten der Farbgestaltung zu beobachten, betrachten wir die Ausgabe eines Programms, welches Rechtecke mit wahllosen Farben anzeigt.

Abb. 6.7 Darstellung des Farbenwertes, abgebildet auf Int

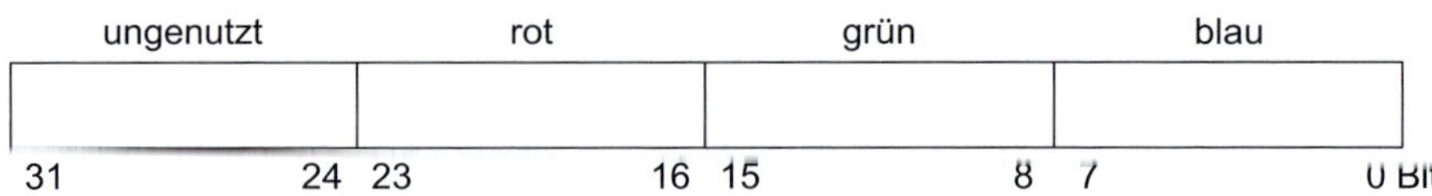

Problemstellung

`(Fenster5.java)` Es soll ein Fenster mit folgenden Kriterien dargestellt werden:

- Breite: 300 Pixel, Höhe 300 Pixel
- Unveränderbar in der Größe
- Es werden Rechtecke gezeichnet (Farbe über einen Zufallsgenerator erzeugt) Breite: 25: Pixel/Höhe: 25 Pixel.
- Jedes Rechteck bekommt einen Rahmen.
- Titel „Unser fünftes Fenster...“

Bemerkung: Zufallszahlen werden mit der statischen Methode `java.lang.Math.random()` geschaffen, die einen `double`-Wert zwischen 0 ... 1.0 erzeugt.

Abb. 6.8 Fenster5

Quellcode Fenster5.java:

```
import java.awt.*;
public class Fenster5 extends Frame
{
  public Fenster5()
  {
    super( "Unser fünftes Fenster..." );
    this.setSize(300,300);
```

```
[8]       this.setResizable(false);
[9]       this.show();
[10]    }//public Fenster5()
[11]    final private int random()
[12]    {
[13]      return (int)(Math.random() * 256 );
[14]    }// final private int random()
[15]     public void paint(Graphics g)
[16]    {
[17]      for(int y=0; y<300; y+=25)
[18]        for(int x=0; x<300; x+=25)
[19]        {
[20]          g.setColor(new Color(random(),random(),random()));
[21]          g.fillRect(x,y,25,25);
[22]          g.setColor(Color.black );
[23]          g.drawRect(x-1,y-1,25,25);
[24]        }//for(int x=0; x<300; x+=25)
[25]    }// public void paint(Graphics g)
[26]    public static void main(String args[])
[27]    {
[28]      Fenster5 f= new Fenster5();
[29]    }//public static void main(String args[])
[30]  }//public class Fenster5 extends Frame
```

In den Zeilen 11 bis 14 wird die `private`-Methode `random` definiert, die einen zufälligen `int`-Wert zurück gibt. Beim Setzen der Farbe (Zeile 20) wird ein anonymes `Color`-Objekt (anonym = keinen Bezeichner) erzeugt und der Methode übergeben. Danach wird das Rechteck gezeichnet. Der schwarze Rahmen ist ein um ein Pixel verschobenes Rechteck (ohne Füllung, Zeile 23).

6.5 Ereignisverarbeitung (1. Teil)

Bisher waren alle grafischen Applikation nicht zu beenden. In diesem Kapitel wird der Grundstein der **Ereignisverarbeitung** vorgestellt.

Problemstellung

`(Fenster6.java)` Es soll ein Fenster mit folgenden Kriterien dargestellt werden:

- Breite: 300 Pixel, Höhe 300 Pixel
- Unveränderbar in der Größe
- Ereignissteuerung zum Beenden der Applikation über Fensterrahmen
- Titel „Unser sechstes Fenster laesst sich beenden!“

Das Ereignis (Fenster schließen über das Kreuz im Frame oben rechts) ist ein Frame-Ereignis. Java arbeitet mit Zuhörern (Hören auf ein bestimmtes Ereignis), die registriert werden müssen.

Grundsätzlich werden Zuhörer über eine Methode im Stil `addXXXListener(...)` registriert, wobei XXX ein verständlicher Ausdruck wie Window oder Action sein kann (und viele andere).

Um die Ereigniskette aufzubauen, muss die API-Dokumentation herangezogen werden. Dies kann nach folgenden Schritten erfolgen.

1. Suchen Sie im Package `java.awt.Frame` (Oberklasse Window) folgende Methode heraus:

addWindowListener

`public void addWindowListener(WindowListener l)`

Adds the specified window listener to receive window events from this window. If l is null, no exception is thrown and no action is performed.

Parameters:
l - the window listener

Abb. 6.9
Auszug APIDokumentation java.awt.Window, Methode addWindowListener

Die Methode **`addWindowListener`** der Klasse `Frame` (genauer Klasse `Window`) verlangt einen Zuhörer, der diese Klasse „`WindowListener`" (oder Interface, kann man hier nicht erkennen) implementiert hat.

2. Schauen Sie sich die Dokumentation von **`WindowListener`** genauer an:

Abb. 6.10
Auszug API-Dokumentation java.awt.WindowListener

java.awt.event

Interface WindowListener

All Superinterfaces:
EventListener

All Known Implementing Classes:
AWTEventMulticaster, WindowAdapter

Wie man erkennen kann, ist es ein Interface. Das Interface `WindowListener` gibt 7 Methoden vor, die alle in verschiedenen Situationen aufgerufen werden.

Method Summary	
void	`windowActivated(WindowEvent e)` Invoked when the Window is set to be the active Window.
void	`windowClosed(WindowEvent e)` Invoked when a window has been closed as the result of calling dispose on the window.
void	`windowClosing(WindowEvent e)` Invoked when the user attempts to close the window from the window's system menu.

void	**windowDeactivated**(WindowEvent e) Invoked when a Window is no longer the active Window.
void	**windowDeiconified**(WindowEvent e) Invoked when a window is changed from a minimized to a normal state.
void	**windowIconified**(WindowEvent e) Invoked when a window is changed from a normal to a minimized state.
void	**windowOpened**(WindowEvent e) Invoked the first time a window is made visible.

Abb. 6.11
Auszug API-Dokumentation java.awt.WindowListener,Methoden

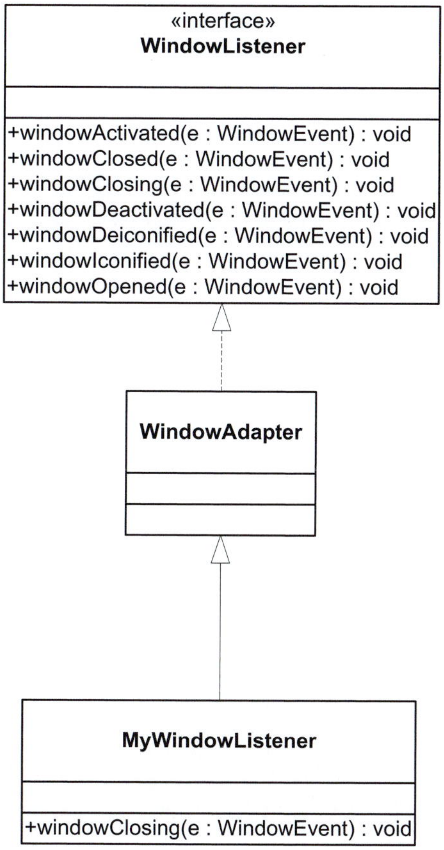

Abb. 6.12
UML-Klassendiagramm Ereignissteuerung

Wir brauchen aber nur eine der Methoden:

```
public void windowClosing(WindowEvent e)
```

Alle anderen sind in 95 % aller Fälle unwichtig. Wenn man im Schritt 1 den Auszug aus der Dokumentation (Abb. 6.10) genau betrachtet, findet man einen wertvollen Hinweis. Immer wenn ein Interface mehr als eine Methode hat, gibt es sogenannte **Adapterklassen** (hier unter: „All Known Implementating Classes"), die das Interface implementieren. Diese Adapterklassen haben alle Methoden des Interfaces codiert, allerdings mit einem leerem Quellcoderumpf.

In dem UML-Klassendiagramm wird visualisiert, was im folgenden Quellcode umgesetzt wird.

Das Interface und die Adapterklasse sind in der API bereits implementiert.
`MyWindowListener` muss der Applikation angepasst werden.

Quellcode Fenster6.java:

```
[1]  import java.awt.*;
[2]  public class Fenster6 extends Frame
[3]  {
[4]    private MyWindowListener
[5]            myWindowListener = new MyWindowListener();
[6]    public Fenster6()
[7]    {
[8]      super("Unser sechstes Fenster laesst sich beenden!");
[9]      this.setSize(300,300);
[10]     this.show();
[11]     //Ereigniskette
[12]     this.addWindowListener(myWindowListener);
[13]   }//public Fenster6()
[14]   public static void main(String args[])
[15]   {
[16]     Fenster6 f= new Fenster6();
[17]   }//public static void main(String args[])
[18] }//public class Fenster6 extends Frame
```

Quellcode MyWindowListener.java:

```
import java.awt.event.*;
public class MyWindowListener extends WindowAdapter
{
  public void windowClosing(WindowEvent e)
  {
    System.exit(0);
  }// public void windowClosing(WindowEvent e)
}// public class MyWindowListener extends WindowAdapter
```

Im Konstruktor des Hauptprogramms wird die Ereigniskette aufgebaut (Zeile 12 – Fenster6), indem der Methode `addWindowListener` das Objekt übergeben wird, das das Interface WindowAdapter implementiert hat (bzw. WindowAdapter). Prinzipiell wäre es auch möglich, ein anonymes Objekt der Methode zu übergeben (kein guter Programmierstil!). Aber da es oft in der Fachliteratur gemacht wird:

```
this.addWindowListener(new MyWindowListener());
```

6.6 Fenster mit Button

In den folgenden Beispielen werden in die grafischen Applikationen fertige visuelle Komponenten (Button, Label, Checkbox, Menue uvm.) eingebunden.

Problemstellung

(Fenster7.java) Es soll ein Fenster mit folgenden Kriterien dargestellt werden:

- Breite: 400 Pixel, Höhe 100 Pixel
- Ereignissteuerung zum Beenden der Applikation über Fensterrahmen
- Button, beschriftet „Beenden", zum Beenden
- Titel „Unser siebtes Fenster laesst sich beenden!"

Das Beispiel wird um die visuelle Komponente **Button**, über den das Beenden der Applikation auch möglich sein soll, erweitert. Es wird noch nicht auf das GUI-Layout der Applikation geachtet, dies wird in einem der folgenden Kapitel erklärt.

Es sind drei Klassen zu entwerfen:

Abb. 6.13 UML-Klassendiagramm Ereignissteuerung

1. Fenster7: Beinhaltet die main-Methode, ist verantwortlich für die GUI und den Aufbau der Ereigniskette.

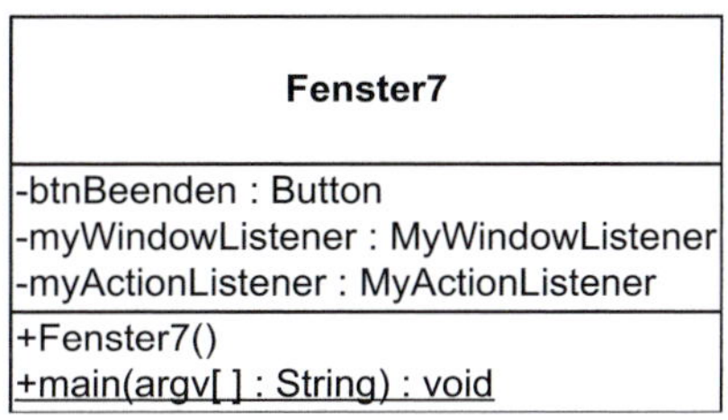

Abb. 6.14 UML-Klassendiagramm Fenster7

2. MyWindowListener: Verarbeitet das Ereignis zum Beenden der Applikation des Fensters.

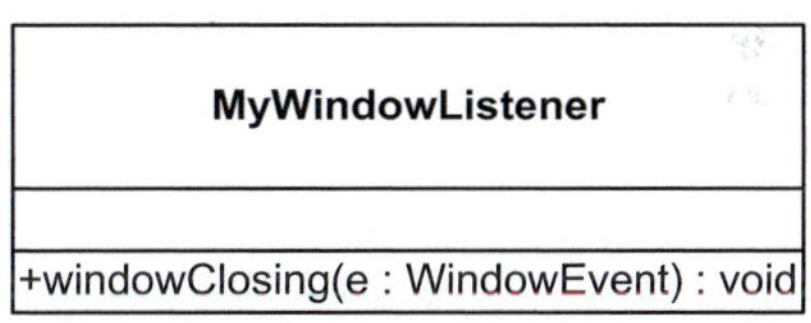

Abb. 6.15 UML-Klassendiagramm MyWindow-Listener

3. MyActionListener: Verarbeitet das Ereignis „OnClick" eines Buttons.

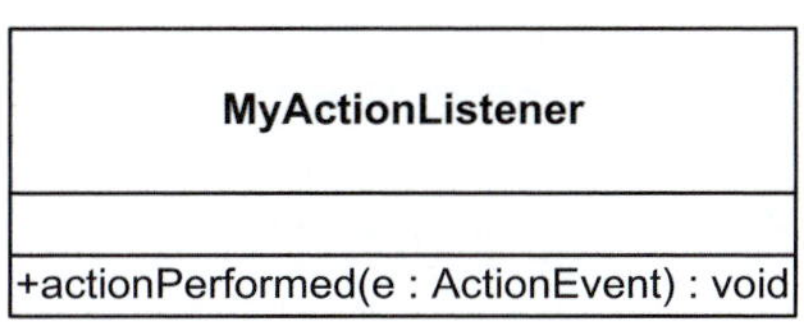

Abb. 6.16 UML-Klassendiagramm MyAction-Listener

Um eine visuelle Komponente (z. B. Button) zu einer grafischen Applikation hinzuzufügen, reicht es nicht aus, diesen als Attribut der Klasse (Fenster7) zu erzeugen. Ein Frame-Objekt zeigt nur an, was in seinem Container ist (Frame ist ein Container-Objekt). Der Button muss zu diesem erst hinzugefügt werden (add-Methode des Frames) und wird dann auch angezeigt, wenn das Fenster gezeichnet wird.

Um die Ereigniskette „OnClick“ für einen Button aufzubauen, wird das vorgestellte Schema angewendet:

addActionListener

`public void addActionListener(ActionListener l)`

Adds the specified action listener to receive action events from this button. Action events occur when a user presses or releases the mouse over this button. If l is null, no exception is thrown and no action is performed.

Parameters:
l - the action listener
Since:
JDK1.1

Abb. 6.17
Auszug API-Dokumentation java.awt.Button, Methode addActionListener

Die Methode der Klasse Button braucht ein Objekt der Klasse/Interface `ActionListener`.

java.awt.event
Interface ActionListener

All Superinterfaces:
EventListener

Method Summary	
void	`actionPerformed(ActionEvent e)` Invoked when an action occurs.

Method Detail

actionPerformed

`public void actionPerformed(ActionEvent e)`

Invoked when an action occurs.

Abb. 6.18
Auszug API-Dokumentation Interface java.awt.event. ActionListener

Das Interface definiert nur die Methode `actionPerformed`, die bei einem OnClick-Ereignis aufgerufen wird.

Quellcode Fenster7.java:

```
import java.awt.*;
public class Fenster7 extends Frame
{
  private Button btnBeenden = new Button("Beenden");
  private MyWindowListener
          myWindowListener = new MyWindowListener();
  private MyActionListener
          myActionListener = new MyActionListener();
  public Fenster7()
  {
```

```
[11]     super("Unser siebtes Fenster laesst sich beenden!");
[12]     this.setSize(400,100);
[13]     this.add(this.btnBeenden);
[14]     this.show();
[15]     //Ereigniskette
[16]     this.addWindowListener(myWindowListener);
[17]     this.btnBeenden.addActionListener(myActionListener);
[18]   }//public Fenster7()
[19]   public static void main(String args[])
[20]   {
[21]     Fenster7 f= new Fenster7();
[22]   }//public static void main(String args[])
[23] }//public class Fenster7 extends Frame
```

Im Konstruktor wird mit der `add`-Methode das Button-Objekt (`btnBeenden`) zum Fenster hinzugefügt (Zeile 13).

Quellcode MyWindowListener.java:

```
import java.awt.event.*;
public class MyWindowListener extends WindowAdapter
{
  public void windowClosing(WindowEvent e)
  {
    System.exit(0);
  }//public void windowClosed(WindowEvent e)
}//public class MyWindowListener extends WindowAdapter
```

Quellcode MyActionListener.java:

```
import java.awt.event.*;
public class MyActionListener implements ActionListener
{
  public void actionPerformed(ActionEvent e)
  {
    System.exit(0);
  }//public void actionPerformed(ActionEvent e)
}//public class MyActionListener implements ActionListener
```

Oft findet man in der Literatur die Lösung der Aufgabe durch innere Klassen, die aus Gründen der Lesbarkeit nicht eingesetzt wird. Eine innere Klasse wird in der Parameterliste definiert (Zeile 13 ... 17):

```
[1] import java.awt.*;
[2] import java.awt.event.*;
[3] public class FensterMitButton extends Frame
[4] {
[5]   private Button btnBeenden = new Button ("Beenden");
[6]   public FensterMitButton()
[7]   {
```

```
        super("Fenster mit Button");
        this.add(this.btnBeenden);
        this.setSize(300,100);
        this.show();
        //Ereignissteuerung
        this.addWindowListener(new WindowAdapter()
          {
            public void windowClosing(WindowEvent e)
            {System.exit(0);}
          });
        this.btnBeenden.addActionListener(new ActionListener()
        {
          public void actionPerformed(ActionEvent e)
          {System.exit(0);}
        });
      }//public class FensterMitButton
      public static void main(String argv[])
      {
        FensterMitButton fenster = new FensterMitButton();
      }//public static void min(String argv[])
    }//public class FensterMitButton
```

6.7 Layout-Manager

Die Platzierung von grafischen Elementen wie Buttons, ist bislang noch nicht geklärt und wird in den folgenden Kapiteln explizit dargestellt.

Grundsätzlich gibt es zwei Ansätze:

- absolute Positionierung (Angabe der Pixel)
- **Layoutmanager** (Anwendung von Regeln)

Da Java-Applikationen plattformunabhängig sind, bietet es sich an, den Managern die Arbeit zu überlassen.

Im Package `awt` gibt es 5 Layout-Manager, von denen 3 ausführlich besprochen werden, denn mit diesen drei kann man 95 % aller grafischen Layout-Gestaltungen lösen:

- `FlowLayout`
- `BorderLayout`
- `GridLayout`
- `GridBagLayout`
- `CardLayout`

6.7.1 FlowLayout

Dieser Layout-Manager ordnet Komponenten in Zeilen von links nach rechts an. Bei sehr breiten Fenstern passen natürlich mehr Komponenten in eine Zeile als in einem schmalen aber dafür hohen Fenster. Wenn eine Zeile voll ist, wird die nächste Komponente in der nächsten Zeile drunter angeordnet.

`FlowLayout` verändert die Größe der Komponente nicht (setzt diese auf ein Minimum), auch wenn einzelne Komponenten nicht mehr auf die sichtbare Fläche passen. Es gibt drei Konstruktoren:

- `FlowLayout()`
- `FlowLayout(int ausrichtung)`
- `FlowLayout(int ausrichtung, int horizAbstand, int vertAbstand)`

Für die Ausrichtung sind drei statische Konstanten definiert:

- `FlowLayout.LEFT`
- `FlowLayout.RIGHT`
- `FlowLayout.CENTER`

Wenn nicht anders angegeben, werden die Komponenten in einer Zeile zentriert angeordnet. Bei Verwendung von `LEFT` oder `RIGHT` werden die Komponenten trotzdem der Reihe nach von links nach rechts angeordnet, allerdings mit bündiger Ausrichtung am linken oder rechten Rand.

Die Standardeinstellung für den horizontalen und vertikalen Abstand zwischen zwei Komponenten beträgt 5 Pixel. Zum Verändern dieser Einstellung verwendet man den dritten Konstruktor oder eine der Methoden `setVgap(int pixel)` oder `setHgap(int pixel)`.

Beispiel: Ein Fenster soll fünf Buttons auf der Oberfläche abbilden. Immer wenn ein Button gedrückt wird, soll auf dem Konsolenfenster die Beschriftung des Buttons ausgegeben werden.

Abb. 6.19 FensterMitButtons

Quellcode FensterMitButtons.java:

```
import java.awt.*;
public class FensterMitButtons extends Frame
{
```

```
[4]     private FlowLayout
[5]                    myLayout = new FlowLayout(FlowLayout.LEFT);
[6]     private MyWindowListener
[7]                    myWindowListener = new MyWindowListener();
[8]     private MyActionListener
[9]                    myActionListener = new MyActionListener();
[10]    private Button btn1 = new Button ("1");
[11]    private Button btn2 = new Button ("2");
[12]    private Button btn3 = new Button ("3");
[13]    private Button btn4 = new Button ("4");
[14]    private Button btn5 = new Button ("5");
[15]    public FensterMitButtons()
[16]    {
[17]      super("Fenster mit Button");
[18]      this.setLayout(myLayout);
[19]      this.add(this.btn1);
[20]      this.add(this.btn2);
[21]      this.add(this.btn3);
[22]      this.add(this.btn4);
[23]      this.add(this.btn5);
[24]      this.setSize(200,100);
[25]      this.show();
[26]      //Ereignissteuerung
[27]      this.addWindowListener(this.myWindowListener);
[28]      this.btn1.addActionListener(this.myActionListener);
[29]      this.btn2.addActionListener(this.myActionListener);
[30]      this.btn3.addActionListener(this.myActionListener);
[31]      this.btn4.addActionListener(this.myActionListener);
[32]      this.btn5.addActionListener(this.myActionListener);
[33]    }//public class FensterMitButtons
[34]    public static void main(String argv[])
[35]    {
[36]      FensterMitButtons fenster = new FensterMitButtons();
[37]    }//public static void min(String argv[])
[38]  }//public class FensterMitButtons
```

In der `main`-Methode wird nur das `FensterMitButton`-Objekt erzeugt. Der Aufbau des Fensters wird im Konstruktor (Zeile 15 ... 22) durchgeführt. Im Konstruktor wird mit der Methode `setLayout` (Zeile 18) das Layoutmanagement festgelegt. Danach werden alle visuellen Komponenten zum Container des Fensters hinzugefügt (Zeile 19 ... 23), die Größe des Fensters festgelegt und angezeigt. Zum Schluss wird die Ereigniskette aller Komponenten definiert (Zeile 27 ... 32).

Quellcode MyActionListener.java (für FensterMitButtons):

```
import java.awt.event.*;
public class MyActionListener implements ActionListener
{
  public void actionPerformed(ActionEvent e)
  {
```

```
[6]       int wert = Integer.parseInt(e.getActionCommand());
[7]       switch(wert)
[8]       {
[9]         case 1:System.out.println("Button 1");break;
[10]        case 2:System.out.println("Button 2");break;
[11]        case 3:System.out.println("Button 3");break;
[12]        case 4:System.out.println("Button 4");break;
[13]        case 5:System.out.println("Button 5");break;
[14]      }//switch
[15]    }//public void actionPerformed(ActionEvent e)
[16]  }//public class MyActionListener implements ActionListener
```

Da im Konstruktor des Fensters alle Buttons mit dem gleichen Objekt zur Verarbeitung des `OnClick`-Ereignisses verbunden wurden, muss in dieser Klasse eine Unterscheidung stattfinden, welcher Button der Auslöser des Ereignisses war. Über die Parameterliste der Methode `actionPerformed` wird ein Objekt der Klasse `ActionEvent` beim Ereignis mit übergeben. Über dieses Objekt ist es möglich, den Verursacher herauszufinden. Es gibt mehrere Möglichkeiten, diese Aufgabe zu lösen.

Oft wird dazu die hier vorgestellte Variante benutzt. Jedes grafische Objekt hat ein Attribut mit dem Namen `actionCommand` vom Typ der Klasse `String` (auch ein Button). Wenn keine Änderung durchgeführt wird, bekommt dieses Attribut den Beschriftungstext der Komponente zugewiesen.

In der Methode `actionPerformed` wird auf das übergebene Objekt (hier mit dem Namen `e` – Zeile 4) die Methode `getActionCommand` angewendet, die als Ergebnis einen `String` zurück liefert, der in diesem Beispiel eine 1, 2, 3, 4 oder 5 sein kann. Dieser `String` wird in eine Zahl umgewandelt (Zeile 6), damit im Anschluss diese Zahl als Selektor in einer mehrfachen Auswahl benutzt werden kann.

Die Klasse `MyWindowListener` verändert sich nicht und wird deswegen nicht mehr weiter aufgelistet.

Im folgenden Beispiel wird eine dynamische Variante vorgestellt, die sich ohne große Veränderungen erweitern lässt, indem nur der String-Array (Zeile 10) um entsprechende Eintragungen ergänzt wird.

Auffällig ist im Quellcode, dass es keine Attribute der Klasse `Button` gibt, dafür aber einen String-Array, der für die Beschriftung der Buttons zuständig ist.

Quellcode FensterMitButtonsDyn.java:

```
[1]  import java.awt.*;
[2]  public class FensterMitButtonsDyn extends Frame
[3]  {
[4]    private FlowLayout
[5]               myLayout = new FlowLayout(FlowLayout.LEFT);
```

```
[6]     private MyWindowListener
[7]                 myWindowListener = new MyWindowListener();
[8]     private MyActionListener
[9]                 myActionListener = new MyActionListener(this);
[10]    private String beschriftung[] = {"1","2","3","4","5"};
[11]    public FensterMitButtonsDyn()
[12]    {
[13]      super("Fenster mit Button");
[14]      this.setLayout(myLayout);
[15]      for(int i=0;i<beschriftung.length;i++)
[16]      {
[17]        Button temp = new Button(beschriftung[i]);
[18]        temp.addActionListener(this.myActionListener);
[19]        this.add(temp);
[20]      }//for(int i=0;i<beschriftung.length;i++)
[21]      this.setSize(200,100);
[22]      this.show();
[23]      //Ereignissteuerung
[24]      this.addWindowListener(this.myWindowListener);
[25]    }//public FensterMitButtonsDyn()
[26]    public static void main(String argv[])
[27]    {
[28]      FensterMitButtonsDyn
[29]                        fenster = new FensterMitButtonsDyn();
[30]    }//public static void main(String argv[])
[31]  }//public class FensterMitButtonsDyn
```

Bei dem Attribut `myActionListener` wird die Referenz auf das Fenster mit übergeben, da im Objekt `myActionListener` beim Eintritt eines Ereignisses festgestellt werden muss, wer der Auslöser war.

Im Konstruktor werden in einer Zählschleife die Buttons mit dem Text aus dem String Array erzeugt. Dazu wird ein temporäres Objekt der Klasse `Button` angelegt (Zeile 17), diesem Objekt ein `ActionListener` zugewiesen (Zeile 18) und danach dem Container des Fensters hinzugefügt (Zeile 19).

Ein Zugriff auf einen Button kann demnach nur über den Container des Fensters erfolgen.

Quellcode MyActionListener.java:

```
import java.awt.event.*;
import java.awt.*;
public class MyActionListener implements ActionListener
{
  private FensterMitButtonsDyn f;
  public MyActionListener(FensterMitButtonsDyn f)
  {
    this.f=f;
  }
```

```
[10]    public void actionPerformed(ActionEvent e)
[11]    {
[12]      Component feld[] = f.getComponents();
[13]      Object objekt = e.getSource();
[14]      for (int i=0; i<feld.length;i++)
[15]        if(objekt == feld[i])
[16]          System.out.println("Button "+e.getActionCommand());
[17]    }//public void actionPerformed(ActionEvent e)
[18] }//public class MyActionListener implements ActionListener
```

In der Ereignisverarbeitung wird es komplizierter, denn nun muss herausgefunden werden, welcher Button das Ereignis ausgelöst hat. Dazu benötigt die Ereignis verarbeitende Klasse die Referenz auf das Fenster (Zeile 6). Über eine Erweiterung mit einem Konstruktor, der beim Aufruf im Fenster die Referenz des Fensters erhält, kann dies gelöst werden. Für das Fenster gibt es eine Methode, die alle Objekte des Fensters in einem Component Array zurückgibt (Zeile 12). Jetzt muss nur noch mit dem `ActionEvent`-Objekt ein Vergleich aller Komponenten stattfinden, und die Aufgabe ist gelöst.

6.7.2 BorderLayout

Das **`BorderLayout`** orientiert sich an den Rändern, die durch die vier Himmelsrichtungen bezeichnet werden. Auch in der Mitte lässt sich eine Komponente platzieren. Mit einem einzelnen `BorderLayout` lassen sich maximal 5 Komponenten arrangieren.

Im Gegensatz zum `FlowLayout` passt das `BorderLayout` automatisch die Größe der Komponenten so an, dass alle auf der sichtbaren Fläche dargestellt werden.

Es gibt zwei Konstruktoren:

- `BorderLayout()`
- `BorderLayout(int horizAbstand, int vertAbstand)`

In der Grundeinstellung wird zwischen den Komponenten kein Abstand gelassen (0 Pixel). Dies ist aber entweder über den Konstruktor oder entsprechende get/Set-Methoden veränderbar.

Wenn man mit diesem Layout-Manager der Oberfläche eine Komponente hinzufügen will, ist es erforderlich, anzugeben, an welcher Stelle die Platzierung erfolgen soll. Für diesen Zweck gibt es die erweiterten `add`-Methoden:

- `add(Component komponentenName, String pos)`
- `add(Component komponentenName, int pos)`
- `add(int pos, Component komponentenName)`
- `add(String pos, Component komponentenName)`

Für die Parameter `pos` sind folgende fünf statische Konstanten definiert:

- `BorderLayout.CENTER` oder „`Center`“
- `BorderLayout.EAST` oder „`East`“
- `BorderLayout.WEST` oder „`West`“
- `BorderLayout.SOUTH` oder „`South`“
- `BorderLayout.NORTH` oder „`North`“

Beispiele:

- `this.add(myButton,"Center");`
- `this.add(myButton,BorderLayout.CENTER);`
- `this.add(BorderLayout.CENTER, myButton);`
- `this.add("Center",myButton);`

Abb. 6.20
BorderLayout

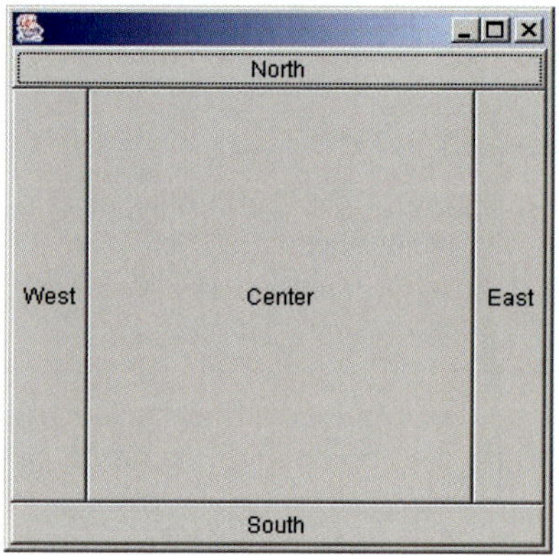

Quellcode BorderLayout1.java

```
import java.awt.*;
public class BoderLayout1 extends Frame
{
  private Button btnNorth  = new Button("North");
  private Button btnSouth  = new Button("South");
  private Button btnEast   = new Button("East");
  private Button btnWest   = new Button("West");
  private Button btnCenter = new Button("Center");
  private BorderLayout borderLayout = new BorderLayout();
  public BoderLayout1()
  {
    this.setLayout(borderLayout);
    this.add(btnNorth,BorderLayout.NORTH);
    this.add(btnEast,"East");
    this.add("Center",btnCenter);
    this.add(BorderLayout.WEST,btnWest);
    this.add(btnSouth,BorderLayout.SOUTH);
```

```
[18]     this.setSize(300,300);
[19]     this.show();
[20]   }// public BoderLayout1()
[21]
[22] public static void main(String argv[])
[23]   {
[24]     BoderLayout1 f = new BoderLayout1();
[25]   }// public static void main(String argv[])
[26] }// public class BoderLayout1 extends Frame
```

Die Attribute des Fensters sind die entsprechenden Buttons und ein Layoutmanager-Objekt.

In der `main`-Methode wird ein Objekt des Fenster erzeugt. Aus Gründen der Lesbarkeit wurde auf die Ereignissteuerung verzichtet.

Im Konstruktor wird zuerst der Layoutmanager des Fensters festgelegt (Zeile 12) und danach mit den verschiedenen `add`-Methoden des Fensters die Komponenten hinzugefügt. Wird die Angabe der Position vergessen, dann wird die Komponente dem North-Bereich zugeordnet.

6.7.3 GridLayout

Das **`GridLayout`** ordnet Komponenten in Zeilen von links nach rechts und die Zeilen von oben nach unten an. Jeder Platz hat dabei dieselbe Größe.

Es gibt drei Konstruktoren:

- `GridLayout()`
- `GridLayout(int zeilen, int spalten)`
- `GridLayout(int zeilen, int spalten, int hAbstand, int vAbstand)`

Wenn man die erste Form des Konstruktors aufruft, wird ein Layout-Manager erstellt, der eine Zeile mit beliebig vielen Spalten beinhaltet. Es gibt keinen Abstand zwischen den Komponenten.

Mit dem zweiten Konstruktor kann man die Anzahl der Zeilen und Spalten explizit angeben; ein Wert von 0 bedeutet eine beliebige Anzahl. Allerdings darf nur ein Wert auf 0 gesetzt werden.

Abb. 6.21
GridLayout

Quellcode GridLayoutTest.java:

```
[1]  import java.awt.*;
[2]  public class GridLayoutTest extends Frame
[3]  {
[4]    private Button btn1 = new Button("1");
[5]    private Button btn2 = new Button("2");
[6]    private Button btn3 = new Button("3");
[7]    private Button btn4 = new Button("4");
[8]    private Button btn5 = new Button("5");
[9]    private Button btn6 = new Button("6");
[10]   private GridLayout myGridLayout = new GridLayout(2,0)
[11]   public GridLayoutTest()
[12]   {
[13]     this.setLayout(myGridLayout);
[14]     this.add(btn1);
[15]     this.add(btn2);
[16]     this.add(btn3);
[17]     this.add(btn4);
[18]     this.add(btn5);
[19]     this.add(btn6);
[20]     this.setSize(300,300);
[21]     this.show();
[22]   }// public GridLayoutTest()
[23]   public static void main(String argv[])
[24]   {
[25]     GridLayoutTest f = new GridLayoutTest();
[26]   }// public static void main(String argv[])
[27] }// public class GridLayoutTest extends Frame
```

Im Konstruktor wird zuerst der Layoutmanager festgelegt (Zeile 13) und danach die Komponenten mit der einfachen `add`-Methode zum Fenster hinzugefügt, wobei die Tabelle zeilenweise gefüllt wird. Die Komponenten besetzen die gesamte Zelle.

6.8 Panels

Ein **Panel** dient als leere Zeichenfläche oder als Container-Objekt. Komponenten werden mit Hilfe des Layout-Managers angeordnet. Der Vorteil eines Panels ist, dass es sich selbst wie eine Komponente verhält. Das bedeutet, dass mehrere Panels auf der Benutzeroberfläche wie Komponenten angeordnet werden können, jedes Panel jedoch seinen eigenen Layout-Manager hat. Dadurch sind komplexe Oberflächen möglich.

Es gibt zwei Konstruktoren:

- `Panel()`
- `Panel(LayoutManager layout)`

Eine Oberfläche, die durch Kombination der verschiedenen Layout-Manager erreicht werden kann:

Abb. 6.22
PanelDemo

Quellcode PanelDemo.java:

```
import java.awt.*;
public class PanelDemo extends Frame
{
  private Button btn1 = new Button("1");
  private Button btn2 = new Button("2");
  private Button btn3 = new Button("3");
  private Button btn4 = new Button("4");
  private Button btn5 = new Button("5");
  private Button btn6 = new Button("6");
  private Panel pnlNorth  = new Panel(new BorderLayout());
  private Panel pnlCenter = new Panel(new GridLayout(1,2));
  private Panel pnlSouth  = new Panel(
                         new FlowLayout(FlowLayout.RIGHT));
  public PanelDemo()
  {
    this.pnlNorth.add(btn1,BorderLayout.WEST);
```

```
[17]      this.pnlNorth.add(btn2,BorderLayout.EAST);
[18]      this.pnlCenter.add(btn3);
[19]      this.pnlCenter.add(btn4);
[20]      this.pnlSouth.add(btn5);
[21]      this.pnlSouth.add(btn6);
[22]      this.add(pnlNorth,BorderLayout.NORTH);
[23]      this.add(pnlCenter,BorderLayout.CENTER);
[24]      this.add(pnlSouth,BorderLayout.SOUTH);
[25]      this.setSize(300,300);
[26]      this.show();
[27]    }// public PanelDemo ()
[28]    public static void main(String argv[])
[29]    {
[30]      PanelDemo f = new PanelDemo ();
[31]    }// public static void main(String argv[])
[32]  }// public class PanelDemo extends Frame
```

Ein Frame hat als Standard-Layoutmanager das `BorderLayout`. Ein Panel beinhaltet als Standard-Layoutmanager das FlowLayout. Deswegen wird im Konstruktor direkt mit der Positionierung der Komponenten begonnen (Zeile 16, 17), wobei die Panels selbst eigene Layout-Manager besitzen.

6.9 TextField/Label

Ein **`TextField`** ist eine einzeilige Komponente, die der Eingabe von Text dient. Im Gegensatz dazu zeigt ein Label nur Text an und kann den Fokus nicht bekommen. Die beiden wichtigsten Methoden für Label- und TextField-Objekte sind `setText(String str)` und `getText()`, um auf den String zuzugreifen. Wenn Sie mehrere Zeilen zur Eingabe benötigen, können Sie die Komponenten `TextArea` einsetzen.

Anhand eines Beispiels wird der Umgang mit der Komponente gezeigt:

Abb. 6.23
Rechner

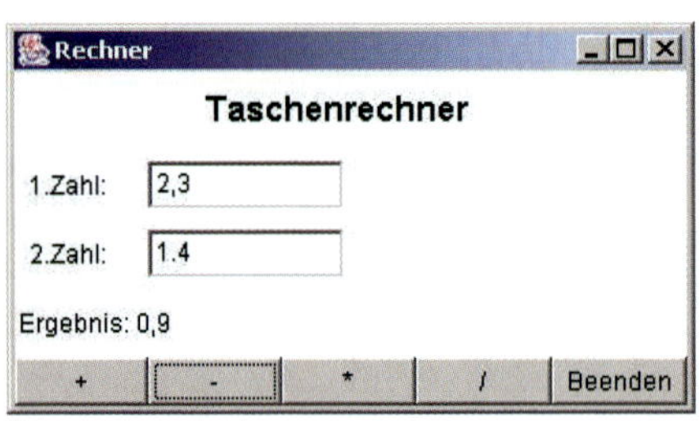

Quellcode Rechner.java:

```
import java.awt.*;
public class Rechner extends Frame
{
  private Label lblUeberschrift
                              = new Label("Taschenrechner");
```

```
    private Label lblZahl1   = new Label("1.Zahl: ");
    private Label lblZahl2   = new Label("2.Zahl: ");
    public Label lblErg      = new Label("");
    public TextField tfZahl1 = new TextField(10);
    public TextField tfZahl2 = new TextField(10);
    public Button btnBeenden = new Button("Beenden");
    public Button btnPlus    = new Button("+");
    public Button btnMinus   = new Button("-");
    public Button btnMal     = new Button("*");
    public Button btnGeteilt = new Button("/");
    private Panel pnlNorth  = new Panel();
    private Panel pnlCenter = new Panel(new GridLayout(3,1));
    private Panel pnlSouth  = new Panel(new GridLayout(1,0));
    private Panel pnlCenterZeile1
                = new Panel(new FlowLayout(FlowLayout.LEFT));
    private Panel pnlCenterZeile2
                = new Panel(new FlowLayout(FlowLayout.LEFT));
    private MyActionListener myActionListener
                = new MyActionListener(this);
    public Rechner()
    {
      super("Rechner");
      this.lblUeberschrift.setFont(
                                   new Font("",Font.BOLD,16));
      this.pnlNorth.add(lblUeberschrift);
      this.pnlCenterZeile1.add(this.lblZahl1);
      this.pnlCenterZeile1.add(this.tfZahl1);
      this.pnlCenterZeile2.add(this.lblZahl2);
      this.pnlCenterZeile2.add(this.tfZahl2);
      this.pnlCenter.add(this.pnlCenterZeile1);
      this.pnlCenter.add(this.pnlCenterZeile2);
      this.pnlCenter.add(this.lblErg);
      this.pnlSouth.add(this.btnPlus);
      this.pnlSouth.add(this.btnMinus);
      this.pnlSouth.add(this.btnMal);
      this.pnlSouth.add(this.btnGeteilt);
      this.pnlSouth.add(this.btnBeenden);
      this.add(this.pnlNorth,BorderLayout.NORTH);
      this.add(this.pnlCenter,BorderLayout.CENTER);
      this.add(this.pnlSouth,BorderLayout.SOUTH);
      this.pack();
      this.show();
      //Ereignissteuerung
      this.addWindowListener(new MyWindowListener());
      this.btnPlus.addActionListener(myActionListener);
      this.btnMinus.addActionListener(myActionListener);
      this.btnMal.addActionListener(myActionListener);
      this.btnGeteilt.addActionListener(myActionListener);
      this.btnBeenden.addActionListener(myActionListener);
    }// public Rechner()
    public static void main(String argv[])
    {
```

```
[58]     Rechner f = new Rechner();
[59]   }// public static void main(String argv[])
[60] }// public class Rechner extends Frame
```

Die Klasse `Rechner` ist wie bekannt aufgebaut. Zuerst kommen alle Attribute (Zeile 4 ... 24), die für das Fenster benötigt werden (Labels, Buttons, TextField und Panels zum Aufbau der Oberfläche).

Daran schließt sich der Konstruktor der Klasse `Rechner` an (Zeile 25 ... 55). Im Konstruktor wird zuerst das grafische Layout des Fensters codiert (Zeile 27 ... 47) und zum Schluss die Ereigniskette definiert (Zeile 49 ... 54).

Danach folgt die `main`-Methode, in der ein Objekt des Rechners erzeugt wird.

Quellcode MyActionListener.java:

```
import java.awt.event.*;
import java.text.*;
public class MyActionListener implements ActionListener
{
  public Rechner f;
  public MyActionListener(Rechner f)
  {
    this.f=f;
  }
  public void actionPerformed(ActionEvent e)
  {
    Object obj = e.getSource();
    if(obj ==f.btnBeenden)System.exit(0);
    DecimalFormat df = new DecimalFormat("#,##0.0");
    double ergebnis=0;
    double zahl1=0;
    double zahl2=0;
    try
    {
      zahl1=Double.parseDouble(
                     f.tfZahl1.getText().replace(',','.'));
      zahl2=Double.parseDouble(
                     f.tfZahl2.getText().replace(',','.'));
      if(obj==f.btnPlus) ergebnis=zahl1+zahl2;
      else if(obj==f.btnMinus) ergebnis=zahl1-zahl2;
      else if(obj==f.btnMal) ergebnis=zahl1*zahl2;
      else if(obj ==f.btnGeteilt) ergebnis=zahl1/zahl2;
      f.lblErg.setText("Ergebnis: "+df.format(ergebnis));
    }//try
    catch(NumberFormatException error)
    {
      f.lblErg.setText("Fehler bei Eingabefeld...");
    }// catch(NumberFormatException error)
  }// public void actionPerformed(ActionEvent e)
}// public class MyActionListener implements ActionListener
```

Die Klasse `MyActionListener` ist für alle OnClick-Ereignisse der Klasse `Rechner` registriert. In der `actionPerformed`-Methode werden diese Ereignisse der 5 Button-Objekte verarbeitet.

Aus dem in der Parameterliste übergebenen `ActionEvent`-Objekt (Zeile 10) wird zuerst die Referenz vom auslösenden Objekt geholt (Zeile 12) und in einem Objekt der Klasse `Object` gespeichert. Danach wird untersucht, ob der Benutzer das Programm beenden möchte (Button Beenden, Zeile 13).

Ist dies nicht der Fall, so werden die Daten aus den `TextField`-Objekten mit der Methode `getText()` beschafft, die als `String`-Objekt zur Verfügung stehen. Es wird versucht, eine möglichst sichere Eingaberoutine zu zeigen. Es werden folgende Eingabefehler abgefangen:

- Dezimaltrennzeichen falsch,
- keine Zahl.

Um die erste Fehlerquelle zu lösen, wird der ausgelesene String mit der `replace`-Methode (Zeile 21...23) der Klasse `String` bearbeitet und ein Komma durch einen Punkt ersetzt. Ist der Inhalt keine zulässige Zahl, wird beim Parsen vom `String`- zum `double`-Wert eine Exception abgefangen (try `catch` Zeile 18 bis 33).

6.10 TextArea

Eine **`TextArea`** ist eine Komponente, die für mehrzeilige Texteingabe verwendet wird. Der Text wird linksbündig angezeigt. Für `TextArea` gibt es fünf verschiedene Konstruktoren:

- `TextArea()`
- `mitteTextArea(String text)`
- `TextArea(int zeilen, int spalten)`
- `TextArea(String text, int zeilen, int spalten)`
- `TextArea(String text, int zeilen, int spalten, int scrollbars)`

Oft nimmt man einen der letzten drei Konstruktoren, da sonst nicht genau vorhersehbar ist, wie das Eingabefeld aussehen wird.

Für den Parameter `scrollbars` sind vier Konstanten definiert:

- `TextArea.SCROLLBARS_BOTH`
- `TextArea.SCROLLBARS_HORIZONTAL_ONLY`
- `TextArea.SCROLLBARS_NONE`
- `TextArea.SCROLLBARS_VERTICAL_ONLY`

Es gibt eine große Anzahl von Methoden, von denen nur ein kleiner Teil vorgestellt wird:

- `void append(String text)`: fügt einen Text ans Ende des Textes
- `void insert(String text, int pos)`: fügt einen String an der Position `pos` ein

Problemstellung

`(Editor1.java)` Es soll ein Fenster mit folgenden Kriterien dargestellt werden:

- Eine Textdatei soll geladen (TextField/Button) und in einem TextArea-Bereich angezeigt werden.
- Der Inhalt der TextArea soll gespeichert werden können (TextField/Button).
- Button, beschriftet „Beenden“, zum Beenden
- Titel „Editor 1“

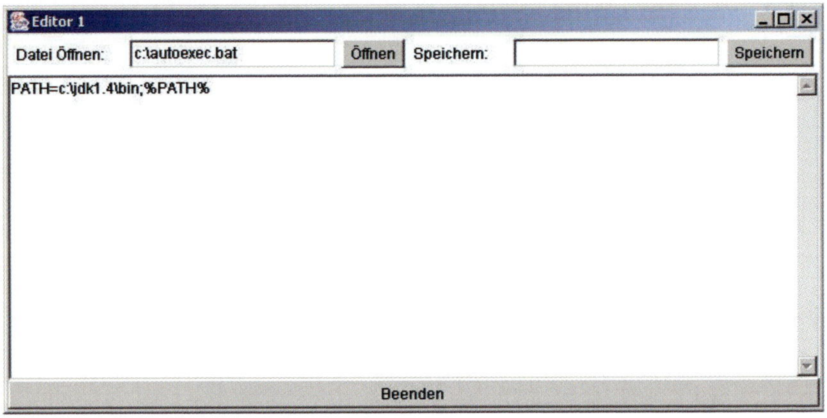

Abb. 6.24
Editor1

Wie bei den meisten grafischen Applikationen muss man sich zuerst Gedanken über das Layout des Fensters machen. Erst danach wird die Ereignissteuerung implementiert. So ist zu erklären, dass die meisten Quellcodes diesen Aufbau haben.

Das Programm besteht wieder aus den drei Teilen:

1. `Editor1.java` – konstruiert das Fenster beim Start und verknüpft die Ereignissteuerung/stellt die `main`-Methode
2. `MyActionListener.java` – übernimmt alle action-Event-Ereignisse
3. `MyWindowListener.java` – übernimmt alle Window-Ereignisse

Quellcode Editor1.java:

```
[1]  import java.awt.*;
[2]  public class Editor1 extends Frame
[3]  {
[4]    private Label lblOeffnen    = new Label("Datei Öffnen: ");
[5]    private Label lblSpeichern = new Label("Speichern: ");
[6]    public TextField tfOeffnen    = new TextField(20);
[7]    public TextField tfSpeichern = new TextField(20);
[8]    public TextArea taText = new TextArea(15,50);
[9]    public Button btnBeenden    = new Button("Beenden");
[10]   public Button btnOeffnen    = new Button("Öffnen");
[11]   public Button btnSpeichern = new Button("Speichern");
[12]   private Panel pnlNorth = new Panel();
[13]   private MyActionListener
[14]              myActionListener = new MyActionListener(this);
[15]   public Editor1()
[16]   {
[17]     super("Easy-Editor");
[18]     this.pnlNorth.add(this.lblOeffnen);
[19]     this.pnlNorth.add(this.tfOeffnen);
[20]     this.pnlNorth.add(this.btnOeffnen);
[21]     this.pnlNorth.add(this.lblSpeichern);
[22]     this.pnlNorth.add(this.tfSpeichern);
[23]     this.pnlNorth.add(this.btnSpeichern);
[24]     this.add(this.pnlNorth,BorderLayout.NORTH);
[25]     this.add(this.taText,BorderLayout.CENTER);
[26]     this.add(this.btnBeenden,BorderLayout.SOUTH);
[27]     this.pack();
[28]     this.show();
[29]     //Ereignissteuerung
[30]     this.addWindowListener(new MyWindowListener());
[31]     this.btnBeenden.addActionListener(myActionListener);
[32]     this.btnOeffnen.addActionListener(myActionListener);
[33]     this.btnSpeichern.addActionListener(myActionListener);
[34]   }//public Editor1()
[35]   public static void main(String argv[])
[36]   {
[37]     Editor1 f = new Editor1();
[38]   }// public static void main(String argv[])
[39] }// public class Editor1 extends Frame
```

In der Klasse `Editor1` werden zuerst alle Attribute definiert und erzeugt (Zeile 4 ... 14). Danach folgt der Konstruktor, der für das Layout (Zeile 18 ... 28) des Fensters und der Ereignissteuerung (Zeile 30 ... 33) verantwortlich ist. Neu hinzugekommen ist die Methode `pack()` des Fensters, die das Fenster auf die minimale Größe setzt (abhängig von den visuellen Komponenten – siehe API-Dokumentation: `java.awt.Frame.pack()`).

Quellcode MyActionListener.java:

```
import java.awt.event.*;
import java.io.*;
public class MyActionListener implements ActionListener
{
  public Editor1 f;
  public MyActionListener(Editor1 f)
  {
    this.f=f;
  }//public MyActionListener(Editor1 f)
  public void actionPerformed(ActionEvent e)
  {
    if(e.getSource()==f.btnOeffnen)
    {
      try
      {
        String zeile=null;
        BufferedReader in = new BufferedReader(
              new InputStreamReader(
              new FileInputStream(f.tfOeffnen.getText())));
        while((zeile=in.readLine())!=null)
           f.taText.append(zeile+"\n");
        in.close();
      }//try
      catch(FileNotFoundException err)
      {
        System.out.println("Fehler beim lesen"+err);
      }//catch(FileNotFoundException err)
      catch(IOException err)
      {
        System.out.println("Lesefehler..."+err);
      }//catch(IOException err)
    }//if(e.getSource()==f.btnOeffnen)
    if(e.getSource()==f.btnSpeichern)
    {
      try
      {
        BufferedWriter out = new BufferedWriter(
           new OutputStreamWriter(
           new FileOutputStream(f.tfSpeichern.getText())));
        out.write(f.taText.getText());
        out.close();
      }//try
      catch(FileNotFoundException err)
      {
        System.out.println("Fehler beim schreiben "+err);
      }//catch(FileNotFoundException err)
      catch(IOException err)
      {
        System.out.println("Schreibfehler..."+err);
      }// catch(IOException err)
```

```
[51]        }//if(e.getSource()==f.btnSpeichern)
[52]        if(e.getSource()==f.btnBeenden)System.exit(0);
[53]     }//public void actionPerformed(ActionEvent e)
[54] }//public class MyActionListener implements ActionListener
```

Die Klasse `MyActionListener` ist verantwortlich für die Verarbeitung der OnClick-Ereignisse der Buttons Laden/Speichern und Beenden. Diese drei unterschiedlichen Aufgaben werden in der `actionPerformed`-Methode behandelt. In der Methode muss herausgefunden werden, wer Auslöser des Ereignisses war, und dann die Aufgabe (Öffnen einer Datei – Zeile 12 ... 32, Speichern in eine Datei – Zeile 33 ... 51, Beenden Zeile 52) in einem Block abgearbeitet werden.

6.11 FileDialog

Alle Plattformen, unter denen Java läuft, stellen eine spezielle Dialogbox zur Verfügung, die der Auswahl einer Datei dient. Es gibt die folgenden drei Konstruktoren:

- `FileDialog(Frame parent)`
- `FileDialog(Frame parent, String title)`
- `FileDialog(Frame parent,String title,int mode)`

Der **`FileDialog`** wird entweder zum Laden (Öffnen) einer Datei oder zum Speichern verwendet (mode: `FileDialog.LOAD` oder `FileDialog.SAVE`). Es muss im Konstruktor ein Verweis auf das übergeordnete Fenster mitgegeben werden, damit es die wesentlichen Aktionen dieses Fensters mitmacht (Verkleinern ..., aber auch Schließen der Applikation).

Die wichtigsten Methoden der `FileDialog`-Klasse beziehen sich auf den ausgewählten Namen des Verzeichnisses, den ausgewählten Dateinamen und den gesetzten Dateinnamensfilter:

- `public void setDirectory(String dir)`: Setzt einen neuen Pfad und ist zwingend notwendig, bevor der Dialog angezeigt werden soll.
- `public void setFile(String file)`: Setzt einen vorgegebenen Dateinamen. Es darf auch ein Platzhalter wie „*.txt“ als Filter vergeben werden.
- `public String getDirectory()`: Gibt den ausgewählten Pfad (bzw. Verzeichnis) zurück.
- `public String getFile()`: Gibt den ausgewählten Dateinamen zurück. Falls der Benutzer „Abbrechen“ gedrückt hat, ist der Rückgabewert für den Dateinamen und das Verzeichnis null.

Problemstellung `(Editor2.java)` Es soll ein Fenster mit folgenden Kriterien dargestellt werden:

- Die Textdatei soll über ein Dialogfenster geladen und in einem TextArea-Bereich angezeigt werden.
- Das Speichern des Inhalts soll über ein Dialogfenster realisiert werden.
- Button, beschriftet „Beenden“, zum Beenden
- Titel „Editor 2“

Abb. 6.25 Editor2

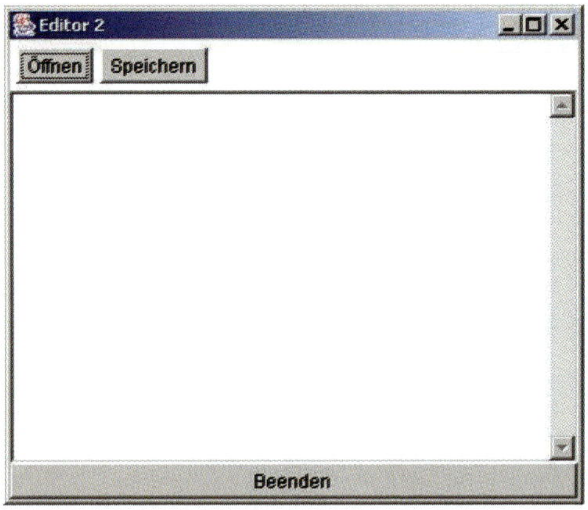

Abb. 6.26 FileDialog Öffnen

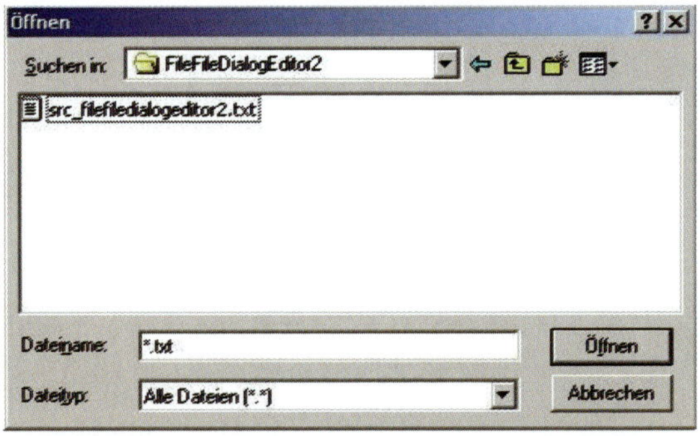

Abb. 6.27 FileDialog Speichern

Quellcode Editor2.java:

```
import java.awt.*;
public class Editor2 extends Frame
{
  public  TextArea taText      = new TextArea(15,50);
  public  Button btnBeenden    = new Button("Beenden");
  public  Button btnOeffnen    = new Button("Öffnen");
  public  Button btnSpeichern = new Button("Speichern");
  private Panel pnlNorth      = new Panel();
  private MyActionListener
             myActionListener = new MyActionListener(this);
  public Editor2()
  {
    super("Easy-Editor");
    this.pnlNorth.add(this.btnOeffnen);
    this.pnlNorth.add(this.btnSpeichern);
    this.add(this.pnlNorth,BorderLayout.NORTH);
    this.add(this.taText,BorderLayout.CENTER);
    this.add(this.btnBeenden,BorderLayout.SOUTH);
    this.pack();
    this.show();
    //Ereignissteuerung
    this.addWindowListener(new MyWindowListener());
    this.btnBeenden.addActionListener(myActionListener);
    this.btnOeffnen.addActionListener(myActionListener);
    this.btnSpeichern.addActionListener(myActionListener);
  }// public Editor2()
  public static void main(String argv[])
  {
    Editor2 f = new Editor2();
  }// public static void main(String argv[])
}// public class Editor2 extends Frame
```

Die Klasse `Editor2` ist für das Layout und den Aufbau der Ereignissteuerung verantwortlich. Der `FileDialog` ist nicht in dieser Klasse zu finden, da dieser erst in der `MyActionListener`-Klasse benötigt wird.

Quellcode MyActionListener.java:

```
import java.awt.event.*;
import java.awt.*;
import java.io.*;
public class MyActionListener implements ActionListener
{
  public Editor2 f;
  public MyActionListener(Editor2 f)
  {
    this.f=f;
  }// public MyActionListener(Editor f)
  public void actionPerformed(ActionEvent e)
```

```
{
 if(e.getSource()==f.btnOeffnen)
 {
  FileDialog fd =
       new FileDialog(f,"Öffnen",FileDialog.LOAD);
  fd.setFile("*.txt");
  fd.show();
  String file = fd.getDirectory()+fd.getFile();
  if(fd.getFile()!=null)
  {
   BufferedReader in=null;
   f.taText.selectAll();
   f.taText.replaceRange("",
              f.taText.getSelectionStart(),
              f.taText.getSelectionEnd());
   try
   {
    String zeile=null;
    in = new BufferedReader(
       new InputStreamReader(
       new FileInputStream(file)));
    while((zeile=in.readLine())!=null)
     f.taText.append(zeile+"\n");
    in.close();
   }//try
   catch(FileNotFoundException err)
   {
    System.out.println("Dateifehler (read)"+err);
   }// catch(FileNotFoundException err)
   catch(IOException err)
   {
    System.out.println("Fehler beim lesen. "+err);
   }// catch(IOException err)
  }// if(file!=null)
 }// if(e.getSource()==f.btnOeffnen)
 if(e.getSource()==f.btnSpeichern)
 {
  FileDialog fd =
     new FileDialog(f,"Speichern",FileDialog.SAVE);
  fd.setFile("*.txt");
  fd.show();
  String file = fd.getDirectory()+fd.getFile();
  if(fd.getFile()!=null)
  {
   BufferedWriter out=null ;
   try
   {
    out = new BufferedWriter(
       new OutputStreamWriter(
       new FileOutputStream(file)));
    out.write(f.taText.getText());
    out.close();
```

```
[64]          }//try
[65]          catch(FileNotFoundException err)
[66]          {
[67]            System.out.println("Dateifehler (write)"+err);
[68]          }// catch(FileNotFoundException err)
[69]          catch(IOException err)
[70]          {
[71]            System.out.println("Fehler beim Lesen."+err);
[72]          }// catch(IOException err)
[73]        }// if(file!=null)
[74]      }// if(e.getSource()==f.btnSpeichern)
[75]      if(e.getSource()==f.btnBeenden)System.exit(0);
[76]    }// public void actionPerformed(ActionEvent e)
[77]  }// public class MyActionListener implements ActionListener
```

Die Klasse `MyActionListener` gliedert sich in die zwei Hauptteile Konstruktor und `actionPerformed`-Methode.

Der Konstruktor dient zur Übernahme der Referenz auf das Hauptfenster, damit ein Zugriff auf die Komponenten des Fensters bei dem OnClick-Ereignis möglich ist.

Die `actionPerformed`-Methode ist für die OnClick-Ereignisse der Buttons Beenden/Speichern/Öffnen verantwortlich. Deswegen wird in dieser Methode erst einmal festgestellt, welcher der Buttons das Ereignis ausgelöst hatte (Zeilen 13, 47 und 75). In den Blöcken der Auswahl wird dann entsprechend der Aufgabe des Buttons die Applikation beendet, ein Dialog zum Aussuchen einer Datei oder ein Dialog zum Benennen einer Datei erzeugt.

Beim Laden einer Datei in die TextArea-Komponente des Fensters werden die Daten durch einen leeren String ersetzt (Zeile 24...26) und danach Text aus einer Textdatei zur TextArea hinzugefügt (Zeile 33/34).

6.12 Checkbox

Eine **Checkbox** ist die einfachste Möglichkeit, eine Ja/Nein-Auswahl vom Benutzer zu erhalten. Einzelne Checkboxen werden als quadratische Kästchen dargestellt.

Es gibt 5 Konstruktoren:

- `Checkbox()`
- `Checkbox (String label)`
- `Checkbox(String label, boolean state)`
- `Checkbox(String label, boolean state, CheckboxGroup group)`
- `Checkbox(String label, CheckboxGroup group, boolean state)`

Beim ersten Konstruktor wird eine Checkbox mit leerem Label erzeugt. Das Label mit dem Text wird rechts neben der Box angezeigt.

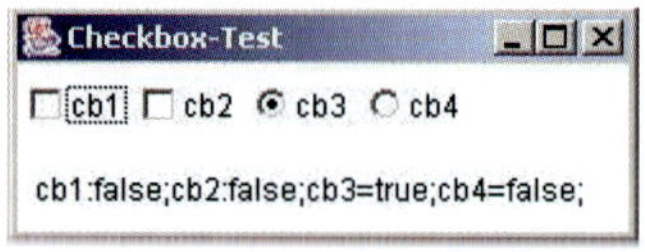

Abb. 6.28
CheckBoxTest

Quellcode CheckBoxTest.java:

```
import java.awt.*;
import java.awt.event.*;
public class CheckBoxTest extends Frame
{
  public Checkbox cb1=new Checkbox("cb1");
  public Checkbox cb2=new Checkbox("cb2");
  public CheckboxGroup cbg=new CheckboxGroup();
  public Checkbox cb3=new Checkbox("cb3",true,cbg);
  public Checkbox cb4=new Checkbox("cb4",cbg,false);
  public Label lblErgebnis = new Label("cb1:false; "+
                            "cb2:false;cb3=true;cb4=false;");
  public Panel pnlNorth
              = new Panel(new FlowLayout(FlowLayout.LEFT));
  private Panel pnlSouth
              = new Panel(new FlowLayout(FlowLayout.LEFT));
  private MyItemListener myItemListener
              = new MyItemListener(this);
  public CheckBoxTest()
  {
    super("Checkbox-Test");
    this.pnlNorth.add(this.cb1);
    this.pnlNorth.add(this.cb2);
    this.pnlNorth.add(this.cb3);
    this.pnlNorth.add(this.cb4);
    this.pnlSouth.add(this.lblErgebnis);
    this.add(pnlNorth,BorderLayout.NORTH);
    this.add(pnlSouth,BorderLayout.SOUTH);
    this.pack();
    this.show();
    //Ereignissteuerung
    this.addWindowListener(new MyWindowListener());
    this.cb1.addItemListener(myItemListener);
    this.cb2.addItemListener(myItemListener);
    this.cb3.addItemListener(myItemListener);
    this.cb4.addItemListener(myItemListener);
  }// public CheckBoxTest()
  public static void main(String argv[])
  {
    CheckBoxTest f = new CheckBoxTest();
  }// public static void main(String argv[])
}//public class CheckBoxTest extends Frame
```

Die Klasse `MyCheckBoxTest` ist verantwortlich für die Oberfläche und die Ereignissteuerung.

Um einzelne Checkboxen zu erzeugen, die unabhängig von anderen Checkboxen sind, genügt es, einen der ersten zwei Konstruktoren zu benutzen (z. B. `cb1` und `cb2` Zeile 5 oder 6). Ein Vorteil einer `CheckboxGroup` besteht darin, dass immer nur eine der Checkboxen ausgewählt werden kann. Soll aber eine `CheckboxGroup` erzeugt werden, muss zuerst ein Objekt der Klasse `CheckBoxGroup` initialisiert (Zeile 7) und dann bei der Erzeugung von den zugehörigen Checkboxen im Konstruktor eine entsprechende Angabe gemacht werden (Zeile 8 bzw. 9).

Checkboxereignisse werden über einen `ItemListener` verarbeitet. Deswegen wird hier ein `myItemListener`-Objekt zur Verarbeitung des Ereignisses erzeugt. Die Klasse `MyItemListener` implementiert die Schnittstelle `ItemListener`, die nur eine Methode vorschreibt: `public void itemStateChanged(ItemEvent e)`.

Quellcode MyItemListener.java:

```
import java.awt.event.*;
import java.awt.*;
public class MyItemListener implements ItemListener
{
  public Fenster f;
  public MyItemListener(Fenster f)
  {
    this.f=f;
  }//public MyItemListener(Fenster f)
  public void itemStateChanged(ItemEvent e)
  {
    String str="";
    Component feld[] = f.pnlNorth.getComponents();
    for ( int i=0; i<feld.length;i++)
    if(feld[i] instanceof Checkbox)
    {
Checkbox temp=(Checkbox)feld[i];
str+=temp.getLabel()+":"+temp.getState()+";";
    }// if(feld[i] instanceof Checkbox)
    f.lblErgebnis.setText(str);
    f.show();
  }// public void itemStateChanged(ItemEvent e)
}// public class MyItemListener implements ItemListener
```

Die Klasse `MyItemListener` ist verantwortlich für das Ereignis, wenn eine CheckBox den Status ändert, `itemStateChanged` genannt.

Wenn dieses Ereignis ausgelöst wird, muss der Ergebnisstring erneut zusammengesetzt werden. Dazu ist es erforderlich alle, Checkboxen abzufragen.

Man kann jetzt viermal eine Auswahlstruktur hintereinander durchlaufen oder eine wesentlich elegantere Lösung, die hier umgesetzt worden ist, wählen.

Ein `Panel` (und auch ein `Frame`) hat eine Methode `getComponent()`, die als Ergebnis ein Feld zurückgibt, in dem alle Referenzen der Komponenten des Containers gespeichert sind (Zeile 13). In einer Zählschleife wird danach von der ersten bis zur letzten Referenz das Feld durchlaufen (Zeile 14). Im Block der Schleife (hier nur eine Anweisung, deswegen keine geschweiften Klammern) wird untersucht, ob es sich um ein Objekt der Klasse `Checkbox` (Zeile 15) handelt, denn es könnten ja viele verschiedene Komponenten in einem Container vorkommen. Wird festgestellt, dass es sich um eine `Checkbox` handelt (Zeile 15), wird ein temporäres Checkboxobjekt durch einen Typecast erzeugt (Zeile 17) und über diese Referenz der Status dieser `Checkbox` ausgelesen und dem `String`-Objekt angefügt.

Ist die Zählschleife durchlaufen und das Stringobjekt fertig aufbereitet, wird es dem `Label` übergeben (Zeile 20), das dieses Ergebnis auf dem Fenster anzeigt und das Fenster neu zeichnen lässt (Zeile 21).

6.13 Choice

Mit **`Choice`** bezeichnet man in Java eine Pulldown-Liste, die unter Unix als Optionsmenü und unter Windows als Combobox bezeichnet wird. Wenn ein Benutzer eine Auswahl treffen will, muss er den Pfeil nach unten, der an der rechten Seite angebracht ist, anklicken. Nach der Auswahl verschwindet die dargestellte Liste wieder. Es gibt nur einen Konstruktor: **`Choice()`**

Die einzelnen Items, die in der Auswahlliste enthalten sein sollen, fügt man mit der Methode `add(String eintrag)` hinzu.

Problemstellung

`(ChoiceTest.java)` Es soll ein Fenster mit folgenden Kriterien dargestellt werden:

- Das Fenster hat ein Label und eine Choice.
- In der Choice werden die Einträge rot, grün, blau und gelb zur Verfügung gestellt.
- Wird eine Auswahl getroffen, soll sich der Hintergrund des Fensters entsprechend verändern.
- Titel „Choice-Test“

Abb. 6.29
ChoiceTest

Wie bei der CheckBox werden Ereignisse der Zustandsänderung über die Schnittstelle `ItemListener` verarbeitet. Deswegen gibt es auch hier wieder drei zu codierende Klassen:

- `ChoiceTest.java`: verantwortlich für das Layout und die Ereigniskette
- `MyItemListener.java`: verarbeitet die Ereignisse
- `MyWindowListener.java`: Zum Beenden der Applikation nötig, wird aber nicht dargestellt, da sich diese Klasse nicht ändert und kann genauso codiert werden wie bei der Einführung!

Quellcode ChoiceTest.java:

```
import java.awt.*;
public class ChoiceTest extends Frame
{
  private MyItemListener
                 myItemListener = new MyItemListener(this);
  public Label lblFarbe  = new Label("Farbe:");
  public Choice chcFarbe = new Choice();
  public ChoiceTest()
  {
    super("Choice-Test");
    this.setLayout(new FlowLayout());
    this.chcFarbe.add("rot");
    this.chcFarbe.add("grün");
    this.chcFarbe.add("blau");
    this.chcFarbe.add("gelb");
    this.add(this.lblFarbe);
    this.add(this.chcFarbe);
    this.setBackground(Color.red);
    this.setSize(300,300);
    this.show();
    //Ereignissteuerung
    this.addWindowListener(new MyWindowListener());
```

```
[23]      this.chcFarbe.addItemListener(myItemListener);
[24]    }// public ChoiceTest()
[25]    public static void main(String argv[])
[26]    {
[27]      ChoiceTest f = new ChoiceTest();
[28]    }// public static void main(String argv[])
[29]  }// public class ChoiceTest extends Frame
```

In der Klasse `ChoiceTest` wird im Konstruktor zuerst die Komponente `Choice` mit Einträgen gefüllt (Zeile 11...14) und danach die Oberfläche des Fensters zusammengesetzt. Am Ende des Konstruktors erfolgt der Aufbau der Ereignisverarbeitung (Zeile 21 und 22).

Quellcode MyItemListener.java:

```
import java.awt.event.*;
import java.awt.*;
public class MyItemListener implements ItemListener
{
  public ChoiceTest f;
  public MyItemListener(ChoiceTest f)
  {
    this.f=f;
  }//public MyItemListener(ChoiceTest f)
  public void itemStateChanged(ItemEvent e)
  {
    switch(f.chcFarbe.getSelectedIndex())
    {
      case 0: f.lblFarbe.setBackground(Color.red);
              f.setBackground(Color.red);break;
      case 1: f.lblFarbe.setBackground(Color.green);
              f.setBackground(Color.green);break;
      case 2: f.lblFarbe.setBackground(Color.blue);
              f.setBackground(Color.blue);break;
      case 3: f.lblFarbe.setBackground(Color.yellow);
              f.setBackground(Color.yellow);break;
    }//switch
    f.show();
  }// public void itemStateChanged(ItemEvent e)
}// public class MyItemListener implements ItemListener
```

Die Klasse `MyItemListener` ist für die Ereignisverarbeitung der Choice im Fenster zuständig. Es gibt mehrere Möglichkeiten den selektierten Eintrag der Choice herauszufinden:

- `public String getSelectedItem()`: liefert den selektierten Eintrag als String zurück.
- `public int getSelectedIndex()`: liefert den selektierten Eintrag als int zurück.

Beide Varianten sind möglich. Bei einem Stringvergleich ist es allerdings unmöglich, mit einer mehrfachen Auswahl den Vergleich durchzuführen. Ist bekannt, wie die Einträge in der Choice stehen, kann man einfacher mit den zugeordneten Zahlenwerten arbeiten (1. Eintrag in der Choice hat den zugeordneten Wert 0).

6.14 List

Ein Objekt der Klasse `List` ist einer Choice sehr ähnlich. Der wesentliche Unterschied ist, dass bei der Liste immer mehrere Einträge sichtbar sind. Ist die Zahl der Einträge größer, als gleichzeitig dargestellt werden kann, dann hat der Benutzer die Möglichkeit, die Liste mit Scrollbalken zu durchblättern.

Es gibt drei Konstruktoren:

- `List()`
- `List(int zeilen)`
- `List(int zeilen, boolean multipleMode)`

Wenn die Zahl der Zeilen nicht angegeben wird, ist die Größe allein durch den Layout-Manager bestimmt. Mit dem Parameter `multipleMode` kann festgelegt werden, ob mehrere Einträge gleichzeitig ausgewählt sein dürfen.

Problemstellung

`(ListTest.java)` Es soll ein Fenster mit folgenden Kriterien dargestellt werden:

- Das Fenster hat eine Liste auf der linken und eine TextArea auf der rechten Seite.
- Zwischen beiden Komponenten ist ein Button, mit dem es möglich ist, die in der Liste markierten Einträge in die TextArea zu übertragen.
- Titel „List-Test“

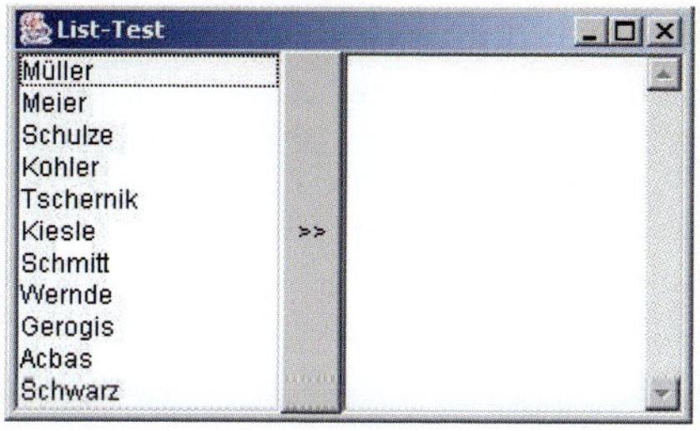

Abb. 6.30 ListTest

Quellcode ListTest.java:

```
[1]  import java.awt.*;
[2]  public class ListTest extends Frame
[3]  {
[4]    public List      lstNamen = new List(10,true);
[5]    public Button    btnHinzu = new Button(">>");
[6]    public TextArea taNamen   = new TextArea(10,20);
[7]    private MyActionListener
[8]                myActionListener = new MyActionListener(this);
[9]    public ListTest()
[10]   {
[11]     super("List-Test");
[12]     this.lstNamen.add("Müller");
[13]     this.lstNamen.add("Meier");
[14]     this.lstNamen.add("Schulze");
[15]     this.lstNamen.add("Kohler");
[16]     this.lstNamen.add("Tschernik");
[17]     this.lstNamen.add("Kiesle");
[18]     this.lstNamen.add("Schmitt");
[19]     this.lstNamen.add("Wernde");
[20]     this.lstNamen.add("Gerogis");
[21]     this.lstNamen.add("Acbas");
[22]     this.lstNamen.add("Schwarz");
[23]     this.add(this.lstNamen,BorderLayout.WEST);
[24]     this.add(this.btnHinzu,BorderLayout.CENTER);
[25]     this.add(this.taNamen,BorderLayout.EAST);
[26]     this.pack();
[27]     this.show();
[28]     //Ereignissteuerung
[29]     this.addWindowListener(new MyWindowListener());
[30]     this.btnHinzu.addActionListener(myActionListener);
[31]   }//public ListTest()
[32]   public static void main(String argv[])
[33]   {
[34]     ListTest f = new ListTest();
[35]   }// public static void main(String argv[])
[36] }// public class ListTest extends Frame
```

Die Klasse `ListTest` ist verantwortlich für das grafische Layout und die Ereignissteuerung. Die Liste wird über die `add`-Methode der Liste mit Daten gefüllt (Zeile 12 ... 22).

Quellcode MyActionListener.java:

```
import java.awt.event.*;
public class MyActionListener implements ActionListener
{
  public ListTest f;
  public MyActionListener(ListTest f)
```

```
[6]    {
[7]      this.f=f;
[8]    }//public MyActionListener(ListTest f)
[9]    public void actionPerformed(ActionEvent e)
[10]   {
[11]     String feld[]=f.lstNamen.getSelectedItems();
[12]     for(int i= 0; i<feld.length;i++)
[13]       f.taNamen.append(feld[i]+"\n");
[14]     f.show();
[15]   }// public void actionPerformed(ActionEvent e)
[16] }// public MyActionListener(Fenster f)
```

Die Klasse `MyActionListener` ist die Ereignis verarbeitende Klasse des Buttons des Fensters. Wird der Button gedrückt, werden alle selektierten Einträge der Liste über die Methode `getSelectedItems()` in ein String-Array geschrieben (Zeile 11), das danach über eine Schleife der TextArea hinzugefügt wird (Zeile 12, 13).

6.15 Menüs

Es gibt drei Konstruktoren zur Erzeugung eines **Menüs**. Mit **`Menu`** ist in Java eine Liste von Einträgen gemeint, die vertikal von oben nach unten dargestellt werden:

- `Menu()`
- `Menu(String label)`
- `Menu(String label, boolean beweglich)`

Ein Menü ohne Beschriftung ist nicht sichtbar. Sie können später eine Beschriftung mit der Methode `setLabel()` hinzufügen. Der Parameter „beweglich“ funktioniert derzeit z. B. unter Unix, da Windows solche Menüs nicht unterstützt. Ein „bewegliches“ Menü kann vom Benutzer an jede beliebige Stelle auf dem Bildschirm gezogen werden und bleibt dort sichtbar, auch wenn der Focus auf eine andere Komponente fällt.

In der obersten Bildschirmzeile wird normalerweise eine Reihe von Menüeinträgen dargestellt, die beim Anklicken das entsprechende Menü ausklappen. Diese obere Zeile wird horizontal von links nach rechts dargestellt und in Java **`MenuBar`** genannt. Ein Applet kann keine `MenuBar` enthalten, nur eine Applikation oder ein selbstständiges `Frame` innerhalb des Applets. Der einzige Konstruktor erzeugt eine leere `MenuBar`:

- `MenuBar menueZeile = new MenuBar();`

Es gibt zwei Arten von Menüeinträgen, die Java unterstützt. Das einfache **`MenuItem`** stellt nur einen `String` dar. Ein **`CheckboxMenuItem`** kann zusätzlich ein Häkchen anzeigen, das den ausgewählten Zustand darstellt.

Die Konstruktoren der Menüeinträge haben folgende Parameter:

- `MenuItem()`
- `MenuItem(String label, MenuShortcut taste)`
- `CheckboxMenuItem()`
- `CheckboxMenuItem(String label)`
- `CheckboxMenuItem(String label, boolean status)`

Die leeren Einträge müssen ein `Label` zugewiesen bekommen, bevor sie dargestellt werden, in diesem Fall `setLabel()`. Ein einfaches `MenuItem` können Sie mit der Methode `setEnabled(boolean status)` aktivieren bzw. deaktivieren. Die entsprechende Methode für `CheckboxMenuItem` heißt `setState(boolean status)`.

Eine Taste, die dieselbe Aktion wie ein Klick auf den Menüeintrag hervorruft, nennt man allgemein **Accelerator-Key**. Unter Java wird die Bezeichnung Menü-Shortcut gebraucht. Die Schreibweise hierfür ist VK zuzüglich der Bezeichnung der entsprechenden Taste.

Auf Windows- oder Unix-PCs muss die Strg-Taste gleichzeitig mit einem Buchstaben oder einer Funktionstaste gedrückt werden, auf dem Mac ist es die Command-Taste.

```
KeyEvent .VK_F2 // entspricht Strg + F2
KeyEvent.VK_A // entspricht Strg + A
```

Ein Klick auf einen Menüeintrag ruft ein `ActionEvent` hervor. In dem Programm muss daher ein `ActionListener` implementiert werden (wie bei einem `Button`).

Ein `CheckboxMenuItem` erzeugt ein `ItemEvent`, wenn der Benutzer den Zustand des Eintrags durch Anklicken ändert.

Die Komponenten `MenuBar`, `Menu`, `MenuItem`, `CheckboxMenuItem` werden der jeweils höheren Einheit mit der Methode `add()` hinzugefügt.

Problemstellung

`(Editor3.java)` Es soll ein Fenster mit folgenden Kriterien dargestellt werden:

- Es ist ein Editor mit einem Menü File (Open/Save/Close/Exit).
- Jeder Eintrag hat einen Shortcut (Strg+O für Open).
- Die aktuell geöffnete Datei wird in der Titelleiste an den Titel angehängt.
- Titel „Editor 3“

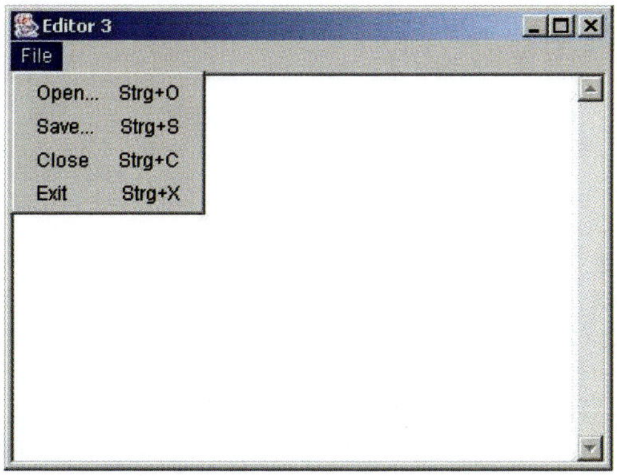

Abb. 6.31
Editor3

Quellcode Editor3.java:

```
import java.awt.*;
import java.awt.event.*;
public class Editor3 extends Frame
{
  public TextArea taText = new TextArea(15,50);
  public MenuBar menuBar = new MenuBar();
  public Menu menuFile = new Menu("File");
  public MenuItem miOpen =new MenuItem("Open..." ,
                         new MenuShortcut(KeyEvent.VK_O));
  public MenuItem miSave =new MenuItem("Save...",
                         new MenuShortcut(KeyEvent.VK_S));
  public MenuItem miClose =new MenuItem("Close",
                         new MenuShortcut(KeyEvent.VK_C));
  public MenuItem miExit = new MenuItem("Exit",
                         new MenuShortcut(KeyEvent.VK_X));
  private MyActionListener
         myActionListener = new MyActionListener(this);
  public Editor3()
  {
    super("Editor 3");
    // Menü datei erzeugen...
    this.menu File.add(miOpen);
    this.menu File.add(miSave);
    this.menu File.add(miClose);
    this.menu File.add(miExit);
    this.menuBar.add(this.menuFile);
    this.setMenuBar(this.menuBar);
    this.add(this.taText,BorderLayout.CENTER);
    this.pack();
    this.show();
    //Ereignissteuerung
    this.addWindowListener(new MyWindowListener());
    this.miOpen.addActionListener(myActionListener);
    this.miSave.addActionListener(myActionListener);
```

```
[35]      this.miClose.addActionListener(myActionListener);
[36]      this.miExit.addActionListener(myActionListener);
[37]    }// public Editor3()
[38]    public static void main(String argv[])
[39]    {
[40]      Editor3 f = new Editor3();
[41]    }// public static void main(String argv[])
[42]  }// public class Editor3 extends Frame
```

Die Klasse `Editor3` ist für das Layout und die Ereignissteuerung zuständig. Um einen Shortcut zu einem Menüeintrag hinzuzufügen, muss bei der Erzeugung des `MenuItem`-Objekts der entsprechende Konstruktor aufgerufen werden (ab Zeile 8), der als zweiten Parameter ein `MenuShortcut`-Objekt benötigt. Dieses Objekt wird anonym an der gebrauchten Stelle erzeugt. Der Parameter des Konstruktors erhält den virtuellen Key `(VK_)`, der zum Aufruf benötigt wird. Der Text im Menüeintrag wird automatisch ergänzt.

Quellcode MyActionListener.java:

```
import java.awt.event.*;
import java.awt.*;
import java.io.*;
public class MyActionListener implements ActionListener
{
  public Editor3 f;
  public MyActionListener(Editor3 f)
  {
    this.f=f;
  }// public MyActionListener(Editor f)
  public void actionPerformed(ActionEvent e)
  {
    if(e.getSource()==f.miOpen)
    {
      FileDialog fd =
                new FileDialog(f,"Open",FileDialog.LOAD);
    fd.setFile("*.*");
    fd.show();
    String file = fd.getFile();
    if(file!=null)
    {
      this.fileClose();
      f.setTitle("Editor 3 - "+file);
      file=fd.getDirectory()+file;
      BufferedReader in=null;
      try
      {
        String zeile=null;
        in = new BufferedReader(
             new InputStreamReader(
             new FileInputStream(file)));
```

```
          while((zeile=in.readLine())!=null)
            f.taText.append(zeile+"\n");
          in.close();
        }//try
        catch(FileNotFoundException err)
        {
          System.out.println("File error..."+err);
        }// catch(FileNotFoundException err)
        catch(IOException err)
        {
          System.out.println("Error reading..."+err);
        }// catch(IOException err)
      }// if(file!=null)
    }// if(e.getSource()==f.miOpen)
    if(e.getSource()==f.miSave)
    {
      FileDialog fd =
             new FileDialog(f,"Speichern",FileDialog.SAVE);
      fd.setFile("");
      fd.show();
      String file = fd.getFile();
      if(file!=null)
      {
        f.setTitle("Editor 3 - "+file);
        file = fd.getDirectory()+file;
        BufferedWriter out=null ;
        try
        {
          out = new BufferedWriter(
                new OutputStreamWriter(
                new FileOutputStream(file)));
          out.write(f.taText.getText());
          out.close();
        }//try
        catch(FileNotFoundException err)
        {
          System.out.println("File error..."+err);
        }// catch(FileNotFoundException err)
        catch(IOException err)
        {
          System.out.println("Error writing..."+err);
        }//catch(IOException err)
      }// if(file!=null)
    }// if(e.getSource()==f.miSave)
    if(e.getSource()==f.miClose)
    {
      f.setTitle("Editor 3");
      this.fileClose();
    }// if(e.getSource()==f.miClose)
    if(e.getSource()==f.miExit)System.exit(0);
```

```
[82]   }// public void actionPerformed(ActionEvent e)
[83]   private void fileClose()
[84]   {
[85]     f.setTitle("Editor 3");
[86]     f.taText.selectAll();
[87]     f.taText.replaceRange("",0,f.taText.getSelectionEnd());
[88]   }// private void fileClose()
[89] }//public class MyActionListener implements ActionListener
```

Die Klasse `MyActionListener` verarbeitet alle Ereignisse aus dem Menü des Hauptfensters. Es ist zu erkennen, dass es vier Fälle gibt (open, save, close und exit), die sich in einer entsprechenden Auswahl wiederspiegeln (Zeile 13, 46, 76 und 81).

Innerhalb der Blöcke dieser Auswahlstrukturen werden die entsprechenden Anweisungen zur Lösung der Aufgabe codiert.

Auffällig ist die private `fileClose`-Methode. Sie wird ausgegliedert, da diese Anweisungen an zwei Stellen gebraucht werden (open – Zeile 22; close – Zeile 79). Die Methode löscht die Daten der `TextArea` und setzt den Titel des Fensters zurück.

7 Datenbankzugriff mit JDBC

Um aus einem Java Programm auf eine Datenbank zuzugreifen, wird das Paket **JDBC** (**J**ava **D**ata**B**ase **C**onnectivity) benötigt, das ab der JDK-Version 1.3 enthalten ist.

Hinter JDBC versteckt sich eine API (Sammlung von Klassen), die aus einer Anzahl von Java-Klassen und Schnittstellen sowie einem Treiber-Manager und einem dazugehörigen Treiber besteht.

In der JDBC-API ist ein JDBC-**ODBC**-Treiber vorhanden, der zwar langsamer ist als ein direkter Treiber für ein Datenbanksystem (z. B. MySQL), aber dafür unter Windows fast alle Datenbanken nahezu direkt benutzbar macht, da die meisten Datenbankhersteller einen solchen ODBC-Treiber für Windows zur Verfügung stellen.

Die Arbeit mit einer Datenbank aus einer Applikation zeigt folgendes vereinfachtes Schema:

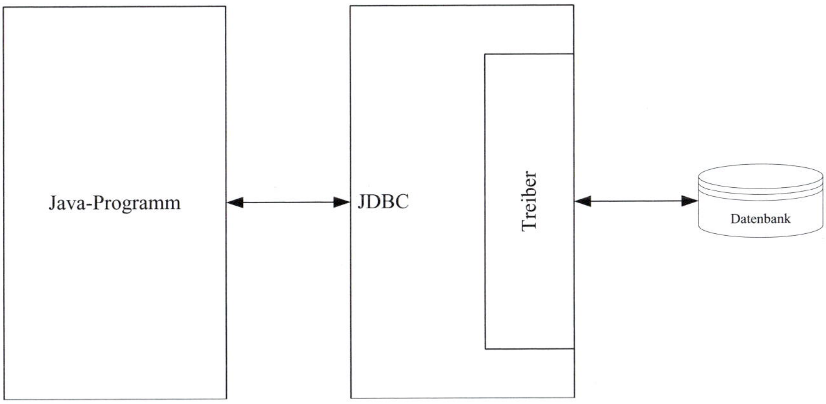

Abb. 7.1 Datenbank Zugriffsschema

Im Schema ist zu erkennen, dass ein Zugriff auf eine Datenbank immer über die JDBC erfolgt. Die Kommunikation mit der Datenbank wird durch den passenden Treiber in der JDBC erledigt. Dies hat den enormen Vorteil, dass es aus der Sichtweise des Java-Programmes heraus völlig egal ist, welche Datenbank benutzt wird. Der Quellcode kann so codiert werden, dass keine Änderung beim Austausch des Datenbanksystems vorgenommen werden muss. Außerdem ist es aus Sicht des Programmierers immer der gleiche Vorgang, denn dieser arbeitet nur mit der JDBC.

Im folgenden Kapitel wird der Zugriff auf eine lokale MS-Access-Datenbank gezeigt. Der Zugriff erfolgt über den JDBC-ODBC-Treiber.

7.1 Erzeugen einer geeigneten Testdatenbank mit MS Access

Mit Microsoft Access lässt sich mit wenigen Handgriffen eine Datenbank zusammenbauen. Wird Access geöffnet, erscheint im Normalfall ein Dialog mit dem Eintrag **Leere Access-Datenbank**. Wählen Sie den ersten Eintrag **Datenbank** und speichern dann die Datenbank unter einem aussagekräftigen Namen in einem beliebigen Verzeichnis.

In diesem Beispiel wird der Name „datenbank.mdb" benutzt.

Abb. 7.2 MS-Access-Datenbank

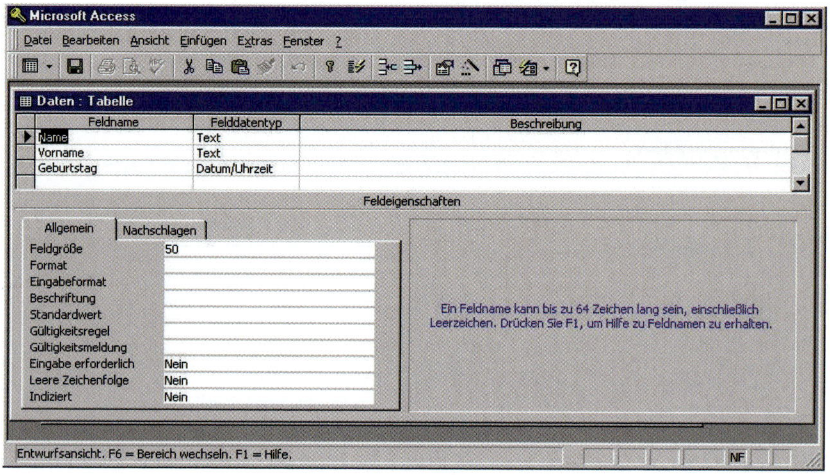

Access benötigt man jetzt nicht mehr, da die Kommunikation mit der Datenbank anschließend über den ODBC-Manager läuft. Dieser setzt dann auf den SQL-Kern von Access auf. Im ODBC-Manager muss die Datenquelle dazu angemeldet werden. Dies wird im nächsten Abschnitt genauer besprochen. Mit SQL können dann die Relationen eingetragen und die Anfragen gestellt werden.

Viele Anwender haben das Office-Paket von Microsoft zu Hause installiert und so schon eine Datenbank vorliegen.

7.1.1 ODBC-Treiber registrieren

Bei der Installation von MS Access wird der ODBC-Treiber automatisch mit installiert. Wenn Sie eine Datenquelle unter ODBC hinzufügen wollen, müssen Sie nur wenige Schritte unternehmen. In den Systemeinstellungen **(Start, Einstellungen, Systemeinstellungen bzw. Start, Einstellungen-Systemeinstellungen, Verwaltung (bei Windows 2000))** sucht man nach dem Symbol **ODBC-Datenquellen (32 Bit)**.

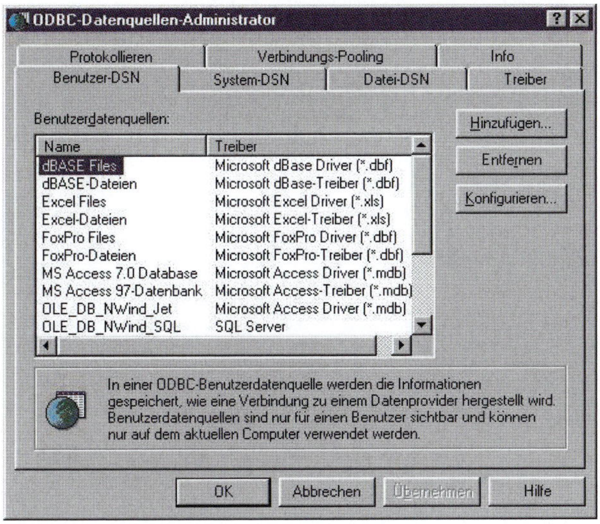

Abb. 7.3 ODBC-Datenquellen-Administrator

Nach dem Aktivieren öffnet sich ein Dialog mit dem Titel **ODBC-Datenquellen-Administrator**.

Gehen Sie auf **Hinzufügen** um eine neue Benutzer-Datenquelle hinzuzufügen. Im Dialog mit dem Titel „**Neue Datenquelle erstellen**“ wählen wir den Microsoft-Access-Treiber aus und bestätigen mit „**Fertigstellen**“.

Ein Dialog öffnet sich und Sie tragen unter „**Datenquellenname**“ **(bitte benutzen Sie den Datenquellennamen „daten“, damit der folgende Quellcode übereinstimmt)** einen Namen für die Datenquelle ein. Über diesen Namen kann man später in Java die Datenbank ansprechen.

Der Name der Datei hat nichts mit dem Namen der Datenquelle gemeinsam. Optional kann man noch eine Beschreibung hinzufügen. Wichtig ist nun die Verbindung zur physikalischen Datenbank. Im umrandeten Bereich „**Datenbank**“ aktivieren wir über die Schaltfläche „**Auswählen**“ einen Datei-Selektor. Hier trägt man die in Access erstellte Datei ein.

Jetzt sind alle Vorbereitungen abgeschlossen und die ersten Versuche in Java können starten.

7.2 Einfacher Zugriff auf die Datenbank (Konsolenproramm)

1. Schritt: Der Treiber

Grundsätzlich muss als erstes der passende Datenbanktreiber geladen werden. In diesem Projekt verwendet man die von JavaSoft mitgelieferte JDBC-ODBC-Bridge, im Paket `sun.jdbc.odbc` (Klasse **`JdbcOdbcDriver`**).

Das folgende Beispielprogramm versucht diesen Treiber zu laden und gibt bei einem fehlerhaften Versuch eine entsprechende Meldung aus.

Quellcode DatenbankVersion1.java:

```
[1]  public class DatenbankVersion1
[2]  {
[3]    public static void main(String argv[])
[4]    {
[5]      try
[6]      {
[7]        Class.forName("sun.jdbc.odbc.JdbcOdbcDriver");
[8]        System.out.println("Treiber erfolgreich geladen...");
[9]      }//try
[10]     catch(ClassNotFoundException e)
[11]     {
[12]       System.out.println("Fehler beim laden des Treibers"
[13]                         +e);
[14]       System.exit(0);//Abbruch des Programm
[15]     }//catch(ClassNotFoundException e)
[16]   }//public static void main(String argv[])
[17] }//public class DatenbankVersion1
```

Wie aus der Namenskonvention zu erkennen (Zeile 7), ist der Datenbanktreiber eine Klasse. Seine Aufgabe ist es, ein Objekt dieser Klasse zu erzeugen und beim Treibermanager anzumelden. Dies geschieht in der Zeile 7 über die statische Methode **`forName`** der Klasse **`Class`**.

Das Prinzip zum Laden anderer Datenbanktreiber kann leicht aus dem folgenden Beispiel zum Laden eines Treibers für eine Oracle-Datenbank abgeleitet werden:

```
Class.forName("oracle.jdbc.driver.OracleDriver");
```

Diese Informationen findet man immer bei den entsprechenden Dokumentationen zu den Treibern.

Auf der Homepage der Firma SUN unter:

http://industry.java.sun.com/products/jdbc/drivers

findet man alle zertifizierten Treiber, die zur Verfügung stehen. Meist sind auch Dokumentationen zum Handhaben der Treiber verfügbar.

Besser wäre es, die Treiber nicht hart zu codieren (d. h. in den Quellcode den Aufruf zu schreiben), da sonst bei Änderung des zu Grunde liegenden Datenbanksystems der Quellcode neu kompiliert werden muss. Es stehen mehrere Möglichkeiten zur Verfügung, um dies zu umgehen:

- über die Kommandozeile

  ```
  java -D jdbc.drivers=sun.jdbc.odbc.JdbcOdbcDriver
  <Javaklasse>
  ```

- oder als Parameter beim Start des Programms

  ```
  java <Javaklasse> sun.jdbc.odbc.JdbcOdbcDriver
  ```

Zur Vereinfachung belässt man es bei der hart codierten Variante.

2. Schritt: Verbindung zur Datenbank

Im nächsten Schritt wird versucht, mit der Datenbank eine Verbindung herzustellen.

Quellcode DatenbankVersion2.java:

```
import java.sql.*;
public class DatenbankVersion2
{
  public static void main(String argv[])
  {
    Connection dbVerbindung=null;
    try
    {
      Class.forName("sun.jdbc.odbc.JdbcOdbcDriver");
      System.out.println("Treiber erfolgreich geladen...");
    }//try
    catch(ClassNotFoundException e)
    {
      System.out.println("Fehler beim laden des Treibers"
                         +e);
      System.exit(0);//Abbruch des Programm
    }// catch(ClassNotFoundException e)
    try
    {
      dbVerbindung =
      DriverManager.getConnection("jdbc:odbc:daten","","");
      System.out.println("Verbindung erfolgreich...");
      dbVerbindung.close();
      System.out.println("Verbindung geschlossen...");
    }//try
    catch(SQLException e)
    {
      System.out.println("DB-Verbindung Fehler: "+e);
      System.exit(0);
    }// catch(SQLException e)
  }// public static void main(String argv[])
}// public class DatenbankVersion2
```

Neu hinzugekommen sind die lokale Variable `dbVerbindung` der Klasse `Connection` (Zeile 6) und die Zeilen 18 bis 30.

Eine Verbindung mit einer Datenbank wird immer durch ein Objekt der Klasse `Connection` repräsentiert. Das Objekt erhält man durch den Aufruf der statischen Methode:

```
DriverManager.getConnection(url,user,password)
```

`url` stellt die Datenquelle dar, die im Allgemeinen wie folgt aufgebaut ist:

```
jdbc:Subprotokoll:Datenquellennamen
```

Für ODBC-Datenquellen ist das Subprotokoll odbc:

```
jdbc:odbc:Datenquellenname
```

Der Datenquellenname ist der im ODBC-Datenquellen-Administrator festgelegte Name (in diesen Beispielen: daten).

Eine url für MySQL-JDBC hat immer das Format

```
jdbc:mysql://host[:port]/database
```

3. Schritt: SQL-Anfragen

Wenn die ersten beiden Schritte erfolgreich waren (d. h. keine Fehlermeldung ausgegeben wurde), so kann man über ein Objekt der Klasse `Statement` eine SQL-Anweisung an die Datenbank abschicken und erhält immer gleich ein Antwortobjekt vom Typ der Klasse `ResultSet`. Dieses soll erst im 4. Schritt ausgewertet werden.

Quellcode DatenbankVersion3.java:

```
[1]  import java.sql.*;
[2]  public class DatenbankVersion3
[3]  {
[4]    public static void main(String argv[])
[5]    {
[6]      Connection dbVerbindung=null;
[7]      Statement sqlStatement=null;
[8]      String sqlString;
[9]      ResultSet resultSet=null;
[10]     String sqlString ="SELECT * FROM Daten";
[11]     try
[12]     {
[13]  Class.forName("sun.jdbc.odbc.JdbcOdbcDriver");
[14]  System.out.println("Treiber erfolgreich geladen...");
[15]     }//try
```

```
[16]      catch(ClassNotFoundException e)
[17]      {
[18]        System.out.println("Fehler beim laden des Treibers "
[19]                           +e);
[20]        System.exit(0);//Abbruch des Programm
[21]      }// catch(ClassNotFoundException e)
[22]      try
[23]      {
[24]        dbVerbindung =
[25]        DriverManager.getConnection("jdbc:odbc:daten","","");
[26]        System.out.println("Verbindung erfolgreich...");
[27]      }//try
[28]      catch(SQLException e)
[29]      {
[30]        System.out.println("DB-Verbindung Fehler: "+e);
[31]        System.exit(0);
[32]      }// catch(SQLException e)
[33]      try
[34]      {
[35]        sqlStatement = dbVerbindung.createStatement();
[36]        System.out.println("SQL-Statement erzeugt…");
[37]        resultSet = sqlStatement.executeQuery(sqlString);
[38]        resultSet.close();
[39]        System.out.println("resultSet-Objekt zerstoert...");
[40]        sqlStatement.close();
[41]        System.out.println("sqlStatementobjekt zerstoert");
[42]        dbVerbindung.close();
[43]        System.out.println("Verbindung geschlossen...");
[44]      }//try
[45]      catch(SQLException e)
[46]      {
[47]        System.out.println("Fehler beim DB-Zugriff!"+e);
[48]        System.exit(0);
[49]      }// catch(SQLException e)
[50]    }// public static void main(String argv[])
[51] }// public class DatenbankVersion3
```

Um Anfragen erstellen zu können, muss ein Objekt der Klasse **`Statement`** erzeugt werden. Dazu benutzt man die Methode **`createStatement ()`** der Klasse **`Connection`**, die das `Statement`-Objekt zurückliefert (Zeile 35).

Jetzt kann man alle SQL-Anfragen an die verbundene Datenbank stellen. Dazu wird in dem Beispiel DatenbankVersion3 ein Hilfsstring mit dem Namen `sqlString` eingeführt, in dem die SQL-Anweisung steht. Dieser String wird nun über das Objekt der Klasse `Statement` (hier `sqlStatement`) mit der Methode **`executeQuery`** an die Datenbank übergeben. Als Ergebnis erhält man ein Objekt des Interface **`ResultSet`**.

4. Schritt: Das Ergebnis der Anfrage auswerten

Nun hat man ein Ergebnis vorliegen, das in einem Objekt des Interface `ResultSet` abgelegt ist. Das Objekt des Interface `ResultSet` repräsentiert eine Ergebnistabelle. Mit den Methoden des Interface lassen sich einzelne Zeilen ansprechen und die einzelnen Spalten auswerten.

In unserem Fall besteht die Tabelle immer aus drei Spalten, da die Tabelle aus Namen, Vornamen und Geburtstag besteht. Die Größe ist abhängig von der Tabelle und der SQL-Anfrage.

Die Datentypen der Spalte Name, Vorname ist `String` und der Spalte Geburtstag `Date`. Für jeden Typ bietet das Interface `ResultSet` eine entsprechende `getXXX(nrSpalte)`-Methode an.

Quellcode DatenbankVersion4.java:

```
import java.sql.*;
public class DatenbankVersion4
{
  public static void main(String argv[])
  {
    Connection dbVerbindung=null;
    Statement sqlStatement=null;
    String sqlString="SELECT * FROM Daten";
    ResultSet resultSet=null;
    try
    {
      Class.forName("sun.jdbc.odbc.JdbcOdbcDriver");
      System.out.println("Treiber erfolgreich geladen...");
    }//try
    catch(ClassNotFoundException e)
    {
      System.out.println("Fehler beim laden des Treibers"
                        +e);
      System.exit(0);//Abbruch des Programm
    }// catch(ClassNotFoundException e)
    try
    {
      dbVerbindung =
      DriverManager.getConnection("jdbc:odbc:daten","","");
      System.out.println("Verbindung erfolgreich...");
    }//try
    catch(SQLException e)
    {
      System.out.println(DB-Verbindung Fehler: "+e);
      System.exit(0);
    }// catch(SQLException e)
    try
    {
```

```
      sqlStatement = dbVerbindung.createStatement();
      System.out.println("SQL-Statement erzeugt...");
      resultSet = sqlStatement.executeQuery(sqlString);
      while (resultSet.next())
      System.out.println(resultSet.getString(1)+ "\t"+
                         resultSet.getString(2)+ "\t"+
                         resultSet.getString(3));
      resultSet.close();
      System.out.println("resultSet-Objekt zerstoert...");
      sqlStatement.close();
      System.out.println("sqlStatementobjekt zerstoert ");
      dbVerbindung.close();
      System.out.println("Verbindung geschlossen...");
    }//try
    catch(SQLException e)
    {
      System.out.println("Fehler beim DB-Zugriff!"+e);
      System.exit(0);
    }// catch(SQLException e)
  }//main
}//DatenbankVersion4
```

Wie man im Quellcode sehen kann, wird zunächst mit der Methode `next()` in die erste Zeile der Ergebnistabelle gesprungen (falls vorhanden!). Danach wird mit `getXXX(Spaltennummer)` auf die Zelle in einer Zeile zugegriffen. Um weitere Zeilen zu erhalten, wird wieder die Methode `next()` aufgerufen. Die Methode gibt `false` zurück, falls es keine neue Zeile mehr gibt.

7.3 Grundlegende Übungsaufgaben

Aufgaben

1 `(MyDatabase1.java)` Verändern Sie die Version DatenbankVersion4.java so, dass nach einem Namen gesucht werden kann.

2 `(MyDatabase2.java)` Nehmen Sie eine andere Datenbank als Grundlage für den Zugriff (z. B. MySQL).

Bemerkung: MySQL ist eine kostenlose Datenbank und für viele Plattformen (Linux/Windows ...) verfügbar. Das Ansprechen der Datenbank funktioniert auch über ODBC, es gibt aber wesentlich schnellere Treiber, die zur Verfügung stehen. Informieren Sie sich im Internet.

8 Swing

Mit **Swing**-Klassen kann man, wie mit AWT-Klassen, anspruchsvolle grafische Benutzerschnittstellen auf Basis von **lightweight-Komponenten** entwickeln. Das bedeutet: Jeder grafische Inhalt, den diese Komponenten darstellen, wird durch Java-Code gezeichnet. Das ist der wesentliche Unterschied zu den AWT-Komponenten, die auf der plattformspezifischen API aufbauen und so das „Look-and-Feel"-Gefühl vermitteln. Die Erscheinungsweise einer visuellen Swing-Komponente bestimmt somit deren Java-Implementierung. Auf diese Weise lassen sich Programme entwickeln, deren „Look-and-Feel" frei definierbar und vor allem plattformunabhängig gehalten werden kann.

Das Swing-Paket (unter javax.swing zu finden) ist sehr umfangreich und umfasst mehr als 1000 Klassen. Das folgende Kapitel zeigt nur einen Bruchteil dieser mächtigen Bibliothek.

Wie man im folgenden Kapiteln erkennt, ist eine sehr große Ähnlichkeit zu den bereits bekannten AWT-Komponenten vorhanden. Deswegen wird nur kurz auf die Unterschiede eingegangen und exemplarisch anhand der `JButton`-Klasse der Umgang erklärt.

8.1 JFrame und JDialog

`JFrame` und `JDialog` sind neben `JWindow` und `JApplet` die einzigen Klassen des Swing-Pakets, deren Instanzen auf die klassischen Peer-Objekte zugreifen, d. h. `javax.swing.JFrame` hat die Oberklasse `java.awt.Frame` und `javax.swing.JDialog` die Oberklasse `java.awt.Dialog`.

Abb. 8.1 Auszug API-Dokumentation javax.swing.JFrame

javax.swing

Class JFrame

```
java.lang.Object
  |
  +--java.awt.Component
        |
        +--java.awt.Container
              |
              +--java.awt.Window
                    |
                    +--java.awt.Frame
                          |
                          +--javax.swing.JFrame
```

Die Darstellung des Fensterrahmens (Titelleiste, Systemmenü ...) bestimmt das Betriebssystem, das Innere des Fensters wird dagegen komplett von Java übernommen.

Der innere Bereich des Fensters wird durch einen einzigen untergeordneten Container vom Typ `JRootPane` verwaltet, der wiederum aus zwei Komponenten besteht:

- Das `glassPane`-Objekt (vom Typ Component) sitzt als oberste Komponente über dem kompletten sichtbaren Bereich des inneren Fensters und ist normalerweise nicht sichtbar. Der Sinn dieser Komponente besteht darin, einmal sichtbar gemacht, alle Ereignisse im Fensterbereich abzufangen, um auf diese Weise z. B. länger andauernde Aktionen zu schützen (Blockieren von Maus/Tastatur).
- Das `layerdPane`-Objekt (vom Typ `JLayerdPane`) verwaltet die untergeordneten Schichten des Fensters in mehreren Bereichen. Dabei werden die Komponenten einer höheren Schicht immer über die der darunter liegenden Schicht gezeichnet. Dadurch lassen sich u. a. Menüs konstruieren, deren Inhalt über den restlichen visuellen Dialogelementen gezeichnet werden muss.

Das `layerdPane`-Objekt enthält zwei untergeordnete Komponenten. Diese Komponenten sind die Menüleiste (vom Typ `JMenuBar`) sowie der darunter liegende Container `contentPane` (vom Typ `Container`), dem die visuellen Dialogkomponenten (z. B. Buttons genauer Objekte vom Typ `JButton`) hinzugefügt werden.

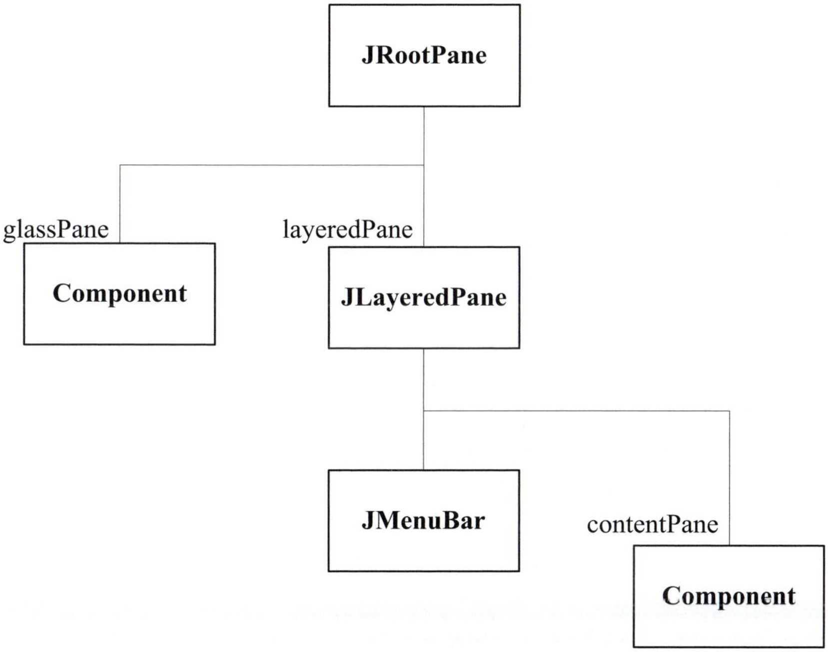

Abb. 8.2 Prinzipieller Aufbau der JRootPane

Durch diesen Sachverhalt ergibt sich ein wesentlicher Unterschied beim Hinzufügen von Komponenten zu einem Swing-Fenster. Es reicht nicht mehr aus, die Komponenten einfach mit der `add`-Methode des `JFrame`-Objektes bzw. `JDialog`-Objektes aufzurufen. Man muss sich zuerst mit der `getContentPane()`-Methode des Fenster-Objektes eine Referenz auf das `contentPane`-Objekt besorgen und dieser die Komponenten hinzufügen (siehe JFrame1).

8.2 JButton

Ein Objekt der Klasse `javax.swing.`**`JButton`** verhält sich genau wie ein Objekt der Klasse `java.awt.Button`. Zusätzlich gibt es aber auch noch die Möglichkeit, ein Icon auf dem Button zeichnen zu lassen.

Es stehen insgesamt 5 Konstruktoren zur Verfügung:

- `JButton()`: erzeugt einen Button ohne Text/Icon
- `JButton(String str)`: erzeugt einen Button mit der Beschriftung `str` ohne Icon
- `JButton(String str ,javax.swing.Icon icon)`: erzeugt einen Button mit der Beschriftung `str` und dem `icon`
- `JButton(javax.swing.Icon icon)`: erzeugt einen Button mit dem `icon`, aber ohne Beschriftung
- `JButton(javax.swing.Action myActionListener)`: erzeugt einen Button ohne Text/Icon aber mit zugeordnetem `ActionListener`

Es gibt viele Methoden, um Eigenschaften nachträglich zu verändern. Informationen dazu finden Sie in der API-Dokumentation unter `javax.swing.JButton`.

Problemstellung **`(JFrame1.java)`** Es soll ein Swing-Fenster mit folgenden Kriterien dargestellt werden:

- Breite: 400 Pixel, Höhe 100 Pixel
- Ereignissteuerung zum Beenden der Applikation über Fensterrahmen
- JButton, beschriftet „Beenden“ zum Beenden
- Titel „Unser erstes Swing Fenster!“

Abb. 8.3
JFrame1

Im folgenden Quellcode ist zu erkennen, dass das bisher erlernte Wissen voll einsetzbar ist. Eine Trennung von GUI und Ereignissteuerung wird auch hier bevorzugt umgesetzt. Es gibt drei Klassen:

- `JFrame1.java`: verantwortlich für den Aufbau der GUI und der Ereignissteuerung.
- `MyWindowListener.java`: verarbeitet die Fenserereignisse (wie bei AWT!)
- `MyActionListener.java`: verarbeitet die Action-Ereignisse (wie bei AWT!)

Quellcode JFrame1.java:

```
[1]  import java.awt.*;
[2]  import javax.swing.*;
[3]  public class JFrame1 extends JFrame
[4]  {
[5]    private MyWindowListener
[6]                   myWindowListener = new MyWindowListener();
[7]    private MyActionListener
[8]                   myActionListener = new MyActionListener();
[9]    private JButton btnBeenden = new JButton("Beenden");
[10]   public JFrame1()
[11]   {
[12]     super("Unser erstes Swing Fenster!");
[13]     Container cp = this.getContentPane();
[14]     cp.setLayout(new FlowLayout());
[15]     this.setSize(400,100);
[16]     cp.add(this.btnBeenden);
[17]     this.show();
[18]     //Ereigniskette
[19]     this.addWindowListener(myWindowListener);
[20]     this.btnBeenden.addActionListener(myActionListener);
[21]   }//public JFrame1()
[22]   public static void main(String argv[])
[23]   {
[24]     JFrame1 fenster = new JFrame1();
[25]   }//public static void main(String argv[])
[26] }//public class JFrame1 extends JFrame
```

Die Klasse `JFrame1` besteht aus drei wesentlichen Teilen:

- Attribute (Zeile 5 ... 9),
- Konstruktor (Zeile 10 ... 21),
- main-Methode (Zeile 22 ... 26).

Die Klasse `JFrame1` wird von `javax.swing.JFrame` abgeleitet (Zeile 3).

Die wesentlichen Neuerungen sind im Konstruktor versteckt. Da der Zugriff auf das `contentPane`-Objekt meist mehr als einmal benötigt wird, wird ein Objekt `cp` der Klasse `Container` mit Verweis auf die `contentPane`-Ebene des Fensters angelegt (Zeile 13). Das `contentPane`-Objekt ist direkt dafür verantwortlich, wie die Komponenten auf der Oberfläche platziert werden. Deswegen wird für diesen Container der Layout-Manager definiert (Zeile 14). Danach wird die Fenstergröße festgelegt (Zeile 15) und das `JButton`-Objekt zur `ContentPane`-Ebene hinzugefügt (Zeile 16). Zum Schluss muss die GUI noch sichtbar gemacht werden (Zeile 17). Damit ist die GUI-Codierung abgeschlossen. Es kommt noch der Aufbau der Ereigniskette hinzu, die aber genauso funktioniert wie bei den awt-Komponenten, und deswegen hier nicht mehr angesprochen wird.

Aus Gründen der Vollständigkeit werden die ereignisverarbeiteten Klassen angegeben.

Quellcode MyWindowListener.java:

```
import java.awt.event.*;
public class MyWindowListener extends WindowAdapter
{
  public void windowClosing(WindowEvent e)
  {
    System.exit(0);
  }//public void windowClosing(WindowEvent e)
}//public class MyWindowListener extends WindowAdapter
```

Quellcode MyActionListener.java:

```
import java.awt.event.*;
public class MyActionListener implements ActionListener
{
  public void actionPerformed(ActionEvent e)
  {
    System.exit(0);
  }// public void actionPerformed(ActionEvent e)
}//public class MyActionListener implements ActionListener
```

Problemstellung

`(JFrame2.java)` Es soll ein Swing-Fenster mit folgenden Kriterien dargestellt werden:

- Breite: 400 Pixel, Höhe 100 Pixel
- Ereignissteuerung zum Beenden der Applikation über Fensterrahmen
- JButton, beschriftet mit einer Grafik (GIF)
- Titel „Unser zweites Swing Fenster!“

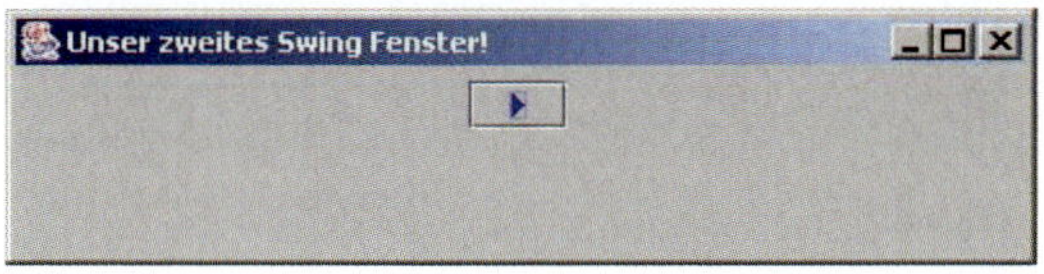

Abb. 8.4
JFrame2

Da sich nur die `JFrame2`-Klasse ändert, entfallen hier die Auflistungen der Dateien `MyActionListener.java` und `MyWindowsListener.java`.

Quellcode JFrame2.java:

```
[1]  import java.awt.*;
[2]  import javax.swing.*;
[3]  public class JFrame2 extends JFrame
[4]  {
[5]    private MyWindowListener
[6]                    myWindowListener = new MyWindowListener();
[7]    private MyActionListener
[8]                    myActionListener = new MyActionListener();
[9]    private JButton
[10]   btnBeenden = new JButton(new ImageIcon("sign.gif"));
[11]   public JFrame2()
[12]   {
[13]     super("Unser zweites Swing Fenster!");
[14]     Container cp = this.getContentPane();
[15]     cp.setLayout(new FlowLayout());
[16]    this.setSize(400,100);
[17]     cp.add(this.btnBeenden);
[18]     this.show();
[19]     //Ereigniskette
[20]     this.addWindowListener(myWindowListener);
[21]     this.btnBeenden.addActionListener(myActionListener);
[22]   }//public JFrame2()
[23]   public static void main(String argv[])
[24]   {
[25]     JFrame2 fenster = new JFrame2();
[26]   }//public static void main(String argv[])
[27] }//public class JFrame2 extends JFrame
```

In der Zeile 10 ist die Änderung hervorgehoben. Es wird nur ein anderer Konstruktor aufgerufen. Die Datei `sign.gif` muss im gleichen Verzeichnis liegen.

9 Servlets

Ein **Servlet** ist eine Webkomponente in einem Webserver, die von einem Servlet-Container verwaltet wird und dynamischen HTML-Code generiert. Servlets sind in der Regel kleine plattformunabhängigen Klassen und „kommunizieren“ mit einem Webclient (z. B. Browser) über Anfrage- und Antwort-Objekte (request und response), die in einem Servlet-Container implementiert sind. Diese Anfrage- und Antwort-Objekte sind eigentlich protokollunabhängig, doch meist basieren diese Objekte auf dem Hypertext-Transfer-Protokoll **(HTTP)**.

Abb. 9.1
Übersicht Servlet-Datenfluss

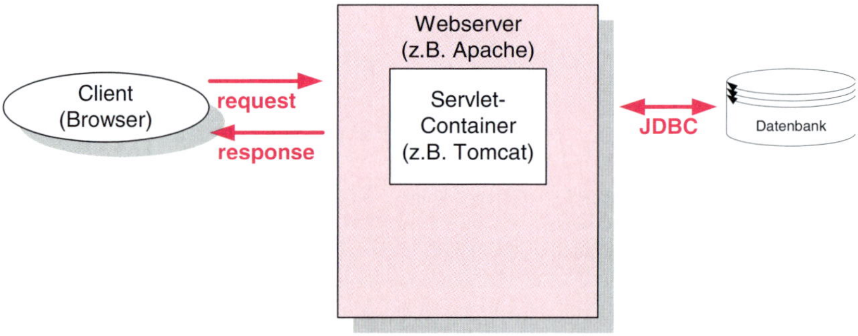

Ein Servlet ist also ein Java-Programm, das vom Browser eine Anfrage bekommt, woraufhin das Servlet eine Seite dynamisch erstellt (z. B. aus einer Datenbank-Abfrage) und an den Browser sendet (Beispiel: Suche bei Google).

Die Klassen, die für die Servletprogrammierung benötigt werden, befinden sich in den Paketen **javax.servlet** und javax.servlet.http. Diese Pakete sind nicht Teil des SDK, sind aber in einer frei verfügbaren Java-Servlet API enthalten, die unter *http://java.sun.com/products/java-server/servlets* kostenfrei zur Verfügung steht.

Die aktuell ausgereifte verfügbare Version (Stand 9/2002) ist 2.3 (final release).

Als Servlet-Container dient die kostenlose Software Tomcat, die auch über die oben genannte Adresse zu beziehen ist. In den zwei folgenden Kapiteln wird kurz beschrieben, wie Sie die Software installieren müssen, um die danach folgenden Beispiele und Übungen durcharbeiten zu können.

Das sich daran anschließende Kapitel zeigt den Aufbau eines Servlets und die verschiedenen Möglichkeiten des Zugriffs vom Client (HTTP-post/get).

9.1 Einrichten der Entwicklungsumgebung

Um alle folgenden Beispiele und Übungen nachvollziehen zu können, wird an dieser Stelle demonstriert, welche Programme und Techniken benutzt werden, wie diese verwendet werden, wo man diese Software findet und wie diese einzurichten ist.

Sie können natürlich auch andere Umgebungen schaffen, doch müssen Sie dann hier und da die Java-Programme, die hier vorgestellt werden, anpassen.

Übersicht der benötigten Software (Stand 2/2008):

- **Tomcat**: *http://jakarta.apache.org/tomcat*
- **MySQL**: *http://www.mysql.com/downloads*
- **Servlet-API**: *http://java.sun.com/products/servlet/download.html*

9.1.1 Tomcat

Tomcat ist die offizielle Referenz-Implementierung der Java-Servlet-Technologie (und auch Java Server Pages – jsp genannt). Die Software dient als Server, auf dem die Servlets und JSP-Seiten laufen.

Es besteht die Möglichkeit, Tomcat als „stand alone"-Server laufen zu lassen. Tomcat erfüllt dann die Anforderungen eines einfachsten Webservers und ist somit ohne umgebenden Webserver (z. B. Apache) zu Testzwecken nutzbar.

Es besteht aber immer noch die Möglichkeit, Tomcat in einen Webserver wie Apache (> Version 1.3), MS Internet Information Server (> Version 4.0), MS Personal Webserver (> Version 4.0) oder Netscape Enterprise Server (> Version 3.0) zu integrieren.

Windows Installation von Tomcat als Stand-alone

Nachdem man Tomcat als ZIP-Archiv heruntergeladen hat, kann die Installation beginnen. Man extrahiert dieses ZIP-Archiv an eine frei wählbare Stelle.

Beachten Sie, dass verschiedene Tomcat-Versionen mit bestimmten JDK-Versionen laufen müssen. Die Beispiele wurden mit Tomcat 4.0.4 LE durchgeführt, die mit dem JDK 1.4 arbeiten kann.

Nach der Installation sollten Sie folgende Verzeichnisstruktur vorfinden:

Abb. 9.2 Tomcatverzeichnis nach Installation

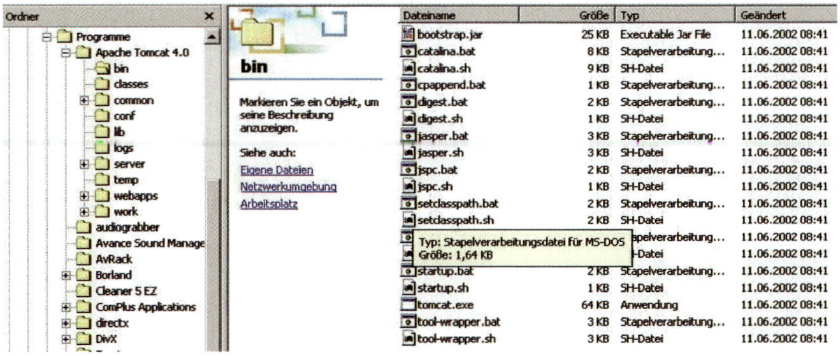

Tomcat kann über zwei Arten gestartet werden:

- über das Startmenü (Start/Apache Tomcat 4.0/Start Tomcat),
- über den Commandozeilenaufruf im Installationsverzeichnis \bin „startup.bat".

Sollten Fehlermeldungen auftreten, so überprüfen Sie folgende Einstellungen:

- Umgebungsvariable JAVA_HOME muss auf das Installationsverzeichnis des installierten SDK/JRE zeigen (z. B. c:\j2sdk1.4.0),
- Umgebungsvariable TOMCAT_HOME muss auf das Installationsverzeichnis von Tomcat zeigen (z. B.: C:\Programme\Apache Tomcat4.0).

Nachdem der Server ordnungsgemäß gestartet ist, sollte sich ein weiteres Fenster geöffnet haben, in dem der Kontakt zu Tomcat protokolliert wird.

Abb. 9.3 Tomcat Protokollfenster

Um den Server ordnungsgemäß zu beenden, kann entweder auf der Kommandozeile im Tomcatverzeichnis \bin\shutdown.bat aufgerufen oder über das Startmenü (Start/Apache Tomcat 4.0/Stop Tomcat) der Server beendet werden.

Nach Abschluss der Installation und dem erfolgreichen Start des Tomcat-Servers kann die ordnungsgemäße Funktion getestet werden. Die einfachste Möglichkeit bietet der Aufruf der Startseite des Servers über einen Webbrowser: *http://localhost:8080/index.html*

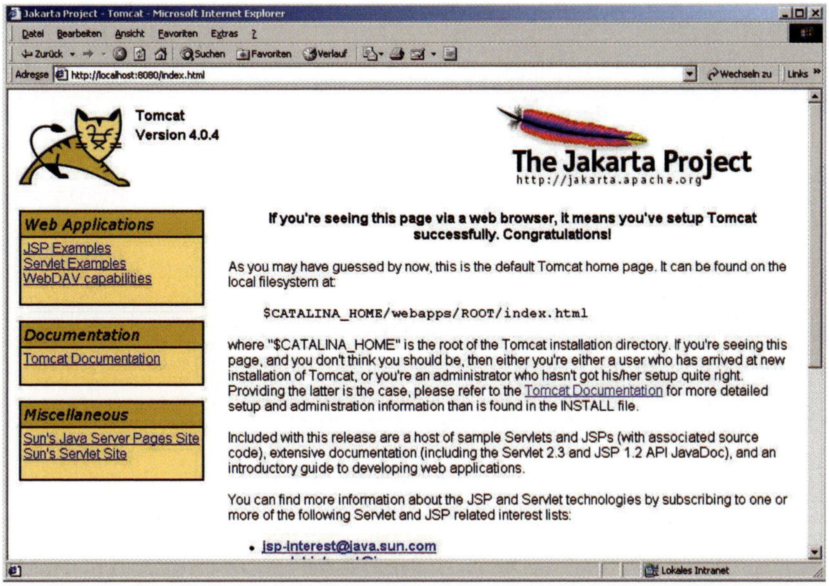

Abb. 9.4 Tomcat http://localhost:8080/index.html

Wenn der Server läuft, probieren Sie einmal ein Servlet oder eine JSP-Seite aus und schauen sich den Quellcode an, um einen ersten Eindruck zu gewinnen.

9.1.2 MySQL

Die benutzte Version 3.23.52 wurde als ZIP-Archiv von www.mysql.com/downloads heruntergeladen. Jetzt muss diese Version in ein beliebiges Unterverzeichnis entpackt und danach die Installation (setup.exe) angestoßen werden.

Nach dem Welcome-Fenster, das man mit Next bestätigt, folgt ein weiteres Informationsfenster, dem wiederum mit Next zugestimmt wird. Danach erscheint ein Fenster mit einem vorgeschlagenem Installationspfad, der nach Belieben geändert werden kann.

Im nächsten Fenster wird man nach der Installationsart gefragt. Man sollte grundsätzlich die persönliche (custom) Installationsart wählen, um Einfluss auf die installierten Komponenten zu haben.

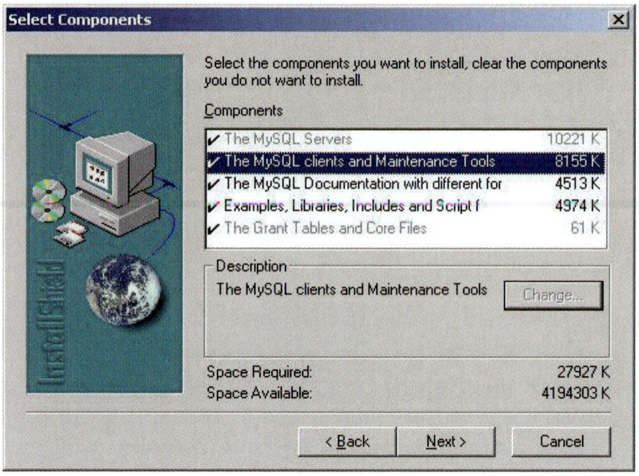

Abb. 9.5
Installationsart custom/persönliche Installation

Nach dem nächsten Schritt erfolgt die eigentliche Installation des Programms, nach den von uns getätigten Angaben.

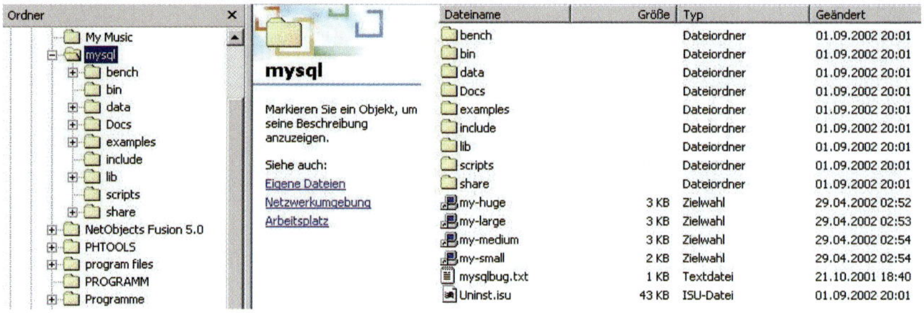

Abb. 9.6
Pfade nach der Installation von MySQL

Um den Datenbankserver zu starten, wird das Administrator-Programm mit winmysqladmin.exe aus dem bin-Verzeichnis des Installationsverzeichnisses aufgerufen. Standard-Login und -Passwort lauten: root.

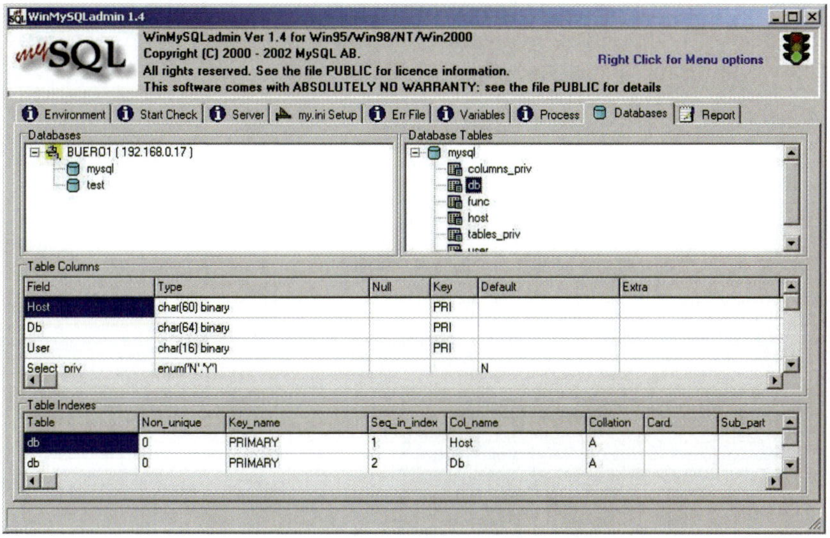

Abb. 9.7 MySQL winmysqladmin.exe

Wird dieses Fenster versteckt (Reiter Enviroment/hide me), erscheint in der Statuszeile ein Ampel-Symbol.

Abb. 9.8 MySQL-Datenbank gestartet

Zeigt die Ampel das grüne Licht, dann bedeutet dies, dass die Datenbank aktiv ist.

MySQL bietet selbst kaum komfortable Möglichkeiten, die Datenbank zu pflegen. Es gibt eine große Menge an frei erhältlichen Tools dafür. Hier werden aber nur die direkt mitgelieferten Tools benutzt, die auch funktionieren.

Datenbank anlegen

Dazu startet man den Datenbankmonitor mit mysql.exe in der DOS-Shell. Um eine Datenbank mit dem Namen „Daten“ anzulegen, wird Folgendes eingegeben:

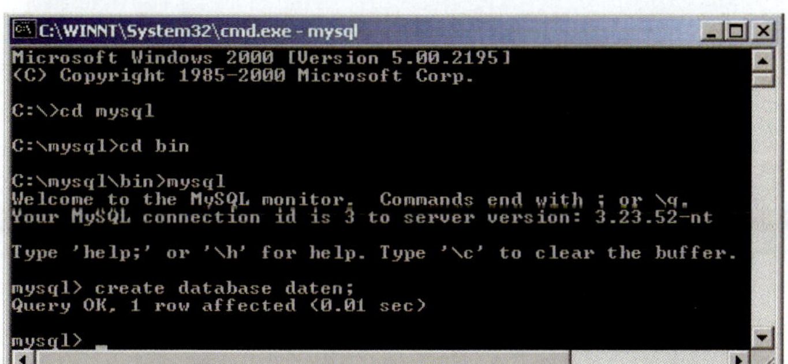

Abb. 9.9 MySQL-Datenbank anlegen (mysql.exe)

Um eine neue Tabelle mit dem Namen „adresse“ und den Spaltennamen: id_nummer, name, vorname, strasse, hausnummer, stadt, plz zu erzeugen, muss man Folgendes eingeben:

```
Create table daten.adresse (
Id_nummer integer,
name varchar(50),
vorname varchar(50),
strasse varchar(50),
hausnummer varchar(5),
stadt varchar(50),
plz integer);
```

Abb. 9.10
MySQL-Datenbank-Tabelle anlegen

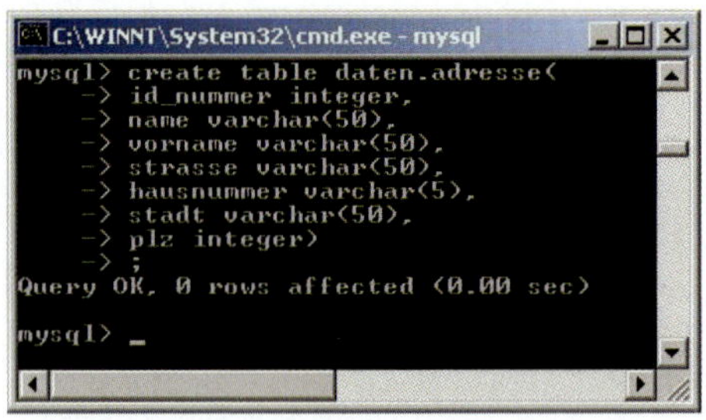

Damit ist die Struktur der einfachen Adressdatenbank angelegt. Um nun noch Daten in diese Tabelle einzufügen, gibt man folgenden Befehl ein:

```
insert into daten.adresse values
(1,'Hebi','Peter','Gefangenenweg','1b','Dukecity',1111);
insert into daten.adresse values (2,'Tauser','Mirko','Im
Garten','255','Labsheim',67099);
insert into daten.adresse values
(3,'Leili','Jens','Obergasse','13','Franktown',12563);
insert into daten.adresse values
(4,'Morgen','Arno','Winzerweg','1','Danncity',67123);
```

Abb. 9.11
Tabelle mit Daten füllen

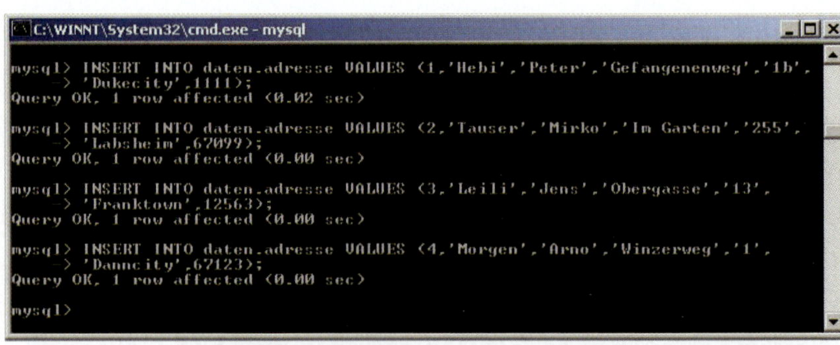

Zum Schluss testet man durch eine einfache Abfrage an die Datenbank die Funktion mit folgenden Befehlen:

```
use daten;
select * from adresse;
```

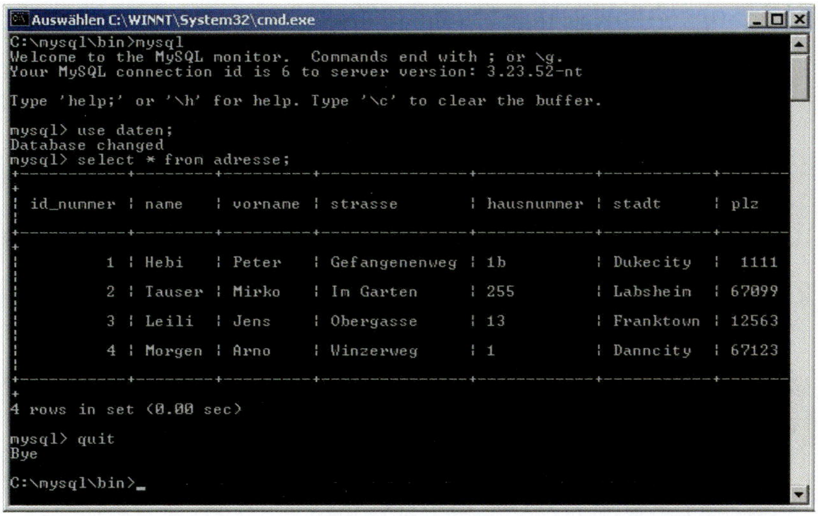

Abb. 9.12
Selektion aller Daten

9.1.3 Servlet-API

Die Servlet-API gehört nicht zum SDK (erkennbar am Paketnamen javax – x steht für extension) und muss deswegen nachträglich installiert werden. Diese API ist im Internet frei verfügbar und muss heruntergeladen werden (*http://java.sun.com/products/servlet/download.html*).

Nach dem Herunterladen hat man ein ZIP-Archiv, das **nicht** entpackt werden muss. Um diese zusätzliche API nutzbar zu machen, muss die Datei in die Umgebungsvariable CLASSPATH mit aufgenommen werden.

Das geschieht durch folgenden Aufruf:

```
set CLASSPATH=%CLASSPATH%;c:\j2sdk1.4.0\lib\servlet-2_3-fcs-
classfiles.zip
```

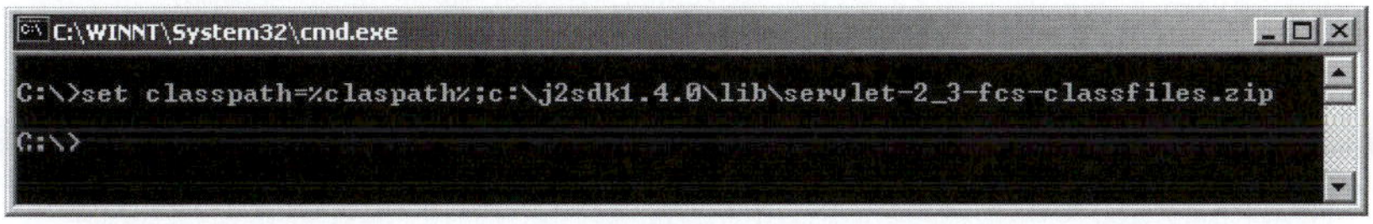

Abb. 9.13
Ergänzen der CLASSPATH Umgebungsvariablen

Um diese Einstellung dauerhaft zur Verfügung zu haben, muss man in Abhängigkeit des Betriebssystems verschiedene Einstellungen vornehmen.

Exemplarisch sei dieser Vorgang für Windows 2000 vorgestellt:

Unter Start/Einstellungen/Systemsteuerung/System im Reiter „Erweitert" Umgebungsvariablen aktivieren und – falls vorhanden – CLASSPATH-Eintrag markieren und bearbeiten bzw. einen neuen Eintrag erzeugen.

Abb. 9.14
Eintragen der Umgebungsvariablen CLASSPATH

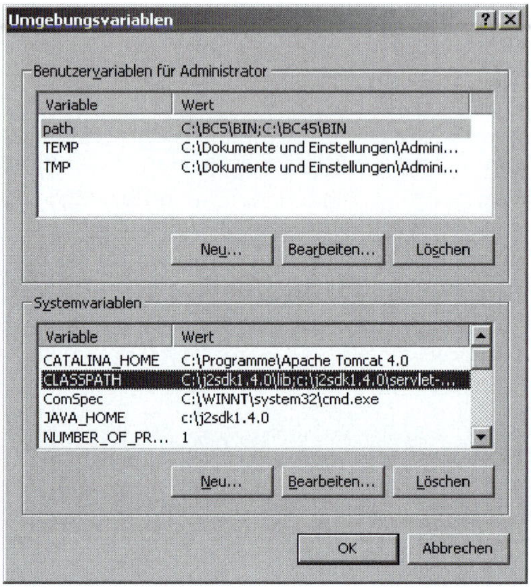

Hier muss das entsprechende Installationsverzeichnis angegeben werden. Nur der Administrator darf die Variable für alle Benutzer (Systemvariablen) setzen. Ansonsten muss der Benutzer diese Umgebungsvariable in den Bereich Benutzervariablen eintragen, die nur für diesen Benutzer Gültigkeit hat.

9.2 „Hello Welt!"-Servlet

Das erste Programm, das einem Programmierer in seiner Laufbahn bei neuen Techniken begegnet, ist das „Hallo Welt" Programm.

Anhand dieser einfachsten Aufgabenstellung, „nur" „Hallo Welt" als HTML-Dokument zu erzeugen, werden die Grundlagen erklärt:

- prinzipieller Aufbau (Hintergrundwissen),
- Codierung,
- Installation,
- Aufruf,
- Lebenszyklus.

9.2.1 Hintergrundwissen

Logische Ansicht

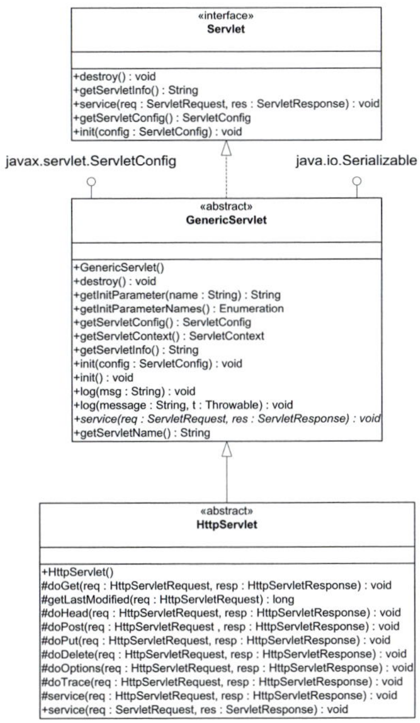

Ein `Servlet`-Interface ist eine Schnittstelle, die alle Servlets direkt oder indirekt implementieren muss. Es schreibt den grundlegenden Aufbau eines Servlets vor.

Die Klasse `javax.servlet.http.`-**`HttpServlet`** ist speziell für das HTTP-Protokoll geschrieben und deswegen für die Webprogrammierung bestens geeignet.

Die Klassen **`GenericServlet`** und `HttpServlet` enthalten beide die **`service`**-Methode. Diese wichtige Methode nimmt alle Anfragen, die vom Servlet `Container` an ein Servlet gestellt werden, entgegen. Deshalb hat sie auch noch den Namen Request-Handling-Method (Anfrage verarbeitende Methode).

Außerdem enthalten beide Klassen eine `init`-Methode (`HttpServlet` erbt diese Methode) zur Instanzierung des Servlets und eine `destroy`-Methode, die beim Herunterfahren des Servlet-Containers aufgerufen wird.

Zusätzlich hat die Klasse `GenericServlet` die beiden Interfaces `ServletConfig` und `Serializable` implementiert.

`HttpServlet` ist die direkte Subklasse von `GenericServlet` und enthält somit implizit alle Methoden dieser Superklasse. Sie besitzt insbesondere die Methode `service(ServletRequest, ServletResponse)`. Diese Methode sollte in einer abgeleiteten Klasse nicht unbedacht überschrieben werden, da sie so implementiert ist, dass HTTP-Anfragen (z. B. OPTIONS, GET, HEAD, POST, PUT, DELETE, TRACE) an die entsprechende doXXX-Methode weitergeleitet werden.

9.2.2 Codierung

Nach so viel Theorie nun aber die Codierung eines einfachen Servlets. Eine Voraussetzung dafür sind Grundkenntnisse über HTML.

HTTP-Protokoll: GET fordert Informationen eines Servers unter Angabe der URI (uniform resource identifiers) an. Ein GET-Befehl wird bei jedem Aufruf einer Seite durch einen Browser gestellt. Dabei liefert der Server die Seite, die durch die URI ausgedrückt wird, an den Client.

Quellcode HelloWorldServlet.java:

```
[1]  import java.io.*;
[2]  import javax.servlet.*;
[3]  import javax.servlet.http.*;
[4]  public class HelloWorldServlet extends HttpServlet
[5]  {
[6]    public void doGet(HttpServletRequest  req,
[7]                      HttpServletResponse res)
[8]    throws IOException, ServletException
[9]    {
[10]     res.setContentType("text/html");
[11]     PrintWriter out = res.getWriter();
[12]     out.println("<html>");
[13]     out.println("<head>");
[14]     out.println("<title>Hallo Welt!</title>");
[15]     out.println("</head>");
[16]     out.println("<body>");
[17]     out.println("<h1>Hallo Welt!</h1>");
[18]     out.println("</body>");
[19]     out.println("</html>");
[20]     out.close();
[21]   }// public void doGet(...)
[22] }//public class HelloWorldServlet extends HttpServlet
```

Die `HalloWorldServlet`-Klasse wird von der `HttpServlet`-Klasse abgeleitet und überschreibt nur die `doGet`-Methode. Exceptions, die in der `doGet`-Methode auftreten könnten, werden nicht abgefangen, sondern hier an den Servlet-Container weitergereicht. Will man eine eigene Fehlerbehandlung schreiben, so muss ein entsprechender try-catch-Block codiert werden.

Zuerst muss der Client die Antwort vom Server erhalten. Dies wird durch die Angabe des Mime-Type gemacht (Zeile 10). Danach wird aus dem in der Parameterliste übergebenen `HttpServletResponse`-Objekt der Ausgabestrom referenziert (Zeile 11). Über dieses Objekt `(res)` kann (wie Kommandozeile `System.out.print`/`ln()`) in den Client-Browser geschrieben werden, der HTML-Code erwartet (Zeile 12...20). Nachdem alle Informationen an den Client geschickt wurden, wird der Ausgabestrom geschlossen (Zeile 21).

9.2.3 Installation des Servlets

Wenn die Servlet-API richtig installiert ist, lässt sich die `HelloWorldServlet`-Klasse ohne weiteres kompilieren und man erhält eine Datei mit dem Namen `HelloWorldServlet.class`. Diese Datei ist keine Applikation mehr, da die `main`-Methode fehlt. Die Klasse läuft in einem Servlet-Container und muss nun in ein spezielles Verzeichnis von Tomcat kopiert werden, damit der Servlet-Server die Klasse finden kann.

Als Standard sucht Tomcat in einem Verzeichnis „<%TomcatRoot%>\webapps\examples\WEB-INF\classes“. Wobei <%TomcatRoot%> das Installationsverzeichnis von Tomcat ist (z. B. C:\Programme\Apache Tomcat 4.0). Es ist mit etwas Konfigurationsarbeit möglich, dieses Verzeichnis zu verlegen. Dazu lesen Sie bitte das Manual von Tomcat.

9.2.4 Aufruf des Servlets

Testen kann man das Servlet nun mit einer Browseranfrage (GET): *http://localhost:8080/examples/servlet/HelloWorldServlet*

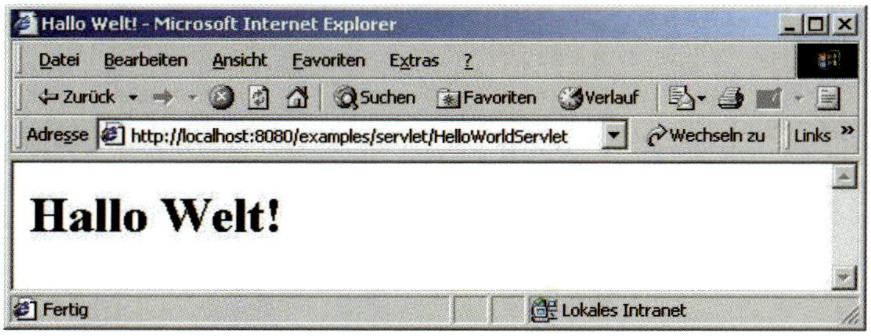

Abb. 9.15
HelloWorld

9.2.5 Grundlegende Übungsaufgaben

Aufgaben

1 `(MyFirstServlet.java)` Schreiben Sie ein Servlet, das nach dem Aufruf Ihren Namen, das aktuelle Datum und die aktuelle Uhrzeit ausgibt.

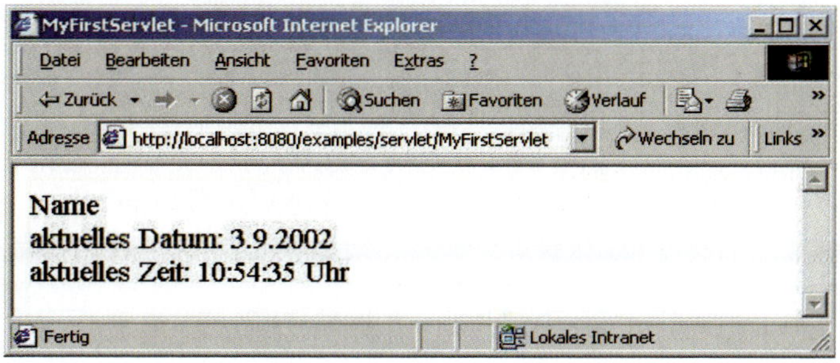

Abb. 9.16
MyFirstServlet

9.2.6 Lebenszyklus eines Servlets

Die Erzeugung eines Objektes unserer Klasse (hier `HelloWorldServlet.class`) übernimmt der Servlet-Container (also Tomcat). Je nach Einstellung der Konfiguration des Servlet-Containers kann das beim Start des Servers oder bei der ersten Anfrage für das Servlet erfolgen.

Nachdem ein Objekt des Servlets erzeugt wurde, führt der Servlet-Container eine Initialisierung durch, indem die Methode `init(ServletConfig)` aufgerufen wird.

Wenn das Servlet erfolgreich (ohne Exception) geladen wurde, ist es für Anfragen bereit. Dies geschieht durch die `service`-Methode. Der Servlet-Container kann diese Methode beliebig oft für ein Objekt aufrufen. Um die Verarbeitungsgeschwindigkeit zu erhöhen, ist es auch möglich, mehrere Objekte einer Klasse nebeneinander existieren zu lassen um somit die Anzahl der Anfragen zu erhöhen, die beantwortet werden können (Konfiguration von Tomcat).

Der Servlet-Container kann entscheiden, wann er das Servlet-Objekt zerstört. Dies geschieht durch den Aufruf der `destroy`-Methode. Hier muss der Programmierer gegebenenfalls gewährleisten, dass Daten gesichert oder Datenbank-Verbindungen geschlossen werden.

Ein Servlet-Container wird aus folgenden Gründen ein Servlet-Objekt zerstören, wenn:

- Speicher freigegeben werden muss,
- der Servlet-Container beendet wird,
- längere Zeit keine Anfragen mehr an das Servlet gestellt wurden,
- eine aktuellere Version der Klasse gefunden worden ist,
- Servlet das Signal zum Beenden erhalten hat.

9.2.7 Servlet Lebenszyklus: Beispiel Counter

Das folgende Beispiel soll noch einmal das Wissen über den Lebenszyklus eines Servlets verdeutlichen.

Problemstellung `(CounterServlet.java)` Ein Servlet soll ein einfacher Counter sein. Selbst das Ein- und Abschalten des Servlet-Containers wird abgefangen.

Abb. 9.17
CounterServlet

Beim Start (`init`-Methode) wird versucht, den aktuellen Zählerstand aus einer Datei zu lesen. Tritt ein Fehler auf, so gibt das Programm eine `UnavailableException` an den Servlet-Container zurück, damit das Servlet nicht mehr angesprochen werden kann.

Treten keine Fehler auf, so kann das Servlet Anfragen entgegennehmen und erhöht bei jedem Aufruf des Servlets den Zählerstand.

Soll das Servlet beendet werden, so versucht es, den aktuellen Zählerstand wieder in die Datei zurückzuschreiben. Tritt hierbei ein Fehler auf, so wird nur eine Fehlermeldung auf der Konsole ausgegeben.

Quellcode CounterServlet.java:

```
import java.io.*;
import javax.servlet.*;
import javax.servlet.http.*;
public class CounterServlet extends HttpServlet
{
  private File file=null;
  int intCount;
  public void init()
              throws ServletException,UnavailableException
  {
    String realerpfad = this.getServletContext()
                        .getRealPath("CounterServlet");
    String pfad = realerpfad.substring(0,
                  realerpfad.indexOf("\\CounterServlet"));
    try
    {
      file = new File(pfad+"counter.sav");
      if (file.exists())
      {
        //Datei vorhanden
        BufferedReader in = new BufferedReader(
                            new FileReader(file));
        String strCount = in.readLine();
        if(strCount!=null)
          intCount=Integer.parseInt(strCount);
        else
```

```
     //Datei wahr leer
     intCount=0;
    in.close();
    }//if
    else
    {
     //Datei nicht vorhanden
     file.createNewFile();
     intCount=0;
    }//else
   }//try
   catch(IOException e)
  {
  throw new UnavailableException("Can't read or write!"
                 +e);
  }//catch
 }//init()
 public void doGet(HttpServletRequest req,
          HttpServletResponse res)
          throws IOException, ServletException
 {
  res.setContentType("text/html");
  PrintWriter out = res.getWriter();
  out.println("<html>");
  out.println("<head>");
  out.println("<title>Counter Servlet</title>");
  out.println("</head>");
  out.println("<body>");
  out.println("<h1>Das Servlet wurde "+
        intCount++ +" Aufgerufen</h1>");
  out.println("</body>");
  out.println("</html>");
  out.close();
 }//public void doGet(..)
 public void destroy()
 {
  try
  {
   BufferedWriter out = new BufferedWriter(
             new FileWriter(file));
   out.write(new Integer(intCount).toString());
   out.close();
  }//try
  catch(IOException e)
  {
   System.out.println("Fehler beim Speichern!...");
  }//catch
 }//public void destroy()
}//public class CounterServlet extends HttpServlet
```

9.3 Parameter zur Steuerung von Servlets

Parameter sind zusätzliche Zeichenketten, die vom Client an den Servlet-Container als Teil der Anfrage gesendet werden. Man unterscheidet zwischen POST-Anfragen und **GET**-Anfragen.

Bei einer **POST**-Anfrage befinden sich die Parameter zur Steuerung von Servlets im Kopf der Anfrage.

Bei einer GET-Anfrage sind die Parameter in der URI enthalten – und können von jedem eingesehen werden, was dieses Verfahren für sensible Daten (z. B. Passwort) ungeeignet macht.

9.3.1 GET-Anfrage

Eine URL mit Parameter sieht im Allgemeinen wie folgt aus:

http://www.name.de/servletname?parameter1=wert1?parameter2=wert2

Um zu zeigen, wie Daten mit an ein Servlet übergeben werden, soll ein einfaches Beispiel genügen.

Problemstellung

`(GetServlet.java)` Von einer HTML-Seite werden Name und Vorname an ein Servlet übertragen, das zur Kontrolle diese übertragenen Daten ausgibt. Es gibt eine Möglichkeit, von der Servlet-Seite zurück auf die HTML-Seite zu kommen, um den Vorgang erneut zu starten.

Dazu benötigt man eine HTML-Datei (die im Servlet-Container im Verzeichnis ROOT abgelegt werden muss) und ein Servlet.

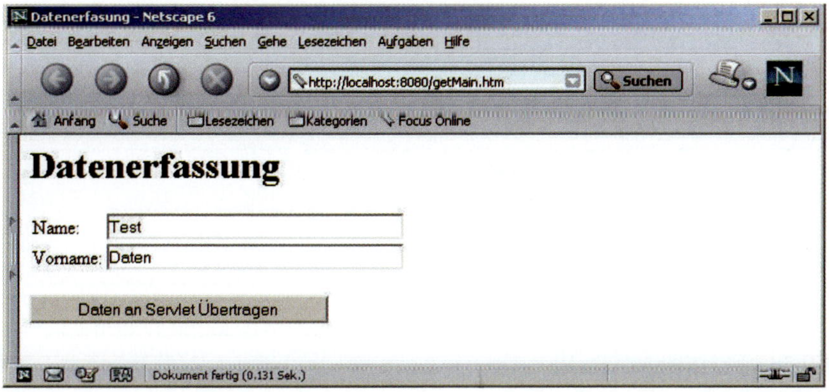

Abb. 9.18
getMain.htm

Abb. 9.19
GetServlet

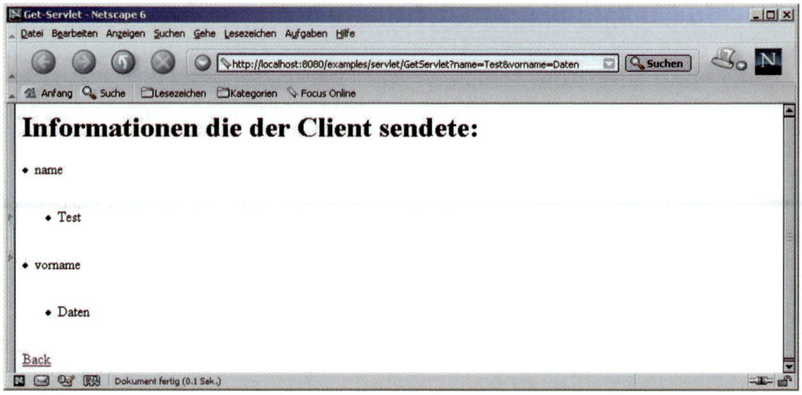

Quellcode getMain.htm:

```
[1]  <html>
[2]    <head>
[3]      <title>Datenerfasung</title>
[4]    </head>
[5]    <body>
[6]      <h1>Datenerfassung</h1>
[7]      <form action="http://localhost:8080/
[8]                    examples/servlet/GetServlet" method="get">
[9]      <table>
[10]     <tr>
[11]       <td>Name: </td>
[12]       <td><input type="text" name="name" size="40"></td>
[13]     </tr>
[14]     <tr>
[15]       <td>Vorname: </td>
[16]       <td><input type="text" name="vorname" size="40"></td>
[17]     </tr>
[18]     </table>
[19]     <br>
[20]     <input type="submit"
[21]            value="Daten an Servlet &Uuml;bertragen">
[22]     </form>
[23]   </body>
[24] </html>
```

In dem HTML-Dokument gibt es zwei Formular-Elemente, die zum Übertragen der Informationen dienen (Zeile 12 und 16). Sie tragen die Bezeichnungen „name" und „vorname". Die Übertragung wird durch das dritte Formular-Element ausgelöst (Zeile 20).

Wenn der Button gedrückt wird, werden die Daten mit der `get`-Methode an das Servlet übertragen. In der Abb. 9.19 ist zu erkennen, dass die übertragenen Informationen, Name des Textfeldes und Inhalt im Klartext an die URL angehängt werden.

Quellcode GetServlet.java:

```
[1]  import java.io.*;
[2]  import java.util.*;
[3]  import javax.servlet.*;
[4]  import javax.servlet.http.*;
[5]  public class GetServlet extends HttpServlet
[6]  {
[7]    public void doGet(HttpServletRequest req,
[8]                      HttpServletResponse res)
[9]                      throws IOException, ServletException
[10]   {
[11]     res.setContentType("text/html");
[12]     PrintWriter out = res.getWriter();
[13]     out.println("<html>");
[14]     out.println("<head>");
[15]     out.println("<title>Get-Servlet</title>");
[16]     out.println("</head>");
[17]     out.println("<body>");
[18]     out.println("<h1>Informationen die der Client "+
[19]                 "sendete:</h1>");
[20]     out.println("<li>Name: </li>");
[21]     out.println("<ul><li>"+req.getParameter("name")+
[22]                 "</li></ul>");
[23]     out.println("<li>Vorname: </li>");
[24]     out.println("<ul><li>"+req.getParameter("vorname")+
[25]                 "</li></ul>");
[26]     out.println(
[27]  "<a href=\"http://localhost:8080/getMain.htm\">Back</a>");
[28]     out.println("</body>");
[29]     out.println("</html>");
[30]     out.close();
[31]   }//public void doGet(..)
[32] }//public class GetServlet extends HttpServlet
```

Das Servlet sollte von der `getServlet.htm`-Seite angesprochen werden. Somit wird die `doGet`-Methode des Servlets ausgeführt. Die Parameter werden mit der `getParameter (String)`-Methode (Zeile 22 und 25) des `HttpServletRequest`-Objekts ausgelesen und in die HTML-Seite eingearbeitet.

9.3.2 POST-Anfrage

Im Gegensatz zur GET-Anfrage werden bei der POST-Anfrage die Daten für den Benutzer „unsichtbar" übermittelt. Die Aufgabenstellung wird von dem vorangegangenen Beispiel übernommen.

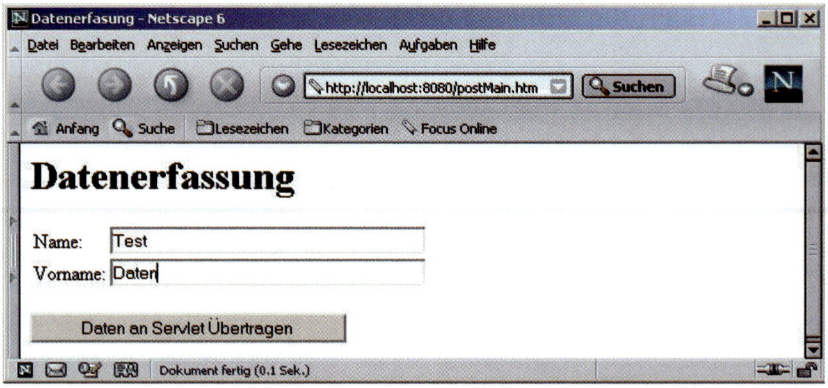

Abb. 9.20
postMain.htm

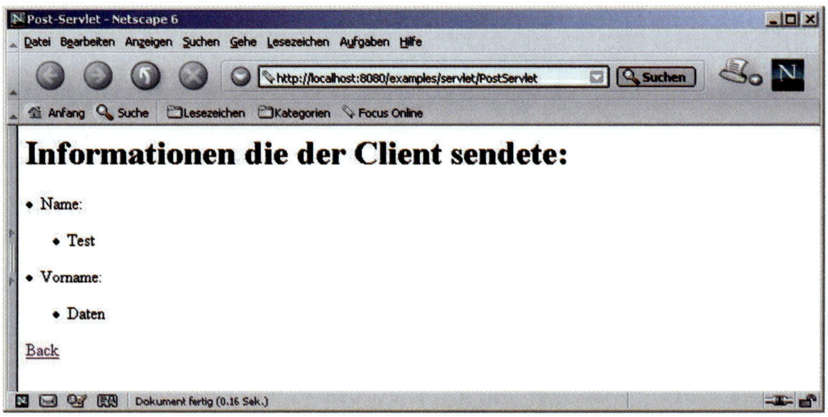

Abb. 9.21
PostServlet

Quellcode postMain.htm:

```
<html>
  <head>
    <title>Datenerfasung</title>
  </head>
  <body>
    <h1>Datenerfassung</h1>
    <form action=
     "http://localhost:8080/examples/servlet/PostServlet"
     method="post">
    <table>
    <tr>
      <td>Name:</td>
      <td><input type="text" name="name" size="40"></td>
    </tr>
    <tr>
      <td>Vorname: </td>
      <td><input type="text" name="vorname" size="40"></td>
    </tr>
```

```
    </table>
    <br>
    <input type="submit"
          value="Daten an Servlet &Uuml;bertragen">
    </form>
  </body>
</html>
```

In dem HTML-Code wurde nur im `form`-Tag die Übertragungsart von `get` auf `post` geändert.

Quellcode PostServlet.java:

```
import java.io.*;
import java.util.*;
import javax.servlet.*;
import javax.servlet.http.*;
public class PostServlet extends HttpServlet
{
  public void doPost(HttpServletRequest req,
                     HttpServletResponse res)
                     throws IOException, ServletException
  {
    res.setContentType("text/html");
    PrintWriter out = res.getWriter();
    out.println("<html>");
    out.println("<head>");
    out.println("<title>Post-Servlet</title>");
    out.println("</head>");
    out.println("<body>");
    out.println("<h1>Informationen die der Client "+
            "sendete:</h1>");
    out.println("<li>Name: </li>");
    out.println("<ul><li>"+req.getParameter("name")+
            "</li></ul>");
    out.println("<li>Vorname: </li>");
    out.println("<ul><li>"+req.getParameter("vorname")+
            "</li></ul>");
    out.println(
"<a href=\"http://localhost:8080/postMain.htm\">Back</a>");
    out.println("</body>");
    out.println("</html>");
    out.close();
  }//public void doPost(..)
}// public class PostServlet extends HttpServlet
```

Auch in dem Servletquellcode ist kaum eine Änderung durchzuführen. Da jetzt die Übertragung der Daten über HTTP-POST geschieht, wird auch die `doPost`-Methode aufgerufen. In Abb. 9.21 ist zu erkennen, dass die übertragenen Daten nicht dargestellt werden.

9.4 Adressdatenbank über Servlet abfragen

Problemstellung

`(Adressen.java)` Von einer HTML-Seite kann eine Suchanfrage nach „Namen“ gemacht werden. Zuständig hierfür ist ein Servlet, das beim Laden die Verbindung zur Datenbank herstellt und beim Herunterfahren die Datenbankverbindung beendet.

Damit ein Zugriff auf eine Datenbank erfolgen kann, muss der entsprechende Treiber Tomcat bekannt gegeben werden. Das geschieht, indem man den JDBC-Treiber aus dem Internet herunterlädt, das jar-File in das Installationsverzeichnis \common\lib kopiert und danach Tomcat erneut startet.

Quellcode GetServlet.java:

```
import java.sql.*;
import javax.servlet.*;
import javax.servlet.http.*;
import java.io.*;
public class AdressenServlet extends HttpServlet
{
  Connection dbVerbindung=null;
  Statement sqlStatement=null;
  String sqlString;
  ResultSet resultSet=null;
  public void init() throws ServletException,
                            UnavailableException
  {
    try
    {
      Class.forName("com.mysql.jdbc.Driver");
      System.out.println("Treiber erfolgreich geladen...");
    }//try
    catch(ClassNotFoundException e)
    {
      System.out.println("Treiberfehler: "+e);
    }//catch
    try
    {
      String url="jdbc:mysql://localhost:3306/daten";
      dbVerbindung = DriverManager.getConnection(
                                   url,"root","root");
      System.out.println("Verbindung erfolgreich...");
    }//try
    catch(SQLException e)
    {
      System.out.println("Fehler beim Datenbankzugriff!");
    }//catch
  }//init()
```

```
public void doGet(HttpServletRequest request,
                  HttpServletResponse response)
                  throws IOException, ServletException
{
  response.setContentType("text/html");
  PrintWriter out = response.getWriter();
  out.println("<html>");
  out.println("<head>");
  out.println("<title>Datenbankabfrage</title>");
  out.println("</head>");
  out.println("<body>");
  out.println("<h1>Datenbankabfrage</h1>");
  dbAbfrage(request,out);
  formular(out);
  out.println("</body>");
  out.println("</html>");
  out.close();
}//public void doGet(..)
public void destroy()
{
  try
  {
    this.resultSet.close();
    this.sqlStatement.close();
    this.dbVerbindung.close();
  }//try
  catch(SQLException e)
  {
    System.out.println("Fehler :"+e);
  }//catch(SQLException e)
}//public void destroy()
private void formular(PrintWriter out)
{
  out.println("<form action=\http://localhost:8080+"
  /examples/servlet/AdressenServlet\" method=\"get\">"+
  "<table>"+
  "<tr>"+
  "<td>Gesuchter Name: </td>"+
  "<td>"+
  "<input type=\"text\" name=\"name\" size=\"40\">"+
  "</td>"+
  "</tr>"+
  "</table>"+
  "<br>"+
  "<input type=\"submit\" value=\"Send\">"+
  "</form>");
}//private void formular(PrintWriter out)
private void dbAbfrage(HttpServletRequest req,
                       PrintWriter out)
{
  try
  {
```

```
[87]       sqlStatement = dbVerbindung.createStatement();
[88]       sqlString = "SELECT * FROM adresse WHERE name='"+
[89]                   req.getParameter("name")+"'";
[90]       resultSet = sqlStatement.executeQuery(sqlString);
[91]       if(resultSet.next())
[92]       {
[93]         resultSet.beforeFirst();
[94]       out.println("<table>");
[95]       out.println("<tr>");
[96]       for (int i = 1;
[97]            i<resultSet.getMetaData().getColumnCount();
[98]            i++)
[99]      out.println("<td>"+
[100]                  resultSet.getMetaData().getColumnName(i)+
[101]                  "</td>");
[102]      out.println("</tr>");
[103]      while(resultSet.next())
[104]      {
[105]        out.println("<tr>");
[106]        for(int i=1;
[107]            i<resultSet.getMetaData().getColumnCount();
[108]            i++)
[109]          out.println("<td>"+
[110]                  resultSet.getString(i)+
[111]                      "</td>");
[112]        out.println("</tr>");
[113]      }//while(resultSet.next())
[114]      out.println("</table>");
[115]    }// if(resultSet.next())
[116]    else
[117]      out.println("Keine Daten gefunden!");
[118]    }//try
[119]    catch(Exception e)
[120]    {
[121]      System.out.println(e);
[122]    }// catch(Exception e)
[123]  }//private void dbAbfrage(PrintWriter out)
[124]}// public class AdressenServlet extends HttpServlet
```

Das Servlet besteht im Wesentlichen

aus den Attributen:

- `dbVerbindung` (Zeile 7)
- `sqlStatement` (Zeile 8)
- `sqlString` (Zeile 9)
- `resultSet` (Zeile 10)

und den Methoden:

- `init` (Zeile 11 ... 34)
- `destroy` (Zeile 54 ... 66)
- `doGet` (Zeile 35 ... 53)
- `formular` (Zeile 67 ... 82)
- `dbAbfrage` (Zeile 83 ... 124)

Die `doGet`-Methode ist für die Anfrage vom Client zuständig und erzeugt die HTML-Seite. Dazu benutzt es die private Methode `formular`, die nur zur Erzeugung der Formulareingabemaske der HTML-Seite zuständig ist. Auch wird die Abfrage an die Datenbank und der dadurch zu erzeugende HTML-Code in die Methode `dbAbfrage` ausgelagert.

Die `init`-Methode verbindet das Servlet sofort mit der Datenbank. Die Verbindung wird so lange aufrechterhalten, bis das Servletobjekt zerstört wird und dadurch die `destroy`-Methode aufgerufen wird. Diese Methode beendet ordnungsgemäß die Datenbankverbindung.

10 Überblick XML und Java

In diesem Kapitel wird ein Überblick über die Verwendung von XML innerhalb der Java-Programmiersprache gegeben. Zuvor werden kurz die Grundlagen von XML angesprochen.

10.1 XML-Regeln

Die Extensible Markup Language (**XML**), wie diese neue Sprache bei aufgelöstem Akronym heißt, ist nicht als Ersatz für HTML gedacht. Sie ist mehr als HTML, weil sie erlaubt, etwas zu tun, das man bislang im Web nur mit zusätzlichen Werkzeugen - und in geringem Umfang - tun konnte: beliebige Elemente verwenden. In der Objektorientierung hieße das Äquivalent abstrakte Datentypen (selbstgeschaffene wie Person - im Gegensatz zu den vorgegebenen wie »int« oder »char«).

10.1.1 Tags

XML-Dokumente sind sehr einfach aufgebaut, und sehr schnell zu erlernen. Es gibt wenige Regeln, die benutzt werden.

Wie bei HTML werden **Tags** eingesetzt, wobei aber gilt: **case-sensitiv**. Auch werden immer (es gibt eine Ausnahme) ein öffnender und ein schließender Tag verlangt! Der Tagname ist frei wählbar, darf aber kein reserviertes Wort sein und muss mit einem Buchstaben beginnen.

Beispiel:

```
<text> Dies ist ein Text </text>
<Beliebig> Dies ist eine Text </Beliebig>
```

Attribute sind neben Tags ein wesentlicher Bestandteil von XML (werden auch Optionen oder Parameter genannt). Ein Attribut ermöglicht es, die Darstellung eines Tags zu beeinflussen, es genauer zu spezifizieren oder bestimmte Vorgaben zuzuweisen.

Beispiel:

```
<text link="true">http://www.java-4-u.de</text>
```

Ein Attribut besteht aus einem Attributnamen, gefolgt von einem =-Zeichen, und einem Wert, der immer in doppelten Hochkommas eingeschlossen sein muss.

Unter einem **Element** versteht man die Gesamtheit von Start-Tag, Information und schließendem Tag. Neben diesen Elementen gibt es noch **leere Elemente**, die nur aus einem Tag bestehen, die besonders gekennzeichnet sind.

Beispiel: <grafik file= "bild.gif" />
Der Aufbau ist wie ein normaler öffnender Tag (ggf. auch mit Attributen) gefolgt von einem Slash vor der schließenden Klammer.

10.1.2 XML-Deklaration

Jedes XML-Dokument muss mit der XML-Deklaration beginnen, die wie folgt aufgebaut ist (minimal!):

```
<?xml version="1.0" ?>
```

Diese Deklaration ist deswegen so wichtig, damit Programme, die das XML-Dokument laden, erkennen können, wie sie es zu bearbeiten haben. Es können noch weitere Deklarationen und Attribute hinzukommen.

Ein zulässiges Attribut ist die Zeichensatz-Codierungsangabe.

Beispiel: <xml version="1.0" encoding="ISO-8859-1"?>

Das Attribut-Schlüsselwort encoding wird dazu verwendet, den Zeichensatz anzugeben (hier Unicode UTF-8 – Bedeutung: UCS Transformation Format 8-Bit, wobei UCS Universal Character Set).

Mit dem Attribut-Schlüsselwort standalone kann man festlegen, ob mit dem XML-Dokument noch weitere Dokumente geladen werden müssen.

Beispiel: <?xml version="1.0" encoding="UTF-8" standalone"yes"?>

10.1.3 Informationen mit XML strukturieren

XML verarbeitet **semantische Tags**, die lediglich die Informationen strukturieren, nicht jedoch die Darstellung beeinflussen. Deshalb werden für die formatierte Ausgabe noch zusätzliche Informationen benötigt (z.B. CSS oder XSL-Dokumente).

Die Tagnamen sind (nahezu) frei wählbar, sollten aber aussagekräftig sein.

Quellcode daten.xml:

```
<?xml version="1.0" encoding= "ISO-8859-1"?>
<daten>
  <person>
    <name>Mustermann</name>
    <vorname>Klaus</vorname>
  </person>
  ...
</daten>
```

Bemerkung: Im Quellcode sind Zeilennummern angegeben, die zur besseren Kommunikation bei Fragen dienen sollen. Diese dürfen nicht im Quellcode übernommen werden!

Wie zu erkennen, bestehen XML-Dokumente immer aus einem **Prolog** (Zeile 1) und Elementen (Zeile 2 bis 8), die verschachtelt werden. Verpflichtend ist ein **Root-Element**, das alle anderen Elemente umschließt. Dieses Root-Element hat in diesem Beispiel den Tagnamen: daten. In den anderen Elementen sind die weiteren Informationen (Name und Vorname einer Person) gespeichert.

1. Schreiben Sie ein XML-Dokument, welches man zum Archivieren einer Musik-CD-Sammlung benutzen könnte. Die zu berücksichtigten Daten sind `Albumtitel, Liedertitel, Interpret, Spielzeit, Erscheinungsjahr` und `Musikrichtung`.
2. Schreiben Sie ein XML-Dokument, welches die Informationen der grafischen Oberfläche eines Fensters speichert. Dies sind im Einzelnen: `breite, höhe, x` und `y`-Abstand, `zuletzt geöffnetes Dokument`.

10.2 Java und XML Hintergrundinformationen

Das Java 2 Development Kit Standard Edition 1.4 (J2SE 1.4) bietet umfangreichen XML-Support. Es verfügt über zwei XML-Parser und einen XSLT-Prozessor.

XML-Parser

XML-Parser haben die Funktion, eine XML-Datei einzulesen und auf die Syntax von XML zu prüfen. Nachdem XML am 10. Februar 1998 standardisiert wurde, kamen zunächst verschiedene XML-Parser heraus. Ein Großteil dieser Parser ist in Java geschrieben, sodass diese gleich auf mehreren Betriebssystemen zur Verfügung standen.

XSLT-Prozessoren

Bei der zweiten wichtigen Anwendung von XML werden separate XSLT-Prozessoren genutzt, die XML-Dateien in eine andere Sprache (z.B. HTML, WML, SVG usw.) formen.

JAXP

Sun Microsystems entwickelte die XML-Java-API JAXP (Java API for XML Processing). Ziel sollte es sein, eine einheitliche API für das Parsen von XML-Dokumenten und auch für das Transformieren via XSLT zu entwickeln. JAXP wurde in der Version 1.0 im März 2000 vorgestellt und muss neben Java (JDK ab Version 1.1) separat installiert werden. Knapp ein Jahr später wurde im Februar 2001 JAXP 1.1 vorgestellt. Die API und die Dokumentation kann über folgende Adresse geladen werden:*http://java.sun.com/xml/*

Java 2 Standard Edition Version 1.4

Der Nachteil von JAXP besteht in der separaten/zusätzlichen Installation. Mit der neuen Java-Version 1.4 (Standard Edition, J2SE 1.4) ist JAXP 1.1 in das Java-Entwicklerpaket eingeflossen und braucht nicht separat geladen und installiert zu werden. Die JAXP-API ist komplett enthalten.

10.3 Überblick über die XML-API ab Java 2 Version 1.4

Die XML-API in Java 2 Standard Edition Version 1.4 (auch gemeinhin nur als JAXP-API bezeichnet) besteht aus zwei wichtigen Teilen:

- Parsen von XML-Dokumenten sowie
- Formen von XML-Dokumenten via XSLT.

XML-Parser

Die JAXP-API enthält gleich zwei XML-Parser, die Sie auch in diesem Skript kennen lernen werden:

- den **DOM-Parser** und
- den **SAX-Parser.**

Warum enthält JAXP gleich zwei XML-Parser? Der DOM-Parser prüft zunächst nicht nur die syntaktische Korrektheit einer XML-Datei, sondern bildet die XML-Datei intern als Dokumentenbaum ab. Über bestimmte DOM-Objekte, Interfaces, Methoden und Eigenschaften ist es nämlich möglich, die einzelnen XML-Tags anzusprechen und deren Inhalt auszulesen (die dann weiterverarbeitet werden können). Der Name des Parsers DOM bedeutet, dass es sich hier um einen Parser gemäß dem Document Object Model (DOM) handelt. Dieser vom W3-Konsortium definierte Standard legt genau fest, welche Klassen, Interfaces, Methoden und Eigenschaften genutzt werden müssen, um die Tags und deren Inhalt anzusprechen.

Dieser Vorteil geht mit einem erheblichen Nachteil einher: Bei besonders großen XML-Dokumenten ist das Parsen und das Bilden eines Dokumentenbaums zeitintensiv und erfordert hohen Speicherbedarf. Bei kleinen XML-Dateien ist dies noch nicht offensichtlich, nur bei umfangreichen Dateien wächst der Ressourcen-Bedarf stark an.

Dies führte zur Entwicklung des zweiten Parsers: SAX. Die Abkürzung steht für Simple API for XML Access und wurde im Gegensatz zu DOM nicht von einem Gremium standardisiert.

Bei der Verwendung von JAXP oder J2SE 1.4 ist die separate Installation nicht erforderlich.

Hauptvorteil von SAX gegenüber dem DOM-Parser liegt in der anderen Arbeitsweise. Der SAX-Parser prüft zwar wie der DOM-Parser die auf die syntaktische Korrektheit einer XML-Datei. Aber im Unterschied zum DOM-Parser bildet der SAX-Parser das Dokument nicht intern als Dokumentenbaum ab. Der SAX-Parser liest zeilenweise das Dokument ein, speichert aber das eingelesene XML-Tag (oder dessen Inhalt) nicht in einem Objekt ab, sondern vergisst es wieder.

Dadurch ist der SAX-Parser auch bei großen XML-Dokumenten sehr schnell und benötigt wenig Speicher. Der Nachteil ist natürlich, dass hier im Nachhinein nicht auf die XML-Tags und deren Inhalte zugegriffen werden kann.

XSLT-Prozessor

Der zweite wichtige Bestandteil der JAXP-API in J2SE 1.4 ist der XSLT-Prozessor und dessen API. Dieser XSLT-Prozessor führt die Formung einer XML-Datei auf der Basis einer XSLT-Datei in ein gewünschtes Ausgabeformat (HTML, WML, XHTML, SVG, SMIL usw.) durch.

10.4 Überblick über die Bibliotheken

JAXP und J2SE 1.4 besitzen vier wichtige Pakete in der API, die für die Arbeit mit XML von besonderer Bedeutung sind:

- `javax.xml.parsers.*`: Dies ist das wohl wichtigste Paket. Es enthält den SAX- und den DOM-Parser.
- `org.xml.sax.*`: Dieses Paket enthält die SAX-API, die zum Parsen nötig sind.
- `org.w3c.dom.*`: Dieses Paket enthält die Klassen, Interfaces, Methoden und Eigenschaften, über die auf die XML-Tags und deren Inhalte zugegriffen werden kann.
- `javax.xml.transform.*`: Dieses Paket enthält den XSLT-Prozessor und die dazu nötige API.

In den nun folgenden Kapiteln wird nur auf die Grundlagen des DOM-Parser eingegangen, da eine genaue Darstellung des DOM- und des SAX—Parsers den Rahmen des Buches sprengen würde.

10.5 So funktioniert DOM

Das Document Object Model DOM schreibt vor, wie eine Programmiersprache auf die Tags eines XML-Dokuments zugreifen muss. Dabei kommen bestimmte Objekte, Methoden und Eigenschaften zum Einsatz.

Ob es sich um eine *echte* Programmiersprache wie Java oder um eine Skriptsprache wie JavaScript handelt, ist egal. Wenn diese DOM-kompatibel sein möchten, müssen sie die DOM-Funktionalitäten unterstützen. Sogar Java-

Script ist ab Version 1.5 (Netscape ab Version 6.0, IE ab Version 5.0) DOM-kompatibel.

DOM setzt auf eine hierarchische Struktur eines Dokuments. Über Objekte, Methoden und Eigenschaften kann jedes Tag angesprochen und dessen Inhalt ausgelesen werden. DOM setzt dabei auf den so genannten Dokumentenbaum, der die hierarchische Darstellung des Dokuments verdeutlicht.

Sehen wir uns zuerst eine einfache XML-Datei `daten.xml` an:

```
<?xml version="1.0"?>
<ausgabe>
  <text>
    Hallo XM-Welt!
  </text>
</ausgabe>
```

Diese Datei verfügt über ein Wurzelelement (<ausgabe>) und ein Unter-Tag (<text>), das normalen Text enthält. DOM definiert nun einige Methoden, über die man durch den Dokumentenbaum navigieren kann.

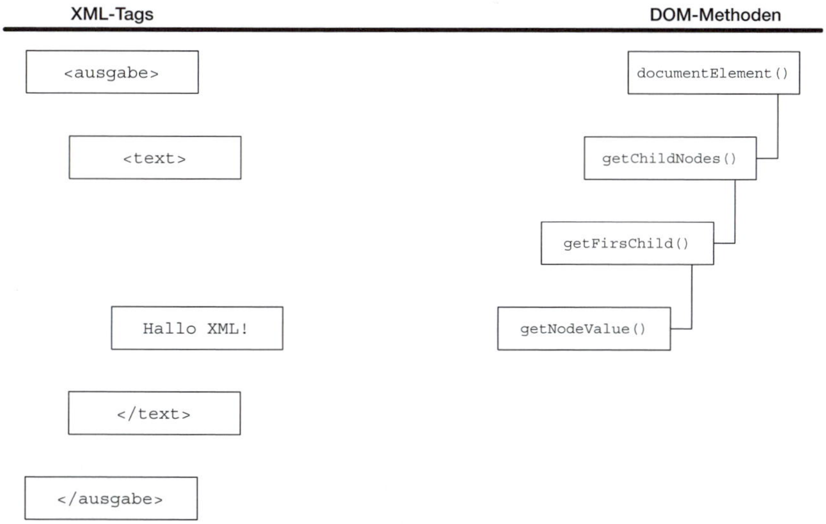

Abb. 10.1 Vergleich Tag/ Inhalt zu DOM-Methoden

Die DOM-Methode documentElement() gibt ein Objekt zurück, das das Wurzelelement repräsentiert. Dieses Objekt besitzt ein Unter-Tag. Damit ist `<ausgabe>` nicht nur das Wurzelelement des Dokuments, sondern auch ein sogenannter Node. Dies ist ein Knoten, von dem ein Unter-Tag abgeht (es können aber durchaus auch mehr sein). Das Unter-Tag `<text>` ist ein sogenannter ChildNode des übergeordneten Nodes. Man kann sich das Tag `<text>` auch als Kind des Elements `<ausgabe>` vorstellen. Das Kind (`<text>`) wird ermittelt über die DOM-Methode `getChildNodes ()`. Der Rückgabewert dieser Methode ist ein Array, das alle verfügbaren ChildNodes enthält. In diesem Beispiel ist es natürlich nur ein ChildNode. Der Inhalt dieses Arrays ist wiederum ein Objekt, das `<text>` repräsentiert.

`<text>` selbst besitzt auch wieder ein Kind, in diesem Fall ist es *normaler* Text. Dies wird auch als so genannter Textknoten bezeichnet.

Der Text selbst wird ebenfalls als Child bezeichnet. Über die DOM-Methode `getFirstChild()` erhält man zunächst nur das Inhaltsobjekt, der konkrete Text wird über `getNodeValue()` ermittelt.

Die DOM-Objekte, Methoden und Eigenschaften sind in dem Paket `org.w3c.dom` enthalten. Dieses enthält fast ausschließlich nur Interfaces. Die wichtigen Interfaces sind:

- **Document**: Dies enthält ein gesamtes DOM-Dokument.
- **Element**: Dies enthält ein XML-Tag.
- **Node**: Dies enthält ein XML-Tag, das über Unter-Tags verfügt.
- **NodeList**: Dies ist ein Array, das mehrere Tags enthält, die jeweils über Unter-Tags verfügen.

Eine weitere XML-Datei ist **daten2.xml**

```
<?xml version="1.0" encoding="iso-8859-1"?>
<adresse>
  <datensatz>
    <name>Maier</name>
    <vorname>Kurt</vorname>
    <strasse>Saarweg 42</strasse>
    <plz>66130</plz>
    <ort>Saarbrücken</ort>
    <telefon>0681/123456</telefon>
  </datensatz>
  <datensatz>
    <name>Hackl</name>
    <vorname>Schorsch</vorname>
    <strasse>Schlittenplatz 1</strasse>
    <plz>89100</plz>
    <ort>München</ort>
    <telefon>089/123456</telefon>
  </datensatz>
</adresse>
```

10.5.1 Mit DOM parsen

Dazu wird der DOM-Parser verwendet. Die XML-Datei soll geladen und via DOM geparst werden. Als XML-Datei wird das Beispiel aus dem vorangegangenen Kapitel benutzt.

Beispiel: DOMParsen1.java:

```
import java.io.*;
import org.w3c.dom.*;
import javax.xml.parsers.*;
public class DOMParsen1
{
private static Document document;
public static void main(String param[])
{
    File datei = new File("daten2.xml");
    try
      {
      DocumentBuilderFactory factory =
          DocumentBuilderFactory.newInstance();
      DocumentBuilder builder =
                  factory.newDocumentBuilder();
      document = builder.parse(datei);
    }//try
    catch(Exception err)
    {
      System.out.println("Fehler: "+err);
      System.exit(0);
    }//catch
    System.out.println("Parsen ohne Fehler");
  }//main
}//class
```

Zur Vereinfachung des Quellcodes wird auf eine saubere Fehlerbehandlung verzichtet und nur die Oberklasse `Exception` abgefangen.

Es werden durch import `javax.xml.parsers.*` einige neue Klassen importiert:

- **`DocumentBuilder`**
- **`DocumentBuilderFactory`**

Diese beiden neuen Klassen dienen dazu, die XML-Datei intern als Dokument abzubilden, auf das man dann später via DOM zugreifen kann. Dann werden noch die Klassen des DOM-Pakets geladen:

```
import org.w3c.dom.*;
```

Hierbei handelt es sich um die DOM-Definitionen (Methoden und Eigenschaften). Am Beginn der Basisklasse DOMParsen1 wird ein neues statisches Objekt definiert:

```
private static Document document;
```

Dieses ist der Schlüssel zu DOM. In dem Objekt `document` wird die geparste XML-Datei abgebildet und über dieses Objekt sind dann die einzelnen Tags und deren Inhalte zugänglich.

Der DOM-Parser funktioniert über die Klasse `DocumentBuilder`, die beim Parsen intern das XML-Dokument abbildet. Zuerst wird das Objekt `factory` der Klasse `DocumentBuilderFactory` erzeugt. Dieses schaltet den Parser konkret ein. Erzeugt wird das Objekt über die Methode `newInstance()`. Anschließend wird der Parser gebildet. Dazu kommt das Objekt `builder` der Klasse `DocumentBuilder` zum Einsatz. Dieses Objekt wird über die Methode `newDocumentBuilder()` der Klasse `DocumentBuilderFactory` erzeugt.

In der letzten Zeile des try-Blocks findet jetzt das konkrete Parsen statt. Dies erfolgt über die Methode `parse()`, an die ein File-Objekt übergeben wird. Die Methode `parse()` ist in der Klasse `DocumentBuilder` enthalten. Gleichzeitig wird neben dem Parsen in dem Objekt `document` die XML-Datei als Dokumentenbaum gespeichert. Von hier aus sind die Bestandteile der XML-Datei zugänglich.

10.5.2 Das Paket org.w3c.dom

Innerhalb der JAXP-API ist **`org.w3c.dom`** ein weiteres Paket, das sehr wichtig ist. Es kann nur sinnvoll in Verbindung mit dem DOM-Parser eingesetzt werden. Das Paket enthält Methoden und Eigenschaften, über die auf ein XML-Tag und dessen Inhalt zugegriffen werden kann. Dieses Paket implementiert DOM Level 2 in Java. Es enthält fast nur Interfaces.

Das Paket `org.w3c.dom` ist so wichtig, dass wir uns hier die einzelnen Interfaces einmal kurz ansehen.

Node und NodeList

Das Interface `Node` ist das oberste Interface in dem Paket `org.w3c.dom`. Viele weiteren Interfaces in diesem Paket sind von diesem Interface abgeleitet. Node repräsentiert einen einzelnen Knoten in einem Dokumentenbaum. Dieser `Node` kann weitere Unter-Tags besitzen, aber auch als Textnode *normalen* Text enthalten. Das Interface NodeList ist ein Array, das mehrere Knoten enthält. Über `Node` können neue Tags in den Dokumentenbaum eingehängt werden. Dies wird über die Methode `appendChild()` realisiert und der Inhalt eines Knotens kann über `getNodeType()` und `getNode-Value()` ermittelt werden. Mit `Node` werden Sie immer intensiv arbeiten und schon im nächsten Kapitel beide konkret einsetzen.

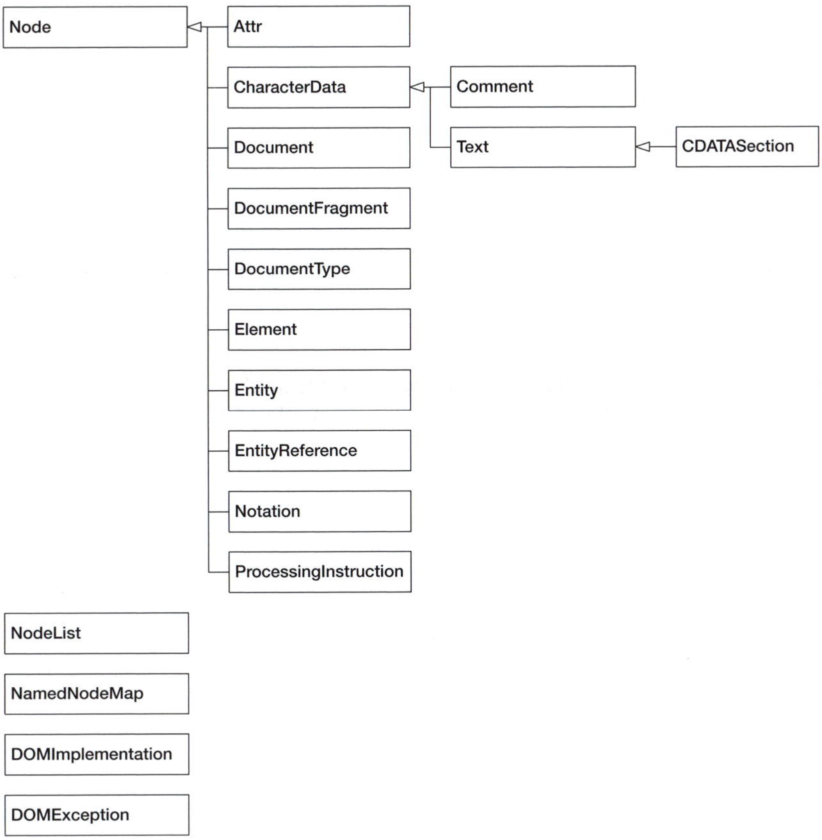

Abb. 10.2 Vererbung im Paket orw.w3c.dom

Document und DocumentFragment

Das Interface `Document` ist ebenfalls eines der wichtigsten Interfaces in dem Paket. `Document` repräsentiert den gesamten Dokumentenbaum des geparsten XML-Dokuments. Über das Interface `Document` erfolgt der Zugang zu dem Wurzelelement und den einzelnen Knoten, Tags und deren Inhalten. Ohne `Document` würde dies nicht möglich sein. Sie werden dieses immer benötigen. Über das Interface `Document` können neue Tags mit Hilfe des `createElement()` realisiert werden. Das Wurzelelement wird über `documentElement()` ermittelt und bestimmte Tags können über die Methoden `getElementById()` und `getElementsByTagName()` angesprochen werden.

Das Interface `DocumentFragment` ist lediglich ein Ausschnitt aus dem kompletten Dokumentenbaum. Dieses Interface ist sehr sinnvoll, um beispielsweise einzelne `Nodes` auszuschneiden und in andere Dokumentenbäume zu importieren.

Element

Das Interface `Element` repräsentiert ein einzelnes XML-Tag. Der Unterschied zu `Node` besteht darin, dass Element nur ein konkretes Tag im Dokumentenbaum ist, wobei unwichtig ist, ob dieses Tag über Unter-Tags verfügt oder nicht. Ein konkretes XML-Tag ist immer vom Typ `Element` und kann auch gleichzeitig ein Knoten sein (und damit vom Typ `Node`).

Attr

Das Interface `Attr` repräsentiert ein einzelnes Attribut eines Tags im Dokumentenbaum.

DokumentType

Das Interface `DocumentType` repräsentiert die DTD eines XML-Dokuments. Über Methoden wie `getPublicId()` und `getSystemId()` können der öffentliche und der interne Identifier ermittelt werden.

CharacterData

Dieses Interface repräsentiert einen String von normalen Zeichen. Dabei kann es sich um den Namen eines Tags handeln, aber auch um den Inhalt eines Textknotens.

Comment

Dieses Interface ist `CharacterData` untergeordnet und stellt einen Kommentar dar, der in XML mit den Tags `<!– ... ->` erstellt wird.

Text

Das Interface `Text` repräsentiert die Zeichen zwischen dem Start- und dem End-Tag eines XML-Tags oder den Inhalt eines Attributs eines XML-Tags. Das Interface ist `CharacterData` untergeordnet.

CDATASection

Das Interface `CDATASection` stellt einen CDATA-Abschnitt in einem Dokumentenbaum dar. Dies kann beispielsweise ein Skriptcode sein, der gemäß der XML-Syntax innerhalb eines CDATA-Abschnitts geschrieben werden muss.

Entity und EntityReference

Das Interface `Entity` repräsentiert ein Entity eines XML-Dokuments über das Tag `<!ENTITY>`, wobei es sich um ein geparstes oder ungeparstes Entity handeln kann. Das Interface `EntityReference` ist die konkrete Referenz eines Entity, das in einem XML-Tag eingesetzt wird.

Notation

Das Interface `Notation` repräsentiert eine Notation in einer DTD über das Tag `<!NOTATION>`.

ProcessingInstruction

Dieses Interface repräsentiert eine Processing Instruction eines XML-Dokuments, d.h. den Teil eines Dokuments, der sich innerhalb von `<? ... ?>` befindet.

DOMException

Dies ist die einzige Fehler-Klasse (abgeleitet von `RunTimeException`!!!) in `org.w3c.dom`. Hierbei handelt sich um die Ausnahme-Klasse, über die Ausnahmen abgefangen werden können. Dies wird nötig beispielsweise beim Erzeugen von neuen XML-Tags oder beim nachträglichen Einhängen von neuen XML-Tags in den Dokumentenbaum.

10.5.3 Ein XML-Tag ansprechen

Wir wollen einen einfachen Code konstruieren, der konkret auf ein XML-Tag und dessen Inhalt zugreift. Dies geschieht natürlich über die DOM-Methoden und über das Objekt `document` des Interface `Document`. DOM kennt folgende wichtige Methode, die ein XML-Tag ansprechen und die im Interface `Document` enthalten sind:

- `getElementsByTagName()`: spricht ein XML-Tag auf der Basis des Tagnamens an
- `getElementsByTagName()` ermittelt dabei sämtliche gefundenen XML-Tags, die diesen Namen tragen. Der Rückgabewert ist ein Array, denn es können in einer XML-Datei ja mehrere Tags dieses Namens vorkommen.

Für das nachfolgende Beispiel werden wir als XML-Datei die `datei daten2.xml` verwenden. Hier finden Sie zwei Tags `<datensatz>`, die alle über die Tags `<name>`, `<vorname>`, `<strasse>` usw. verfügen. Im ersten Schritt wollen wir das Tag `<vorname>` ansprechen und die Anzahl der gefunden Tags `<vorname>` ausgeben.

Beispiel:

```
import java.io.*;
import org.w3c.dom.*;
import javax.xml.parsers.*;
public class DOMParsen2
{
  private static Document document;
  public static void main(String param[])
  {
    File datei = new File("daten2.xml");
    try
    {
      DocumentBuilderFactory factory =
          DocumentBuilderFactory.newInstance();
      DocumentBuilder builder =
                factory.newDocumentBuilder();
      document = builder.parse(datei);
      NodeList tagliste=
              document.getElementsByTagName("vorname");
      System.out.print("Der Tag \"vorname\" ist ");
      System.out.print(tagliste.getLength());
      System.out.println(" in der XML vorhanden.");
    }//try
    catch(Exception err)
    {
      System.out.println("Fehler: "+err);
```

```
[26]     }//catch
[27]     System.out.println("Programmende DOMParsen2");
[28]   }//main
[29] }//class
```

Ausgabe auf dem Bildschirm:

Abb. 10.3 Ausgabe DOMParsen2

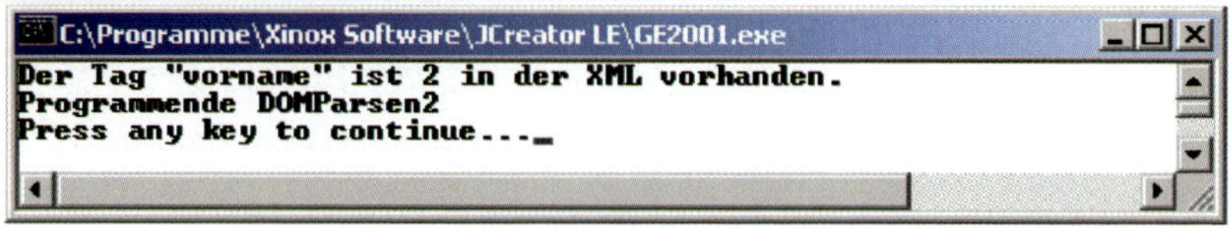

Das eingelesene XML-Dokument liegt in dem Objekt `document` (Zeile 14) vor. Auf dieses wird nun die Methode `getElementsByTagName()` (Zeile 15) eingesetzt. In Klammern wird der Tagname angegeben. Die Methode erwartet immer einen String als Übergabeparameter. Der Rückgabewert ist ein Array und hier konkret ein Objekt des Interface `NodeList`. Das Interface `NodeList` enthält nichts anderes als eine Liste der gefundenen Tags dieses Namens.

Die einzelnen Tags sind über die Indexnummer zugänglich, die Zählung beginnt bei 0. Die Methode `getLength()` des Interface `NodeList` ermittelt die Anzahl der gefundenen Einträge.

10.5.4 Der einzelne Knoten

Um jetzt jedes einzelne Tag anzusprechen, muss die Methode `item()` und die Indexnummer verwendet werden.

Quellcode DOMParsen3.java:

```
import java.io.*;
import org.w3c.dom.*;
import javax.xml.parsers.*;
public class DOMParsen3
{
  private static Document document;
  public static void main(String param[])
  {
    File datei = new File("daten2.xml");
    try
    {
      DocumentBuilderFactory factory =
                      DocumentBuilderFactory.newInstance();
      DocumentBuilder builder =
                      factory.newDocumentBuilder();
      document = builder.parse(datei);
      NodeList tagliste=
```

```
[18]          document.getElementsByTagName("vorname");
[19]          String tagName=null;
[20]          for(int i=0; i<tagliste.getLength() ;i++)
[21]          {
[22]            Node tag = tagliste.item(i);
[23]            System.out.println("Tagname: "+tag.getNodeName());
[24]          }//for
[25]        }//try
[26]        catch(Exception err)
[27]        {
[28]          System.out.println("Fehler: "+err);
[29] }//catch
[30]        System.out.println("Programmende DOMParsen3");
[31]      }//main
[32] }//class
```

Die Ausgabe:

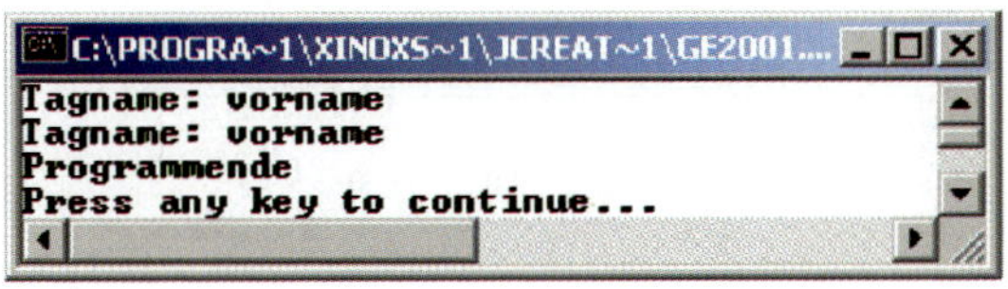

Abb. 10.4 Ausgabe DOMParsen3

Die Liste mit den gefundenen Tags – die sogenannte Knotenliste (engl., `Nodelist`) – wird in der for-Schleife durchlaufen. Das Objekt `tag` ist ein Objekt des Interface `Node` (Zeile 19). Diese Klasse stellt ein konkretes XML-Tag dar und spricht eines der Tags aus der Knotenliste an. Genauer gesagt ist es ein Knoten, d. h. ein XML-Tag, das über Unter-Tags verfügt. `i` ist eine Zählervariable und `tagName` des Tags der ausgelesene Tagname. In der `for`-Schleife wird aus der Liste der gefundenen XML-Tags jedes einzelne Tag ausgelesen. Dazu wird die Methode `item()` verwendet und die Indexnummer an diese übergeben. Diese Methode ist in dem Interface `NodeList` enthalten und muss natürlich auf das Objekt `tagliste` angewendet werden. Der Rückgabewert ist ein Objekt des Interface `Node`, d. h. das konkrete XML-Tag. Um den Tagnamen auszulesen, ist die Methode `getNodeName()` erforderlich, die den Namen des Nodes (d. h. des Tags) ausliest. Der Rückgabewert ist ein `String`, der dann ausgegeben werden kann.

10.5.5 Der Inhalt eines Knotens

Nachdem wir jetzt das Tag, d. h. den Knoten, in einem Objekt gespeichert haben, fehlt noch der konkrete Inhalt des Tags. Der Inhalt eines Knotens kann wieder ein Node sein. In unserem Beispiel mit der kleinen XML-Datenbank ist es **normaler** Text, d. h., das Tag `<vorname>` enthält einen Text. Um den Inhalt auszugeben, sind zwei Schritte nötig.

DOMParsen4.java:

```
[1]  import java.io.*;
[2]  import org.w3c.dom.*;
[3]  import javax.xml.parsers.*;
[4]  public class DOMParsen4
[5]  {
[6]    private static Document document;
[7]    public static void main(String param[])
[8]    {
[9]      File datei = new File("daten2.xml");
[10]     try
[11]     {
[12]       DocumentBuilderFactory factory =
[13]                       DocumentBuilderFactory.newInstance();
[14]       DocumentBuilder builder =
[15]                       factory.newDocumentBuilder();
[16]       document = builder.parse(datei);
[17]       NodeList tagliste=
[18]                document.getElementsByTagName("vorname");
[19]       String tagName=null;
[20]       for(int i=0; i<tagliste.getLength() ;i++)
[21]      {
[22]       Node tag = tagliste.item(i);
[23]       String inhalt = tag.getFirstChild().getNodeValue();
[24]       System.out.println("Tagname: "+tag.getNodeName()+
[25]                             ":"+inhalt);
[26]     }//for
[27]   }//try
[28]   catch(Exception err)
[29]   {
[30]     System.out.println("Fehler: "+err);
[31]   }//catch
[32]   System.out.println("Programmende DOMParsen4");
[33]  }//main
[34] }//class
```

Die Ausgabe:

Abb. 10.5 Ausgabe DOMParsen4

Die Methode `getFirstChild()` (Zeile 20) ermittelt den Node, der sich in dem Tag befindet. Dies könnte ein anderes Tag sein, aber auch *normaler* Text. Auch ein solcher normaler Text ist ein Node. Da es sich in unserer XML-Datenbank um Text handelt, können wir sofort über die Methode **`get-Node-Value()`** den Text auslesen.

Die Methode `getNodeValue()` liefert einen String zurück, dessen Ergebnis wir in die Stringvariable `inhalt` speichern. Die Methode ist in `Node` definiert und kann daher nur auf ein Objekt des Interface Node angewendet werden. Die Methode `getFirstChild()` liefert konkret den ersten `Node` innerhalb des Tag `<vorname>` zurück. Dies ist der Text, d. h. ein Text Node (Textknoten). Die Methode `getFirstChild()` können Sie auf jedes XML-Tag anwenden, der Rückgabewert ist immer ein `Node`.

10.5.6 Der Knotentyp

Im nächsten Schritt können wir den Inhaltstyp des XML-Tags feststellen. Diese Information ist wichtig, denn ein XML-Tag kann einen Text enthalten (sogenannter Text Node), aber auch weitere Tags (sogenannter Element Node). Der Code des vorherigen Abschnitts wird hier erweitert.

DOMParsen5.java:

```
import java.io.*;
import org.w3c.dom.*;
import javax.xml.parsers.*;
public class DOMParsen5
{
  private static Document document;
  public static void main(String param[])
  {
    File datei = new File("daten2.xml");
    try
    {
      DocumentBuilderFactory factory =
                        DocumentBuilderFactory.newInstance();
      DocumentBuilder builder =
                        factory.newDocumentBuilder();
     document = builder.parse(datei);
      NodeList tagliste=
                 document.getElementsByTagName("vorname");
     String tagName=null;
      for(int i=0; i=0; i<tagliste.getlength() ; i++)
   {
        Node tag = tagliste.item(i);
        short nodeType = tag.getNodeType();
        String inh = tag.getFirstChild().getNodeValue();
        short inhTyp = tag.getFirstChild().getNodeType();
        System.out.println("Knotenname: "+
                              tag.getNodeName());
        System.out.println("Knotentyp: "+
                              tag.getNodeType());
        System.out.println("Inhalt Knoten: "+inh);
        System.out.println("Inhalt Typ: "+inhTyp);
      }//for
    }//try
```

```
    catch(Exception err)
    {
      System.out.println("Fehler: "+err);
    }//catch
    System.out.println("Programmende DOMParsen5");
  }//main
}//class
```

Ausgabe:

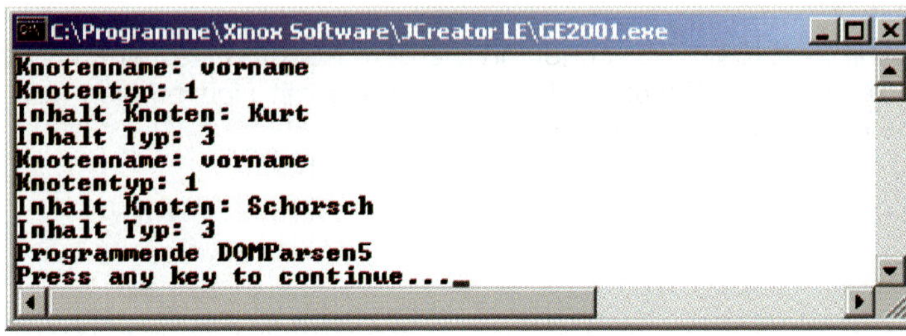

Abb. 10.6 Ausgabe DOMParsen5

Innerhalb der `for`-Schleife werden die beiden Variablen `nodeType` und `inhaltTyp` definiert. Der Datentyp ist jeweils short. Die Methode `getNodeTyp()` ermittelt den Inhaltstyp des Tags und ist in Node enthalten. Interessant ist nun die Ausgabe, diese ist für jedes XML-Tag 1. Dies bezeichnet den Typ des Tags. Es ist ein sogenannter `ELEMENT_NODE`, d. h. ein normales XML-Tag. Dieses kann einen Inhalt besitzen, z. B. einen „normalen" Text. Dieser ist wiederum ein Node, der dann vom Inhaltstyp 3 (sogenannter `TEXT_NODE`) wäre. Der Nodetyp wird als Zahl zwischen 1 und 12 zurückgegeben. Es handelt sich um Klassenvariablen, die im Interface `Node` definiert sind. Hier die Definitionen:

Modi-/Qualifizierer	NAME	Wert
public static final short	ATTRIBUTE_NODE	2
public static final short	CDATA_SECTION_NODE	4
public static final short	COMMENT_NODE	8
public static final short	DOCUMENT_FRAGMENT_NODE	11
public static final short	DOCUMENT_NODE	9
public static final short	DOCUMENT_TYPE_NODE	10
public static final short	ELEMENT_NODE	1
public static final short	ENTITY_NODE	6
public static final short	ENTITY_REFERENCE_NODE	5
public static final short	NOTATION_NODE	12

Modi-/Qualifizierer	NAME	Wert
public static final short	PROCESSING_INSTRUCTION_NODE	7
public static final short	TEXT_NODE	3

10.6 Zusammenfassung

In den vorangegangenen Kapiteln ist ein kleiner Ausschnitt zum Umgang von XML-Dateien mit Java dargestellt worden. Es kann aber weit mehr als das hier Dargestellte mit XML-Daten durchgeführt werden. Auch gibt es eine große Menge von zusätzlichen Paketen, die viele Vorteile mit sich bringen (z. B. Transformation der Daten nach PDF).

10.7 Aufgaben

Aufgaben

1 Schreiben Sie eine grafische Applikation, die die Daten zum Start aus einer XML-Datei liest und beim Beenden der Anwendung die Daten wieder in die XML-Datei schreibt. Aufbau der Datei fenster.xml:

```
<?xml version=1.0" encoding="iso-8859-1"?>
<fenster>
<titel>Test</titel>
<xpos>200</xpos>
<ypos>300</ypos>
<breite>400</breite>
<hoehe>350</hoehe>
</fenster>
```

Stichwortverzeichnis